통찰의 지혜

통찰의 지혜

생각의 빈곤을 탈출하기 위한 최적의 대안 찾기 프로젝트

김덕수 · 송만섭 지음

율곡출판사

들어가는 글

이 책은 현재 자신이 하고 있는 일이 잘 풀리지 않거나 과거에 실패한 상처로 인해 마음고생이 많은 분들에게 용기를 주기 위해 쓴 책이다. 인생을 살다보면 항상 승승장구하는 사람은 없다. 성공보다는 실패, 희열보다는 절망감에 사로잡힐 때가 훨씬 더 많은 게 우리네 인생이다. 따라서 한 번 성공했다고 해서 우쭐댈 필요도 없고, 한두 번 실패했다고 해서 좌절감을 느낄 이유도 없다. 내일은 어차피 또 다른 해가 뜰 것이기에. 그러므로 실패의 포로가 되어서는 곤란하다. 다만 실패의 원인과 본질을 냉철하게 꿰뚫어 보고 비슷한 실수를 되풀이하지 않겠다는 다부진 각오만 있으면 그만이다. 그것을 가능하게 만들어주는 것이 통찰의 지혜다. 그것을 갖지 못하면 '생각의 빈곤' 상태에서 또 다른 실패를 경험할 수밖에 없다.

우리 공저자(이하 우리)는 독자들에게 통찰의 의미와 그것을 잘할 수 있는 비법을 알려주기 위해 많은 고민을 했다. 다행스럽게도 우리는 오래전부터 통찰에 대한 자료와 정보를 많이 공유하고 있었다. 또 삶을 살아오며 남다른 통찰로 주변 사람들의 이목을 받았다는 공통점도 있다. 이 책은 그동안 우리의 경험과 지식을 실타래처럼 풀어놓아 많은 분들이 생각의 빈곤에서 탈출할 수 있도록 제작한 일종의 가이드북이다.

우리는 경력이나 직업 면에서 판이한 세계를 살아온 사람들이다. 공동저자인 송만섭 교수(이하 송 교수)는 얼마 전까지 대한민국 공군에서 현역 대령으로 근무하며 팬텀기를 조종했던 전투조종사였다. 현역 시절 그는 남다른 통찰력과 기지機智로 비행 사고를 막는 데 기여했다. 또 장병들의 급식체계를 획기적으로 개선시킴으로써 국방부장관상을 수상하고 언론의 주목을 받기도 했다. 경제학을 전공한 나는 정부기관과 민간기업에서 다년간 통찰과 그에 기초한 역사 강의로 좋은 반응을 얻은 바 있다. 이력과 출신이 전혀 다른 우리가 의기투합해 이런 책을 집필할 수 있었던 것은 우연한 기회에 맺은 소중한 인연 때문이다.

내가 송 교수를 처음 만난 것은 2012년 12월 21일이다. 당시 나는 공군 관련 책자[1]를 집필하기 위해 공군 전투비행단을 돌며 각종 전투기의 탑승 체험을 시작하고 있었다. 그날도 나는 최신예 F-15K 전투기의 탑승 체험을 하기 위해 공군 제11전투비행단을 방문했다. 그런데 그곳에서 부단장으로 근무하고 있던 송 교수가 나를 맞아주었다. 어찌 보면 그와 나는 일반 방문객처럼 무미건조한 만남으로 끝날 수도 있었다. 그러나 내가 송 교수와 책을 함께 쓸 수 있었던 것은 전적으로 그의 따뜻한 배려 때문이었다. 항공작전 임무와 무관한 민간인 교수가 전투비행단을 방문해서 공군의 전략무기인 F-15K 전투기를 탑승한다는 것 자체가

---

1. 나는 지금까지 3권의 공군 관련 책자를 집필했다. 2013년 10월 1일에 출간된 『하늘에 새긴 영원한 사랑, 조국』은 진중문고에 선정되는 영광을 안았다. 2015년 4월 24일에 출간된 『블랙이글스에게 배워라』로 인해 나는 공군 특수비행팀 블랙이글스로부터 제1호 명예조종사로 선정되는 행운을 누렸다. 또 2017년 1월 1일에 출간된 『항공징비록』은 공군의 전설이신 김두만 (예)장군님의 증언을 바탕으로 우리 공군이 6.25 남침전쟁 당시 미국을 비롯한 UN 공군과 함께 어떻게 적과 맞서 싸우면서 자유를 지켰는지 소상하게 알려주고 있다.

불가능한 일이다. 그럼에도 그것이 가능했던 것은 당시 성일환 공군참모총장께서 내가 집필할 공군 관련 책자의 가능성을 신뢰하고 각종 전투기의 탑승 체험을 승인해 주었기 때문이었다. 하지만 F-15K 전투기를 운용하는 실무부대 입장에서는 민간인의 방문이 매우 성가신 일임에 틀림없다. 더욱이 그날은 날씨마저 무척 추웠다. 송 교수 밑에는 11전투비행단의 모든 항공작전을 주관하는 항공작전전대장이 있었기 때문에 그가 굳이 나에게 신경을 써주지 않아도 되었다. 그러나 그는 격납고까지 내려와서 부하 전투조종사와 정비사들을 격려하고 내가 F-15K 전투기의 탑승 체험을 안전하게 마칠 수 있도록 전 과정을 꼼꼼하게 체크해 주었다. 참으로 고마운 사람이었다. 모든 일정을 마무리하고 부대를 떠나면서 나는 그의 연락처를 잘 챙겨두었다.

그 후 내가 그를 다시 만난 것은 한국능률협회에서다. 그는 전역을 2년 앞두고 한국능률협회의 연구교수로 파견 나와 있었다. 당시 정경두 공군참모총장(현 국방부장관)께서 그의 재능을 알아보고 연구할 수 있는 기회를 제공해 준 것이다. 그것을 계기로 우리는 자주 만나면서 공통의 관심사인 통찰의 지혜에 대해 심도 있는 의견을 나누게 되었고 공저자로서 책을 출간하기에 이르렀다. 우리는 각자 쓰고 싶은 항목들을 정리해 교환한 후 전체적인 책의 목차를 잡고 집필을 시작했다. 그리고 서로 쓴 글을 바꿔가며 세세한 부분까지 읽고 미진한 부분들에 대해 여러 차례 토론했다.

우선 제1부에서는 '왜 내가 하는 일들은 잘 풀리지 않을까?' 에 대해 기술했다. 이 세상에 원인 없는 결과는 존재하지 않는다. 일이 잘 풀리지 않는 데는 분명한 이유가 있다. 우리는 '생각의 빈곤' 이 가장 큰 원인이라고 생각한다. 생각의 빈곤은 통찰의 지혜가 부족하다는 뜻이다. 즉, 잘못된 습관, 무뎃포 자세, 변화를 감지하고 대응할 수 있는 안목 부재, 좋지 않은 사람들과의 악연 등이 대표적인 사례다. 따라서 이들 문제에 대해 자세히 살펴보았다.

제2부에서는 성공한 사람들에게서 흔히 찾아볼 수 있는 '신의 한 수'를 15개 항목으로 소개했다. '신의 한수'에서 언급한 사례들을 실천하려면 통찰의 지혜를 십분 발휘해야 한다. 그런 의미에서 성공한 사람들의 통찰 방법을 학습하고 자신의 삶과 사업에 응용하면 생각의 빈곤으로부터 탈출할 가능성이 커질 것이다. '모방은 창조의 어머니'라는 말을 상기하며 우리가 제시하는 다양한 통찰 방법을 치열하게 학습해보길 권해 드린다. 특히 발상의 전환, 지능이 높은 원숭이를 산 채로 포획하는 방법, 엘리베이터의 거울, 쩐화폐의 전쟁, 숫자 3의 역발상, 스캠퍼, 아라비아 숫자의 비밀, 조선의 인사관리시스템, 바퀴에 얽힌 비밀은 책 읽는 재미까지 느끼게 해줄 것이다.

제3부에서는 우리가 직접 실천했던 통찰의 성공사례 15가지를 소개했다. 우리는 머리로만 통찰을 주장하는 사람이 아니다. 현실에서 통찰을 통해 새로운 가치를 창출했고 좋은 세상을 만들기 위해 노력했던 사람들이다. 그들 가운데 괜찮다고 판단된 것을 1차적으로 정리해 본 것이다. 전투기 추락 사고를 사전에 차단시킨 일, 주유기, 전공 책을 무료로 배포한 일, 하늘의 구축함 AC-130, 공중전의 승리 비결, 스시, 이분법, 집家, 대박난 시골 식당 얘기, 인터넷 낚시쇼핑몰의 깎아주기 코너, 화장실 문에 얽힌 문제들도 독자들이 고민하는 '생각의 빈곤'을 극복하는 데 도움을 줄 것이다.

나와 송 교수는 '하늘'을 좋아하고 사랑하는 전투조종사라는 공통점이 있다. 송 교수는 공군사관학교를 34기로 졸업하고 각고의 노력으로 비행훈련을 마친 후 30여 년간 팬텀기를 조종하면서 대한민국의 영공을 수호한 최정예 빨간마후라였다. 나 역시 공군 관련 책자를 3권 저술하고 공군 특수비행팀 블랙이글스의 전 대원들로부터 블랙이글스 명예 전투조종사 1호 자격증을 부여받은 사람이다. 또 우리 두 사람은 창의적인 생각으로 대학과 공군에서 오랫동안 근무하며 국가와 조직 발전에 나름대로 기여했다는 자부심을 갖고 있다.

마음과 생각이 비슷한 우리가 약 1년 6개월 동안 머리를 맞대고 정성껏 써 내려간 이 책을 이 세상에 내보낸다. 아무쪼록 우리가 만든 이 졸저가 독자들에게 비타민 역할을 해주었으면 좋겠다. 그래서 과거의 실수나 실패 때문에, 또 현재 하고 있는 일이 잘 풀리지 않아 밤잠을 이루지 못하는 이들의 고통을 조금이나마 줄여주는 데 일조하기를 희망한다. 또 이 책이 독자들이 고민하는 '생각의 빈곤' 문제를 해결해서 누구든 새로운 성공의 기회를 찾아내는 데 작은 도움이 된다면 더 이상의 바람이 없겠다.

2019년 2월 1일

김덕수 · 송만섭

차 례

1부
왜 내가 하는 일들은 잘 풀리지 않을까?

2부
신의 한 수!
—성공한 사람들이 전하는 '생각의 빈곤' 탈출기

3부
저자들의 통찰 경험 공유하기

1. 일 잘하는 사람들의 3가지 공통점

2. 잘못된 습관이 일을 꼬이게 만든다!

3. 무뎃포와 친구하지 마라!

4. 변화를 선도하는 안목을 키워라!

5. 이순신처럼 생각하고 행동하라!

1 부

왜 내가 하는 일들은 잘 풀리지 않을까?

1. 일 잘하는 사람들의 3가지 공통점

성공을 한마디로 정의하는 것은 쉽지 않다. 성공에 대한 주관적 가치가 개인마다 다르기 때문이다. 노부부의 평안한 백년해로, 자신과 가족의 건강한 삶, 진급이나 승진, 사업 성공, 큰 부자가 되는 것도 다 성공으로 간주될 수 있다. 하지만 무엇을 성공으로 정의하든 일단 자신이 하는 일이 잘 풀리지 않으면 성공의 사다리에 올라타기가 어렵다. 그런 사람이 많아질수록 '이 사회는 뒤집어져야 한다' 고 분노하는 사람들이 많아질 수밖에 없다. 사회적 공기도 험악해지고 여기저기서 수많은 격쟁擊錚과 갈등이 나타난다. 그렇다고 국가가 개인의 사적인 문제까지 일일이 다 챙겨줄 수도 없는 노릇이다. 우리는 이 책을 집필하면서 일 잘하는 사람들에게서 흔히 발견되는 3가지 특성에 대해 많은 토론을 했다.

가. '5끈' 의 소유자가 되어라!

5끈은 우리가 창안한 전유물이 아니다. 어느 인터넷 기사에서 우연히 발견했는데 시사해 주는 바가 커서 우리가 그것에 약간의 의미만 덧붙였을 뿐이다. 5끈은 다름 아닌 '매끈', '발끈', '화끈', '질끈', '따끈' 이다. 어떤 일에 종사하든 자신의 일이 잘 풀리지 않아서 하루에도 몇 번씩 번민의 강을 건너고 있다면, 자신이 5끈과 친숙한지부터 되돌아보았으면 한다. 만약 5끈과 친구하면서 성실히 살아왔음에도 불구하고 일이 잘 풀리지 않는다면 그것은 또 다른 차원의 통찰을 시도해야 한다.[1] 그러나 5끈과 친숙했던 적이 없다면 이제 5끈을 친구로 영접하는 노력을 경주하라고 조언한다. 그러면 꼬이고 엉켰던 일들이 술술 풀려나갈 것이다.

첫째는 '매끈'이다. 매끈은 '다른 사람에게 까칠한 존재가 되지 말고 조약돌처럼 둥글둥글한 사람이 되라'는 얘기다. 이를 달리 말하면 외모나 능력이 출중할수록, 돈이 많을수록 주변 사람들에게 과시하거나 뻐기지 말고 겸손하게 행동하라는 뜻이다. '모난 돌이 정 맞는다'는 말이 있다. 돌출적인 사람은 주변으로부터 공격을 받기 쉽다. 범죄자의 표적이 되는 대상도 매사 자신의 부富나 미모를 뽐내는 사람들이다. 늘 푸근하고 넉넉한 자세로 직장 동료나 고객을 향해 밝게 웃고 매너 좋게 행동하면 많은 사람들이 그가 성공의 사다리에 오를 수 있도록 징검다리 역할을 해준다. "당신 멋져!" 하고 상대방을 향해 엄지 척을 해보라. 그러면 상대방도 웃는 얼굴로 당신을 향해 "유 투You Too" 사인을 보낼 것이다. 한 개의 긍정적 사인(엄지 척)을 보내면 네 개의 다른 손가락이 당신을 향해 칭찬과 감사의 메시지로 되돌아올 것이다. 4배나 수지맞는 장사다. 이것이 바로 매끈한 사람이 누릴 수 있는 장점이다. 그러니 일이 잘 풀리지 않을수록 일부러라도 타인을 향해 엄지 척을 자주 해보길 바란다. 틀림없이 좋은 결과가 나타날 것이다.

1. 이에 대해서는 2부와 3부에서 구체적으로 논의할 것이다. 필요한 분은 그것을 참조해 주기 바란다.

둘째는 '발끈'이다. 이는 지칠 줄 모르는 오뚝이 정신을 강조하는 말이다. 토머스 에디슨Thomas Alva Edison이 발명왕이 될 수 있었던 핵심 비결도 발끈이었다. 그는 축전지를 개발하기 위해 24,999번의 실험을 단행했다. 그러나 납을 대체할 물질을 찾는 데 실패했다. 그것을 안타깝게 생각한 어느 지인 한 분이 그에게 위로의 말을 건넸다. "그렇게 많은 실험에서 실패했으니 얼마나 상처가 크십니까?" 그때 에디슨은 이렇게 대답했다. "고마운 말씀이지만 내 실험에는 실패라는 게 없습니다. 나는 단지 축전지가 작동하지 않는 24,999가지의 새로운 방법들을 발견했을 뿐입니다." 어찌 보면 일이 잘 풀리지 않는다고 고민할 때가 가장 성공에 근접한 경우인지도 모른다. 왜냐하면 동트기 전의 새벽이 가장 어둡기 때문이다. 하지만 그 어둠은 서광瑞光을 품고 있기 때문에 우리는 그것을 묵묵히 기다릴 줄 아는 용기를 가져야 한다. 조급함은 금물이다. '실패는 성공의 어머니'라는 마음으로 자신과의 싸움에 긴 호흡으로 느긋하게 대응하는 자세가 발끈이다. 일이 풀리지 않을수록 에디슨을 떠올리며 그의 끈기를 참고했으면 한다.

셋째는 '화끈'이다. 이는 불타는 열정으로 무장하라는 말이다. 일 잘하는 사람과 그렇지 못한 사람을 구분 짓는 결정적 요인은 열정이다. 누군가 해야 할 일이라면 자신이 먼저 행하고, 언젠가 해야 할 일이라면 지금 당장 행하고, 어차피 할 일이라면 완벽하게 일처리를 하는 게 '화끈'의 정신이다. 뇌는 얼음처럼 차갑고 냉철하지만 가슴만큼은 일에 대한 열정으로 가득 찬 사람이 되어야만 성공의 월계관을 쓸 수 있다. 승자勝者는 넘어지면 일어나서 앞을 보지만, 패자敗者는 넘어지면 일어나서 뒤를 본다고 한다. 승자는 모든 문제에서 솔루션을 찾아내지만 패자는 솔루션에서 문제점을 찾는다. 승자는 구름 위의 태양을 보지만 패자는 구름 속의 비를 본다고 한다.[2] 여기서 화끈은 패자를 승자로 안내하는 인생의 스승이다. 따라서 일이 잘 풀리지 않을 때는 미래의 승자를 꿈꾸며 자신의 내면에서 잠자고 있는 열정을 일깨워야 한다.

넷째는 '질끈'이다. 이 세상에 전지전능하고 완벽한 사람은 어디에도 없다. 결점과 실수투성이의 인간들이 싸우고 지지고 볶으면서 살아가는 게 우리네 인생이다. 그러니 타인의 잘못이나 실수에 대해 눈을 질끈 감아라. 내가 모른 체하면 상대방도 내 실수나 허물에 대해 침묵해줄 것이다. 붕어도 입을 잘못 놀리면 낚시꾼의 미끼에 걸려서 죽음을 맞이하듯이 사람도 입을 잘못 놀리면 설화舌禍를 당한다. '입口'이 3개 모이면 품격을 의미하는 '품品' 자가 된다. 이 '품' 자에는 벼슬 품계의 뜻도 있다. 질끈은 입단속을 잘해서 개인의 품격을 높이는 것, 또는 권력자나 큰 부자로 성공해서 회전의자에 앉더라도 말조심을 해야 한다는 것을 뜻한다. 하물며 일이 풀리지 않는다고 타인을 향해 입을 함부로 놀리면 자신을 향해 다가올 복福도 타인을 향해 날아갈 개연성이 크다. 따라서 일이 풀리지 않을 때는 말을 아끼면서 정중동靜中動의 자세를 견지하는 게 상책이다.

다섯째는 '따끈'이다. 토끼와 거북이의 우화에 등장하는 거북이는 따끈한 존재와 거리가 멀다. 따끈한 존재가 되려면 잠자는 토끼를 깨운 다음, 함께 손을 맞잡고 결승점에 이르러 공동우승자가 되어야 한다. 이 세상의 모든 행운은 독식獨食하려는 사람에게 우호적이지 않다. 주식도

2. 이 글은 디아스포라(diaspora)에 나오는 '승자와 패자의 차이'의 내용을 일부 인용한 것임을 밝힌다.

남이 이윤을 볼 수 있는 여지를 남기고 매도와 매수를 해야 거래가 활발하게 일어난다. 지독한 에고이즘에 빠져 있는 사람보다는 털털하고 배려심이 깊고 감성적인 사람에게 많은 사람들이 몰려온다. 일이 풀리지 않을 때는 혹시 자신이 타인에 대해 단 한 번이라도 뜨거운 연탄불이 된 적이 있었는지 고민해 볼 필요가 있다. 내가 상대방에게 따뜻하게 대해 준 적이 없다면 그것부터 확실하게 수정해 나가길 바란다. 신은 따뜻한 사람에게만 행운의 미소를 보내기 때문이다.

나. 프로 근성으로 일하라!

사회가 복잡다기할수록 아마추어가 설 자리는 많지 않다. 왜냐하면 경쟁이 치열해지고 있기 때문이다. 따라서 일이 잘 풀리지 않는 경우에는 그동안 자신이 어떤 자세로 일해 왔는지? 냉정하게 반성해야 한다. 만약 자신이 아마추어처럼 일했다면 이제 프로 근성으로 인생의 담금질을 시도할 필요가 있다. 프로와 아마추어의 본질적인 차이는 4가지다. ① 일이 잘 풀리지 않을 때 프로는 남 탓을 하지 않는다. 프로는 모든 책임이 자신에게 있다고 생각한다. 반면 아마추어는 남 탓을 하며 변명이나 핑곗거리부터 찾는다. ② 프로는 자기 능력의 한계를 미리 설정해 놓지 않는다. 위대한 발명이나 혁신은 자신의 한계를 뛰어넘기 위해 노력하는 사람에게 주어지는 특권이자 보상이다. 그러나 아마추어는 자신의 한계를 설정하고 그 이상의 노력을 포기한다. 따라서 아마추어는 한 번 실패하면 재기再起하기가 무척 어렵다. ③ 프로는 공짜로 일하지 않는다. 대신 자기가 받는 높은 보수나 특권에 대해 무한책임을 진다. 프로는 완벽한 일처리를 위해 노력하고 자기가 수행한 일에 대해 평가받기를 원한다. 그 이유는 평가만이 자기 역량을 진단하고 개선시키는 첩경이라고 믿기 때문이다. ④ 프로는 운명론을 믿지 않는다. 또 직관에 의존한 일처리 방식을 좋아하지 않는다. 그들은 치밀한 정보 분석과 위기 관리, 통계자료에 기초한 합리적 의사결정 방식으로 최고의 비즈니스를 꿈꾼다. 그들이 그렇게 행동하는 이유는 말초감각과 직관에만 의존해서 일할 경우 실패할 가능성이 높기 때문이다. 인과관계가 불분명하고 패턴조차 종잡을 수 없는 복잡계의 비즈니스일수록 그에 따른 위험은 더더욱 커질 수밖에 없다.

다. 자신이 좋아하는 일에 몰두하며 생활하라!

월급쟁이로 출발해서 기업의 CEO가 되었거나 군軍에서 장군의 반열에 오른 인물, 자영업으로 큰돈을 번 사람들은 하나같이 자신이 제일 잘하는 분야나 좋아하는 분야를 선택해서 일로매진一路邁進했다는 공통점이 있다. 또 자기가 좋아하는 일을 하면서 즐겁게 일하다 보니까 승진이나 진급도 남들보다 빨리 하고 큰돈까지 벌었다는 게 그들의 한결같은 얘기다. 맞는 말이다. 자신이 좋아하는 일을 하다 보면 일 자체가 즐겁기 때문에 피곤이나 좌절감을 느낄 틈이 없다. 고 정주영 현대그룹 회장도 그런 인물이었다. 그는 부자가 되기 위해 일했던 사람이 아니다. 그는 자신의 회고록에서 "나는 일 자체가 즐거웠고 행복했던 사람이다"라고 고백했다. 또한 스스로를 '부유한 노동자'라 칭했다. 세상을 떠난 후 그의 방에서 발견된 면장갑 한 켤레, 10년도 더 신은 듯한 낡은 구두,

오래된 구식 TV가 그것을 입증해 준다. "제아무리 힘들어도 현장에서 내가 할 일이 있었기에 늘 행복했다" 는 그의 말이 의미심장하게 다가온다. 지금 자신의 일이 풀리지 않는다면 지그시 눈을 감고 크게 심호흡을 해보길 바란다. 그리고 일이 좋아서 그것에 매달리는지, 아니면 돈을 벌거나 출세하고 싶은 목적에서 일을 선택했는지 자문해 보라. 만약 후자라는 판단이 서면 하루빨리 자신이 진짜로 좋아하는 일을 찾아 떠나라고 권유하고 싶다. 종편 M사가 방영하고 있는 '나는 자연인이다!' 라는 프로를 보면 더욱 그런 생각이 든다. 이 세상에서 진정으로 성공한 사람은 자신이 제일 좋아하는 하는 일을 하며 자기 삶을 능동적으로 영위해 나가는 사람이다.

2. 잘못된 습관이 일을 꼬이게 만든다!

습관은 '몸에 밴 버릇'으로 쉽게 고쳐지지 않는다. 인간의 의지나 행동은 습관에 의해 지배받기 때문이다. 그것을 예리하게 간파한 사람이 프랑스의 철학자이자 수학자였던 블레이즈 파스칼Blaise Pascal이다. 그는 『팡세』라는 책에서 이런 말을 남겼다. '습관은 제2의 천성으로 제1의 천성을 파괴한다.' 그것은 '인간은 좋은 습관보다 나쁜 습관에 사로잡히기 쉽다. 결국 그를 포로로 삼은 나쁜 습관이 좋은 천성마저 파괴시킨다'는 뜻이다. 나쁜 습관에도 여러 유형이 있다. 일처리에 신중하지 못한 습관, 한 번 시도하다가 안 되면 곧바로 포기하고 마는 습관, 큰일 앞에서 우왕좌왕하는 습관, '오늘 못 하면 내일 하면 된다'는 식의 내일 병 습관, 몸에 해로운 것을 즐기는 습관, 남을 불편하고 혐오스럽게 만드는 습관, 무조건 남에게 의존하거나 남의 말을 무시하는 습관, 자신에게 지나치게 관대한 습관 등등. 이런 습관은 항상 자기 자신에게 치명적인 결과를 초래한다. 또 이런 사람이 조직 생활을 할 경우는 구조조정 0순위 대상자로 낙인찍힐 가능성이 크고, 자영업을 한다면 조만간 부도를 맞을 확률이 매우 높다.

인간 행동은 내면의 욕구, 주변 환경, 열정, 동기부여, 사랑, 습관 등에 의해서 영향을 받는다. 그 가운데 인간의 행동에서 무시할 수 없는 요소가 습관이다. 따라서 일을 잘하고 싶다면 일단 좋은 습관부터 몸에 축적시켜 나가야 한다. 습관은 하루아침에 형성되지 않는다. 오랜 시간을 두고 서서히 적립해 나가야만 온전하게 자신의 습관으로 만들 수 있다. 그러면 좋은 습관은 무엇인가? 그것은 나쁜 습관으로 규정된 것을 반대로 생각하면 쉽게 이해된다. 좋은 습관은 일을 잘하게 만드는 요소로 작용하지만 나쁜 습관은 일을 망치게 하는 저질의 안내자다. 현재 하고 있는 일이 풀리지 않는다면, 자기 습관부터 재점검해 보아야 한다. 그리고 문제가 있다면 나쁜 습관과 절연하고 새로운 습관을 만들어 나가야 한다. 이제 나쁜 습관으로 일을 망친 실패사례를 분석함으로써 왜 우리가 좋은 습관을 갖기 위해 노력해야 하는지 살펴보도록 하자.

가. 일을 망친 나쁜 습관의 사례 (1)

이것은[3] 중국에서 전해 내려오는 이야기의 한 토막이다. 아주 먼 옛날 어느 재상의 아들이 과거시험을 치르게 되었다. 평소 그는 재능이 뛰어나기로 소문이 자자했기에 주변 사람들은 그가 합격할 것으로 확신했다. 그러나 합격자 발표 당일, 벽에 내걸린 명단에는 그의 이름이 들어있지 않았다. 뭔가 이상하다고 생각한 재상은 시험문제 출제와 답안지 채점에 관여했던 사람들을 부른 다음 자초지종自初至終을 따져 물었다. 얼마 후 시험을 총괄했던 책임자가 재상에게 이런 말을 했다. "아드님의 답안지를 확인해 보니 글씨를 희미하게 쓴 탓에 채점자가 그 내용을

3. 『용기를 주는 이야기』(김동범 저, 지원북클럽, 1996), pp.217~218에서 일부 내용 참조.

도무지 알아볼 수 없었다고 합니다. 그래서 아드님이 낙방한 겁니다." 그 재상은 이런 현실이 도무지 믿어지지 않았다. 그래서 퇴근한 후에 아들을 불러놓고 꾸중을 했다. 그러자 그의 아들은 이렇게 말했다. "아버님! 시험장에서는 집에서처럼 제가 글을 쓸 때 먹을 갈아주는 사람이 없었습니다. 그래서 물에다 붓을 찍어서 답안지를 작성했습니다." 그 재상은 너무나 어이가 없어 할 말을 잃었다. 이것은 극단적인 사례지만 불가능한 얘기도 아니다. 요즘도 부잣집 아이들 가운데는 자기 스스로 의사결정을 하지 못하고 부모에게 전권을 맡기는 마마보이들이 적지 않다. 그런데 부모가 죽고 나면 그들은 어떻게 살아갈까? 스스로 판단하고 행동하는 습관이 몸에 배어 있지 않기 때문에 낙방한 재상의 아들과 비슷한 운명에 처해질 가능성이 크다. 이런 유형의 사람들이 조직 생활이나 자영업을 했을 때, 일을 잘할 수 있을까? 또 그들이 하는 일에서 성공을 거둘 수 있을까? 훗날 좋은 부모로 평가받고 싶다면 자신의 아이가 스스로 판단하고 그 결과에 대해 무한책임을 질 수 있도록 훈련시켜야 한다. 그래야만 자기 아이를 당당한 사회구성원으로 만들 수 있을 것이다. 잡은 물고기를 유산으로 대물림해 줄 게 아니라 혼자서도 물고기를 잘 잡을 수 있는 방법을 가르쳐 주는 부모가 최고의 부모라는 말도 그런 점에서 유효하다.

나. 일을 그르친 나쁜 습관의 사례 (2)

이것은 경기도 용인에 위치한 한 동물원에서 코끼리 조련사로 일하는 분한테서 직접 들은 얘기다. 태국에서는 어미 젖을 막 뗀 새끼 코끼리를 데리고 훈련을 시작한다고 한다. 성장한 코끼리들은 그만큼 순치馴致시키는 것이 어렵기 때문이다. 훈련의 첫 번째 단계는 견고한 시멘트 말뚝에 연결된 쇠사슬로 새끼 코끼리를 묶어서 자기 마음대로 돌아다닐 수 없도록 하는 것이다. 처음엔 새끼 코끼리들이 울부짖으며 격렬하게 저항하지만 시간이 흐를수록 이내 체념해 버리고 조련사의 말에 순순히 따른다고 한다. 그런 새끼 코끼리는 나중에 가벼운 끈으로 묶어 놓아도 그것을 쇠사슬로 착각하고 저항하거나 도망갈 생각을 하지 않는다. 이런 새끼 코끼리의 심리상태가 바로 자포자기自暴自棄인 것이다. 그것은 '될 대로 되라!' 는 식으로 모든 것을 체념하고 스스로 피동의 상태에 빠지는 것을 뜻한다. 우리 주변에서도 새끼 코끼리처럼 자포자기에 익숙한 사람들을 종종 만날 수 있다. "나는 빽도 없고 돈도 없고 가방끈도 짧다. 머리도 나쁘고 건강도 좋지 않다. 내가 하는 일은 재수에 옴이 붙었는지 제대로 되는 게 하나도 없다. 나는 늙었고 이제는 지쳤다" 등등.

말에는 강력한 주술력呪術力이 내재해 있다. 어떤 말을 습관적으로 반복하면 실제로 그런 일들이 벌어진다. 내 지인 가운데 꽤 잘나가는 음식점을 경영하는 분이 있었다. 식당 운영으로 큰돈을 번 그는 주변 사람들에게 "나는 돈만 벌었지 쓸 시간이 없다. 이렇게 살다간 내 새끼들만 좋을 뿐, 정작 우리 부부는 돈을 써보지도 못하고 죽을 것 같다. 앞으로 5년만 식당 운영을 더 하고 나서 식당일을 그만 하고 싶다" 는 말을 자주 했다. 하지만 그는 5년도 되기 전에 폐암으로 세상을 떴다. 나는 그의 죽음을 보면서 '말이 씨가 된다' 는 얘기가 허언이 아님을 느꼈다. 일이 풀리지 않을 때는 평소 자신이 어떤 말을 즐겨 하는지부터 체크해 봐야 한다. 만약 부정적인 말에 익숙한 자신을 발견했다면 그 즉시 긍정적인 말, 자신감에 가득 찬 말들을 즐겨 쓸 수 있도록 스스로를 채근하는 게 바람직하다. 그러면 직장, 사업, 가정에서 꼬이고 막혔던 일들이 술술 풀려나가는 놀라운 현상을 발견하게 될 것이다.

다. 고 강영우 박사처럼 멋지게 살자!

독일의 소설가이자 시인인 헤르만 헤세Hermann Hesse는 생전에 이런 말을 했다. "신이 우리에게 절망을 안겨주는 것은 우리를 죽이기 위해서가 아니라 우리에게 새 생명을 소생하도록 하기 위함이다." 절망을 딛고 일어서서 인생을 가치 있게 살다 간 사람들의 공통점은 과거의 실패로 인해 상실한 것에 대한 미련이나 집착을 버리고 자신에게 남겨진 것들을 더 소중하게 여기며 자존감을 지키기 위해 노력했다는 사실이다. 시각장애인이었던 고 강영우 박사(이하 강 박사)가 그 대표적인 인물이다. 그는 어릴 때 친구들과 축구경기를 하다가 두 눈을 실명했다. 축구공에 눈이 맞아 벌어진 일이었다. 그 사고로 그는 평생을 시각장애인으로 살다가 갔다. 그의 어머니는 아들의 실명 소식에 충격을 받고 사망했다. 그는 18세 때 맹인학교에 들어가서 열심히 공부했다. 우수한 성적으로 연세대학교에 입학한 그는 4년간 학업에 정진해서 인문계열 전체 2등으로

출처 : 뉴욕 기독일보

▲ 고 강영우 박사

졸업했다. 대학 졸업 후 자신을 돌봐주던 서울 명문대학교 영문과 출신의 여성과 결혼해 미국 유학을 떠났고 만 3년 6개월 만에 박사학위를 취득했다. 그리고 미국의 일리노이대학교 교수로 근무했다. 그러다가 조지 부시George W. Bush 대통령 측으로부터 입각 제의를 받고 백악관의 국가장애위원회 정책차관보에 임명되었다. 정직과 열정적인 자세로 임기를 마친 그는 UN 세계장애인정책위원회 부의장과 루즈벨트 재단의 고문을 역임하며 자신의 경험과 능력을 마음껏 발휘했다. 또 그는 슬하에 두 아들을 두었다. 장남은 하버드 의과대학을 졸업한 후 안과의사가 되었다. 아버지처럼 시각장애로 고통받는 사람들을 위해 헌신하겠다는 어릴 적 꿈을 실현시킨 셈이다. 차남은 듀크대학교 법과대학을 졸업하고 리처드 상원의원의 고문변호사로 활동하고 있다. 강 박사는 거친 삶을 살아왔음에도 불구하고 늘 온화한 모습으로 가난한 사람, 사회적 약자, 장애를 갖고 살아가는 사람들의 친구로 평생을 살면서 자신과의 싸움에 기꺼이 나섰던 도전의 화신이다. 그는 생전에 이런 얘기를 했다. "사람은 누구나 성공할 수 있는 잠재력을 갖고 있습니다. 문제는 그것을 찾아내고 개발하려는 의지와 도전정신입니다. 진정한 성공을 원한다면 겁먹지 말고 기꺼이 일어서십시오. 미래에 대한 꿈과 희망은 바로 그 순간부터 시작됩니다." 일이 풀리지 않아서 좌절하고 고통받는 사람들은 자신보다 더 불우한 환경을 극복하고 학업, 결혼, 일, 자녀, 사회봉사에서 성공한 후 하늘나라로 떠난 강 박사의 삶을 되새겨 보았으면 한다. 그로부터 위안을 얻고 통찰의 지혜를 갈구하기 위한 힘찬 재시동을 걸었으면 좋겠다. 그러면 '생각의 빈곤'에서 탈출한 후 통찰의 달인으로 변모해 있는 자기 자신을 만나게 될 것이다.

3. 무뎃포와 친구하지 마라!

우리가 자주 쓰는 용어 가운데 '무데뽀'가 있다. 특히 중장년의 남성들이 즐겨 쓴다. 그렇다 보니 네이버의 어학사전에까지 등장한다. 무데뽀의 사전적 의미는 '일의 전후 사정을 깊이 헤아리지 않고 자신의 기분이 내키는 대로 일하다'이다. 비슷한 우리말로 '막무가내'가 있다. 그런데 무데뽀의 어원은 일본어 무뎃포無鐵砲에서 왔다. 뎃포는 조총을 말한다. 따라서 무뎃포는 '조총 없이 전투에 임하는 것처럼 무모한 짓이다'라는 의미이다. 무기를 휴대하지 않고 맨손으로 전투에 임하는 사람처럼 어리석은 자는 없다. 조일전쟁 때의 의병들도 손에는 쇠스랑이나 손도끼 같은 무기를 갖고 전투에 임했다. 하지만 무기를 갖고 가더라도 상대방보다 열악한 무기이거나 경쟁력이 떨어지는 무기를 갖고 갈 경우, 패배는 불문가지不問可知다. 여기서는 무뎃포의 정신으로 전쟁터에 나섰다가 왜군에게 패배하고 스스로 목숨을 끊었다는 신립 장군에 대해 언급하고자 한다.

가. 신립은 누구인가?

신립은 아버지 신화국申華國과 어머니 윤 씨 사이에서 4남 1녀 중 3

남으로 태어났다. 신잡,[4] 신급은 그의 형이며, 신할과 평산부부인 신 씨[5]는 그의 동생이다. 또 신립은 슬하에 두 딸을 두었는데, 장녀가 선조 임금의 넷째 아들인 신성군에게 출가함으로써 선조와 사돈관계를 맺었다. 하지만 신립과 신성군은 조일전쟁이 발발한 1592년에 잇따라 사망함으로써 비극적 운명의 주인공이 된다. 신립은 이순신 장군보다 1년 뒤인 1546년에 태어났다. 선조 1년인 1567년에 무과에 급제한 이후 선전관, 도사都事, 진주판관晉州判官을 역임했다. 1583년 은성부사穩城府使로 취임한 그는 함경북도 지역을 침범한 여진족 니탕개尼湯介를 격퇴하고 두만강을 건너가 그들의 소굴을 소탕했다. 하지만 니탕개가 1만 명의 군사를 이끌고 또다시 경원부와 안원보安原堡를 침입하자 그는 부하들을 이끌고 육진 방어에 성공했다. 1584년 그는 그때의 공로로 함경북도병마절도사에 올랐다. 이후에도 우방어사右防禦使, 평안도병마절도사, 한성부 판윤을 거치며 승승장구했다. 1592년 4월 13일 조일전쟁이 발발하자 선조와 조선 조정은 북방에서 여진족 토벌에 혁혁한 전공을 세운 신립에게 왜군 격퇴의 마지막 희망을 걸었다. 선조는 4월 17일 신립을 삼도순변사三道巡邊使에 제수하고 보검을 하사했다. 선조는 그에게 "이일李鎰 이하 누구든지 그대의 명을 듣지 않는 자는 모두 처단해도 좋다. 또 중외中外의 정병을 모두 동원하고 자문감紫門監의 군기軍器를 있는 대로

4. 광해군 7년(1615년) 선조의 다섯째 아들이었던 정원군의 차남인 능창군을 왕위에 옹립하려 했다는 혐의로 의금부에서 국문을 받던 중 장살된 신경희가 그의 아들이다.

5. 평산부부인 신 씨는 구사맹에게 출가했으며, 그의 딸은 정원군의 아내가 되었다. 훗날 정원군의 아들인 능양군이 인조반정에 성공해서 임금 자리에 올랐다. 그것을 계기로 정원군은 원종으로, 그의 아내인 신 씨는 인헌왕후로 추대되었다. 말하자면 인조의 외조모가 되는 셈이다.

사용하라" 고 말했다. 이는 부하들의 생사여탈을 비롯한 군무軍務 전권을 그에게 위임하겠다는 강력한 의사표시였다. 그러나 그는 선조의 기대와는 달리 4월 28일 충북 충주에서 치러진 탄금대전투에서 고니시 유키나가小西行長가 이끄는 왜군에게 대패했다. 결국 그는 패전의 책임을 지고 부하장수 김여물과 함께 남한강물에 몸을 던져 자결했다.[6]

나. 신립이 패전한 이유

전쟁사 연구자들은 하나같이 신립의 패전요인을 '지형지물의 잘못된 선택' 에서 찾는다. 즉, 그가 방어에 유리한 산악지형인 조령을 포기하고 평지의 전장戰場인 탄금대의 달천평야를 선택한 것이 결정적인 실책이었다는 것이다. 하지만 기병전騎兵戰에 정통했던 그의 입장에서 보면 그 선택은 나름대로 일리가 있었다. 문제는 그가 조총의 위력을 얕잡아보고 활로 무장한 조선 궁기병弓騎兵이 왜군보다 전력상 한 수 위라는 망상에 사로잡혀 있었다는 점이다. 유성룡은 『징비록』에서 1592년 4월 초 그가 자신의 집을 방문했다고 밝히면서 신립과 나눈 대화내용을 언급했다.

유성룡 : "가까운 시일 내에 큰 변이 일어날 것 같소. 그렇게 되면 그대가

---

6. 신립의 투신자살에 대해서는 이견(異見)이 존재한다. 서인들이 사초도 없이 편찬한 『선조수정실록』, 이긍익의 『연려실기술』, 신경이 쓴 『재조번방지』는 신립의 투신자살을 언급했다. 하지만 루이스 프로이스의 『일본사』, 일본측 기록인 『중정일본외사(重訂日本外史)』, 1984년 경북 예천군 용문면 상금곡동에서 조사한 내용을 소개한 『한국구비문학대계』는 신립이 왜군과 싸우다가 체포된 후 참수되었다고 전한다.

군사를 맡아야 할 터인데 그래 왜군을 충분히 막아낼 자신은 있소?"

신 립 : "그까짓 것 걱정할 것 없소이다."

유성룡 : "그렇지가 않습니다. 과거 왜군은 짧은 무기들만 갖고 있었소. 그러나 지금은 조총까지 갖고 있다고 하오. 결코 만만히 볼 상대가 아닌 듯 싶소."

신 립 : "아, 그 조총이란 것이 쏠 때마다 맞는답디까?"

위 대화를 보면 조총에 대한 신립의 인식 수준을 알 수 있다. 그는 조선의 명장으로 이름을 날렸지만 정작 왜군이 보유한 조총에 대해서는 무지했다. 거기에다 선조와 사돈관계를 맺고 있었던 탓에 절대권력을 믿고 주변 사람들에게 오만불손하기까지 했다. 부하장수이자 참모였던 이일, 김여물, 이종장이 "조령의 높은 언덕을 방패 삼아 궁병弓兵으로 공격해야 승산이 있다"고 진언했지만 그는 받아들이지 않았다. 대신 자신의 장기長技인 기병전으로 고니시 유키나가 군대를 손쉽게 격파할 수 있다고 확신했다. 그래서 결전장으로 선택한 곳이 충주 단월역 부근의 달천평야다. 조선 궁기병의 최대 강점은 기동력과 돌파력이었다. 조총의 유효사거리 안팎에서 마상馬上 활쏘기로 왜군의 선봉을 꺾은 후 단숨에 적진을 돌파해서 초토화시키겠다는 것이 그의 구상이었다. 그러나 왜군은 이미 그의 전술을 꿰뚫어 보고 만반의 대비책을 강구해 놓은 상태였다. 고니시 유키나가는 자신의 군대를 중군中軍, 좌군, 우군으로 나눈 다음 결전에 임했다. 그는 약체로 위장시킨 7,000여 명의 중군을 전면에 내세우고 자신이 직접 지휘했다. 그리고 좌우에는 주력군을 매복시켰다.[7] 한편, 신립은 왜군의 중군만을 보고 승리를 자신했다. 그는 학익진으로 중군을 포위해서 섬멸하겠다는 기세로 파상공격을 감행했다. 하지만 그것은 불섶에 기름을 끼얹는 격이었다. 고니시 유키나가는 조선 궁기병을 방심시켜 자신의 진영으로 깊숙이 유인한 후 중군, 좌군, 우군의 3각 화망을 형성해서 집중사격을 가했다. 신무기 조총의 위력 앞에 조선 궁기병들은 추풍낙엽처럼 쓰러져갔다. 정예병인 조선 궁기병들이 일거에 무너지자 급조된 나머지 보조군들은 공포에 떨며 달아나기 시작했다. 왜군은 모든 퇴로를 차단한 후 토끼몰이를 하듯 조선의 도망병들을 달천강 쪽으로 몰아넣었다. 왜군의 총칼을 피해 강물로 뛰어든 자는 익사했고, 그렇지 못한 자는 현장에서 처참하게 도륙屠戮당하고 말았다. 한나절의 짧은 전투로 조선은 모든 병력을 잃었다. 신립의 병력[8] 가운데 생존해서 탈출한 사람은 이일을 비롯해 4명이 전부였다. 기대했던 탄금대 전투가 신립의 완패로 끝나자 선조는 멘붕 상태에 빠졌고, 급기야 이틀 후인 4월 30일 새벽부터 북쪽을 향해 도주하기 시작했다. 이는 국가를 지킬 만한 힘을 기르지 않고 붕당을 일삼고 형이상학적인 고담준론高談峻論만을 즐기며 수많은 날들을 지새웠던 조선의 부끄러운 역사가 아닐 수 없다.

---

7. 고니시 유키나가의 좌군 병력은 약 5,000여 명으로 소오 요시토시가 지휘했고, 우군 병력은 약 3,000여 명으로 마쓰라 시게노부가 지휘를 했다.

8. 신립의 병력에 대해서도 여러 설이 존재한다. 여러 가지 전후 사정을 고려해 볼 때 신립은 약 8,000명에서 16,000명 정도의 병력을 갖고 고니시 유키나가 군대와 대적했던 것으로 추정된다.

다. 배울 것이 있다면 누구에게든 과감하게 배워라!

신립의 패전요인으로는 조총에 대한 무지, 조선 궁기병에 대한 주관적인 우월감, 경직된 사고체계, 오만한 태도를 들 수 있다. 하지만 그것이 전부는 아니었다. 특히 조총과 관련된 전장戰場의 변화는 4차 산업혁명의 물결에 휩싸여 있는 지금의 우리들에게도 시사해 주는 바가 크다. 1575년 6월 29일 일본에서는 탄금대전투와 유사한 전투가 벌어졌다. 그것은 미카와三河の国 ; 현 아이치현의 나가시노長篠성을 둘러싸고 다케다 가쓰요리武田勝頼가 오다 노부나가織田信長와 도쿠가와 이에야스德川家康의 연합군과 싸웠던 나가시노 전투다. 이 전투의 향방은 신무기 조총에 의해 결판이 났다. 조총은 15세기 후반 유럽에서 세계 최초로 개발되었다. 그리고 1543년 포르투갈 상인에 의해 일본에 소개된다. 한 가지 우리의 관심을 끄는 것은 서유럽에서 개발된 조총을 일본에 소개시켜 준 최고의 공로자가 왜구였다는 점이다.[9] 우리는 대마도에서 태동된 해적 떼를 왜구라고 배웠다. 하지만 그것은 16세기 이전의 왜구들에 국한된 얘기다. 16세기 이후의 왜구들은 중국인이 주류를 이뤘고 오히려 왜인들은 소수였다. 심지어 왜구집단에 동남아인들까지 대거 섞여 있을 정도였다. 이 시기의 왜구들은 해적 떼에서 벗어나 서유럽-중국-일본을 잇는 밀무역의 핵심 세력으로 활동했다. 일본 다이묘들에게는 왜구집단이 중국과 조선을 우회해서 앞선 서양문물을 수입할 수 있는 일종의 개방 플랫폼이었다.

---

9. 이하 『월간조선』(2018년 4월호), pp.410~419 부분 참조.

1543년에 조총을 일본에 소개했던 장본인도 중국인 출신의 왜구였던 왕지Wang Zhi였다. 그의 정크선이 태풍으로 인해 표류하다 도착한 곳이 일본 큐슈의 다네고지마 種子島라는 섬이었다. 그런데 그 배에 포르투갈 상인이 타고 있었고, 그가 갖고 온 조총이 다네고지마를 관리하던 무사의 눈에 들어왔던 것이다. 뎃포에 남다른 관심을 가진 사람은 오다 노부나가였다. 그는 사카이堺와 구니토모國友에서 뎃포의 대량생산에 나서는 한편, 일자리를 갖지 못한 젊은이들을 규합해서 전문 뎃포 사수들로 양성했다. 그 성과는 실로 엄청났다. 약 3개월 정도의 사격훈련만 받은 신출내기 병사가 쏜 뎃포 총탄에 전장戰場에서 평생을 보낸 기마대의 유명한 무장들이 속수무책으로 당했던 것이다. 게다가 오다 노부나가는 뎃포의 취약점인 느린 발사속도를 개선하기 위해 '3단 쏘기' 전술[10]을 고안했고, 이는 나가시노 전투에서 그대로 적중했다. 다케다 가쓰요리를 주장主將으로 하는 당대 최강의 기마군단이 3,000명으로 구성된 오

출처 : 위키피디아

▲ 오다 노부나가

10. 뎃포의 사수를 3열로 배치하고 각 단계별로 '사격 ⇨ 탄알 장전 ⇨ 사격 준비'를 하게 함으로써 사격 간 인터벌을 최소화시키는 방식을 의미한다. 이것은 단발총을 연발총으로 개념화한 혁신적인 방법이었다. 이에 관해서도 기록이 없다는 이유로 이의를 제기하는 사람이 있지만 나는 3단 쏘기가 이루어졌을 가능성이 크다고 본다.

다 노부나가의 뎃포 부대에게 맥없이 무너진 것이었다. 한때 반反노부나가 세력으로 일본을 풍미했던 다케다 가문은 아버지 다케다 신겐武田信玄과 아들 다케다 가쓰요리로 이어졌던 영광을 뒤로한 채 멸문滅門의 비극을 맞이하고 말았다. 이처럼 싸워야 할 상대방을 신중하게 고려하지 않고 무모한 작전을 감행한 대가는 혹독했다. 나가시노 전투 이후 일본에서는 뎃포를 갖지 않고 전쟁터로 나서는 것을 철없는 행동으로 여겼다. '무뎃포無鐵砲' 라는 말도 거기서 연유되었다.

조총과 불가분의 관계를 맺고 있는 화약이나 총신銃身의 재료인 주조철鑄造鐵을 획득하는 방법도 마찬가지였다. 16세기 초까지만 해도 일본은 화약 제조 비법[11]에 대해 무지했다. 이 당시 중국과 조선의 화약제조기술은 선진국 수준에 도달했지만 대량생산 단계에는 이르지 못했다. 화약의 주원료인 초석이 절대적으로 부족했기 때문이다. 하지만 16세기 중반에 접어들면서 일본은 포르투갈 상인으로부터 화약 제조 비법을 전수받고 밀무역을 통해 중국의 초석과 자국의 유황을 거래시킴으로써 화약의 대량생산 기반을 쌓았다. 또 일본은 조총의 몸통에 해당하는 총신을 만들 재료가 부족했다. 일본산 철은 주로 도검류 제작에 사용되는 단조용 연철로서 총신 제작에는 적합하지 않았다. 즉, 철의 강도强度 면

11. 화약은 초석(礎石 ; saltpeter), 유황(sulfur), 숯(carbon)을 각각 75 대 10 대 15의 비율로 혼합해서 제조했다. 이들 가운데 핵심 재료인 초석은 자연채취가 아니라 제조를 통해서 확보해야 했다. 초석의 원료는 염초토(焰硝土)였다. 그것은 질산칼륨을 다량 함유한 것으로 동물의 똥에 오줌 속의 요소(尿素)가 가미되어 오랜 시간 동안 박테리아들이 분해하는 과정에서 자연적으로 생성되는 물질이다. 당시 조선은 동물 숫자도 적고 초원도 부족해서 초석 생산을 늘리기가 쉽지 않은 환경이었다. 그에 반해 중국이나 서유럽 국가들은 가축 숫자와 초원이 많았기 때문에 우리보다 훨씬 유리했다.

에서 많은 문제가 있었다. 따라서 일본은 조총을 대량생산하기 위해서는 주조에 적합한 남만철南蠻鐵을 중국으로부터 수입해야만 했다. 결국 화약과 남만철도 포루투갈 상인과 연계된 중국계 왜구들을 통해서 일본으로 수입되었다. 그리고 이것이 가능했던 것은 일본이 조선으로부터 몰래 탈취해 간 회취법灰吹法이라는 기술 덕분이었다. 회취법은 은광석에서 순도 높은 은銀을 추출할 수 있는 핵심 정제기술이다. 일본은 이 기술로 국제결제수단인 은을 대량생산함으로써 중국과 초석 거래를 대규모로 할 수 있었다.

경쟁의 관점에서 전투는 시장경쟁이나 조직 내의 진급승진 경쟁과 유사하다. 왜냐하면 그들 모두가 제로섬 게임이라는 속성을 갖고 있기 때문이다. 일이 풀리지 않는다는 것도 따지고 보면 경쟁에서 밀렸을 때 나타나는 현상과 유사하다. 따라서 일이 풀리지 않을 때는 혹시 자신이 신립이나 다케다 가쓰요리처럼 생각하고 행동하지 않았는지 점검해 보아야 한다. 또 업무수행에 있어 무뎃포의 자세로 임한 적은 없었는지 진지하게 고민해 볼 필요가 있다. 만약 자신에게 문제가 있었다고 판단되면 오다 노부나가가 실천했던 삶의 자세를 벤치마킹해야 한다. 그것이 '생각의 빈곤'에서 벗어나 통찰의 달인이 될 수 있는 유일한 길이다. 그러면 일은 저절로 잘 풀릴 수밖에 없다. 우리는 필요할 경우 적장敵將한테서도 배울 것은 배워야 한다. 타인의 장점을 과감하게 수용한 다음, 시장이나 조직에서 경쟁우위를 선점할 수 있는 자신만의 뎃포[12] 개발에 사활을 걸어야 한다. 이때 유념할 것은 자신이 개발한 뎃포가 고객과 주

12. 여기서 말하는 뎃포는 신무기 조총을 의미하는 게 아니다. 타인들과의 경쟁에서 그들을 제압할 수 있는 자기 고유의 새로운 혁신방안을 의미한다.

위 분들에게 선善한 결과를 초래해야 한다는 점이다. 북한의 핵무기처럼 세계 인류와 동족에게 치명적인 위해危害를 가하거나 악의적 피해를 유발할 수 있는 뎃포 개발은 국제관계나 인간관계에서 왕따를 당할 수밖에 없기 때문이다.

4. 변화를 선도하는 안목을 키워라!

사람들은 자신의 일이 잘 풀리지 않을 때 의기소침하기 쉽다. 또 긍정적인 마인드보다는 부정적인 생각의 포로가 되는 경향이 강하다. 그러면 일은 더 꼬이기 십상이다. 한마디로 빈곤의 악순환이 시작되는 것이다. 사람들은 이런 상황에 직면하면 내 탓보다 남 탓을 하고, 운수나 팔자소관을 들먹이며 변명이나 탈출로부터 찾기 시작한다. 한편, 일 잘하는 사람들은 문제를 자기 자신에서 찾는다. 내가 시장이나 조직에서 밀려난 이유가 뭘까? 왜 내가 만든 제품이나 서비스가 잘 팔리지 않고 재고로 쌓이는 것일까? 왜 주변 분들은 내가 제시하는 아이디어나 생각을 인정해 주지 않고 외면하는 것일까? 왜 나에게는 절친이나 우군이 없을까? 등의 질문을 던지면서 그 해결책을 자신한테서 찾으려고 노력한다. 바로 그런 작은 노력들이 '생각의 빈곤' 문제를 해결해 줌으로써 일이 잘 풀리고 성공을 향한 터닝 포인트를 만들게 되는 것이다. 따라서 자기 스스로 내부의 변화를 만들어 내는 안목과 지혜가 무엇보다 중요하다.

가. '변화'는 봄꽃처럼 아름답다!

계절이 아름다운 것은 그것이 변화하기 때문일 것이다. 만약 1년 내내 눈만 온다거나 비만 내리면 그런 곳에서 사는 사람들의 수명은 크게 단축될 것이다. 또 그런 상황에서는 순백색의 흰 눈이 결코 아름답게 느껴지지 않을 것이다. 또 사시사철 비만 내린다면 시인이나 작사가들이 비를 시어詩語나 노래가사로 차용하지 않을 것이다. 그때 비는 감성적인 단어가 아니라 지겨움의 대상으로 전락될 수밖에 없다. 따스한 봄철은 꽃비를 뿌리고 무더운 여름은 눈부신 신록을 제공하며, 가을철은 상큼한 햇과일을 선사하고 겨울철은 설산雪山과 동안거冬安居의 휴식을 주기에 사람들은 사계四季가 아름답고 신비스럽다고 예찬하는 것이다.

또 변화는 큰 변화와 작은 변화로 구분된다. 일례로 전자공학과 IT 기술이 일궈낸 3차 산업혁명이 인공지능과 초연결사회를 키워드로 하는 4차 산업혁명 시대로 터닝하는 것은 큰 변화다. 하지만 골프채 시장에서 초보 골퍼가 다루기 힘든 롱아이언을 유틸리티로 대체해서 새로운 고객수요를 창출하는 것은 작은 변화다. 대통령을 비롯한 정치 리더나 고위공직자, 대기업의 CEO들은 큰 변화의 흐름을 예의 주시하며 미리미리 대비해야만 국가와 기업을 안전하게 지켜낼 수 있다. 그렇지 않으면 1997년 12월 초에 발생했던 IMF 금융위기와 같은 비극적인 상황을 맞거나 국내기업이 국내외 시장에서 영원히 퇴출될 수 있다. 그러나 소규모 자영업자나 일반 시민들은 큰 변화보다 작은 변화에 민감할 수밖에 없다. 경쟁자의 범위도 좁고, 또 관심 대상도 미시적 측면이 대부분이기 때문이다. 이 책의 기본 내용도 국가나 대기업 차원의 거시적 문제가 아니다. 우리와 같은 소시민들이 어떻게 하면 개인 사업을 잘하고 조직생활에 잘 적응하며 자신이 맡은 업무를 남들보다 잘 해낼 수 있을까?에 초점이 맞춰져 있다. 따라서 우리의 관심사도 큰 변화보다는 우리 자신을 일깨워주는 작은 생각의 변화, 즉 통찰에 대해 집중적으로 살펴보고자 한다.

작은 변화는 관점의 변화로부터 시작된다. 가령, 비커에 물이 반쯤 담겨져 있다고 상정하자. 비커를 보고 어떤 사람은 "비커에 물이 반밖에 없네!" 라고 중얼거렸고 다른 사람은 "아직도 비커에 물이 반이나 남았네!" 라고 말했다고 하자. 이 책을 읽는 독자들은 전자에 속하는 사람인가, 아니면 후자에 속하는 사람인가? 내 소견으로는 후자에 속하는 사람이 전자의 사람보다 성공할 확률, 일을 잘할 수 있는 확률이 높다. 왜냐하면 후자의 말 속에는 강한 긍정의 마인드가 담겨 있기 때문이다. 이제 두 가지 사례를 통해 작은 변화가 왜 봄꽃처럼 아름다운지 생각해 보자.

나. 특산품에 스토리텔링을 입혀라!

일본 혼슈의 최북단에 위치한 아오모리青森현은 연간 기후차가 큰 지역으로 계절색이 매우 뚜렷하고 명확하다. 또 아오모리는 일본 전역을 빠른 속도로 연결해 주는 신칸센이 2010년도에 개통했을 정도로 비교적 산간 오지에 속한다. 그곳은 겨울철에 눈이 많이 내리는 곳으로도 유명하며 특산품으로는 사과, 마늘, 일본식 청주인 사케 등이 있다. 특히 일본 전체의 사과 생산량 가운데 약 50% 정도가 생산되고 있으며 그

맛도 무척 좋은 것으로 알려져 있다. 그런데 아오모리현은 1991년 사과 수확철에 갑자기 들이닥친 태풍으로 큰 낙과 피해를 입었다. 전체 생산량의 90%에 해당되는 사과들이 강한 바람을 이기지 못하고 떨어진 것이다. 1년 농사를 망친 과수농민들은 망연자실했다. 이때 어느 한 과수농민이 사과나무에 매달려 있는 10%의 사과에 주목했다. 그는 다른 과수농민들에게 "저 10%의 사과라도 잘 팔아보자!" 고 제안했다. 그러나 과수농민들은 그의 제안에 반신반의했다. 사과나무에 매달려 있는 10%의 사과도 강풍으로 인해 상품가치가 크게 떨어졌기 때문이다. 그럼에도 불구하고 아이디어를 제안한 과수농민이 "10배 비싼 가격에 팔 수 있다" 고 자신감을 비추자 다른 과수농민들도 '밑져야 본전' 이라는 생각으로 동참했다. 얼마 후 기적 같은 일이 벌어졌다. 정말로 상품성이 떨어진 10%의 사과들이 10배나 비싼 가격에 출하했는데도 날개가 돋친 듯 팔려나갔던 것이다. 그 덕분에 아오모리의 과수농민들은 예년과 비슷한 농가수익을 거둘 수 있었다. 그렇게 된 비결은 태풍을 이겨낸 10%의 사과에 주목한 과수농민의 기발한 발상이 대학입시를 앞둔 수험생과 그들 학부모의 마음을 움직였기 때문이다. 과수농민들은 그 사과를 시장에 출하하면서 스토리텔링에 기초한 마케팅전략을 펼쳤다. '이 사과로 말할 것 같으면 강력 태풍에도 떨어지지 않았던 당찬 사과입니다. 만약 수험생들이 이 사과를 먹는다면 금년도 대학입시에서 당당하게 합격할 겁니다.' 결과는 대박이었다. 그로부터 얼마 후 아오모리현의 합격 사과 이야기는 국내 과수농민들에게도 전해져서 대학수학능력시험 철만 되면 어김없이 등장하는 '합격 사과' 의 기원이 되었다. 이런 상술에 대해 일부에서는 비판적인 시각을 제시한다. 그러나 자연재해로 인한 시련 앞에서 무작정 정부의 지원에만 의존하려는 과수농민들이 아니라 자신의 역발상으로 절망을 희망으로 바꿔나간 아오모리현 과수 농민들의 자세만큼은 칭찬받아 마땅하다. '호랑이에게 물려가더라도 정신만 차리면 살 수 있다!'는 우리 속담을 생각하게 하는 좋은 사례가 아닐 수 없다.

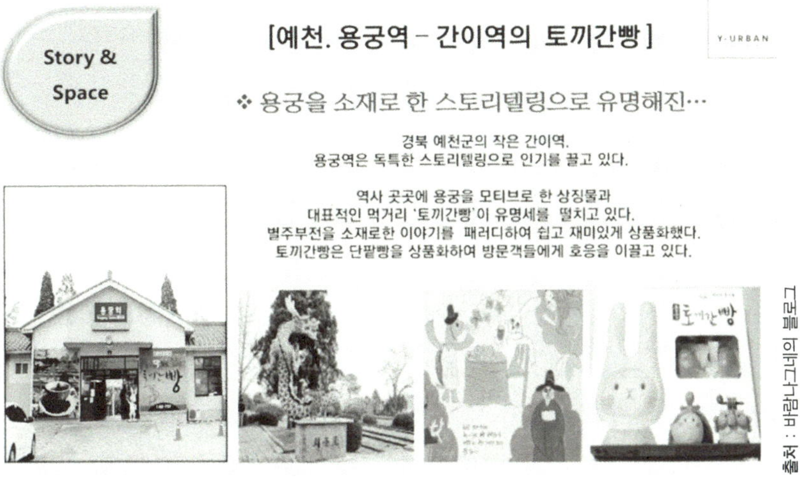

▲ 경북 예천 용궁역에서 파는 토끼간 빵

또 한 가지 사례는 '토끼간肝 빵'이다. 경상북도 예천군에 가면 용궁면龍宮面이라는 곳이 있다. 그곳은 고대설화인 『별주부전』에 등장하는 바다 속 용왕님이 산다는 용궁과 한자도 똑같다. 예천군청은 용궁면이 『별주부전』의 용궁을 떠올린다는 점에 착안해 '토끼간 빵'을 지역 특산품으로 개발했다. 용왕님의 병에 특효약인 토끼 간을 구하기 위해 육지로 출장 나온 거북이의 유인전술에 말려 용궁까지 들어갔다가 기지機智를 발휘해서 사지死地를 탈출했던 토끼 이야기에서 빵의 이름을 따왔다. 실제로 『별주부전』과 예천군의 용궁면은 아무런 관련이 없다. 따라서 '토끼간 빵'은 말 그대로 스토리텔링을 활용한 것에 지나지 않는다. 그렇지만 소비자들의 반응은 뜨거웠다. 일단 빵 이름이 독특하고 재미있는 데다 맛까지 끝내주었기 때문이다. '토끼간 빵'은 예천군으로부터 허가를 받은 농업회사법인 회룡포(주)가 생산과 판매를 주관하고 있다. 또 그것은 예천군에서 직접 생산한 우리 밀, 호두, 팥, 헛개추출물 등 신선한 재료만을 엄선해서 만들기 때문에 고소한 맛과 쫀득한 식감이 일품이다. 게다가 당일 날 판매할 만큼만 수작업으로 만들기 때문에 소비자들은 항상 신선한 제품을 구매할 수 있다는 장점도 있다. 용궁면에 위치한 예천군의 대표적 관광명소 중 하나인 회룡포를 둘러본 관광객들은 무인無人역인 용궁역에 들러 용왕님도 먹어보지 못한 '토끼간 빵'을 시식한 후 열차 편으로 귀가를 한다. 이미 2012년에 '토끼간 빵'을 출시한 경상북도 예천군은 2013년 특허청에 상표등록을 해 놓은 상태여서 이제는 다른 지역이나 사람들이 그것을 복제할 수 없다. 예천군 사람들은 '토끼간 빵'의 성공을 밑천으로 또 다른 하나의 사업도 발굴해봄 직하다. 예천군이나 그 인근지역에서 역사적으로 유명했던 인물(예 : 퇴계 이황 선생 등)이 즐겨 드셨던 음식이나 옷차림 등을 개발해서 '퇴계 이황의 밥상'이나 '퇴계 이황의 옷차림'과 같은 문화상품을 개발해서 그곳을 찾는 관광객들에게 선을 보인다면 지역경제의 활성화에 큰 도움이 될 것이다. 아무도 거들떠보지 않고 지나쳤던 사소한 지역의 문화자산도 스토리텔링만 잘 하면 최상의 문화상품으로 큰돈을 벌 수 있다는 것이 내 생각이다.

다. 역발상의 대상과 범위는 무궁무진하다!

일이 잘 풀리지 않을 때는 관성의 법칙과 절연하는 게 좋다. 관성의 법칙은 늘 해오던 방식이나 친숙한 사고를 의미한다. 일단 그것에 익숙한 사람들은 다른 생각이나 행동을 하기 힘들다. 다람쥐가 쳇바퀴를 돌면서 아까운 시간만 허비하듯이 평소 익숙한 절차와 방식대로 일을 하기 때문에 더 이상의 발전을 기대하기 어렵다. 역발상이란 '사람들이 갖는 보편적인 생각과는 크게 다른 생각' 이다. 그렇다고 해서 역발상이 틀렸거나 잘못된 것은 아니다. 단지 남들에게 특이하거나 낯설게 느껴질 따름이다. 따라서 어떤 사람이 역발상을 한다고 해서 색안경을 쓰고 쳐다보거나 비난해서는 안 된다. 우리 사회가 지금보다 좀 더 발전하기 위해서는 무엇보다도 타인의 역발상에 대해 관대하게 봐주는 분위기를 만들어야 한다.[13] 또 역발상의 가치와 중요성을 인정하고 자신도 역발

13. 2018년 4월 12일 SK하이닉스(주)가 연구현장의 실패사례를 공모해서 300만원의 상금을 수여하는 이색 행사를 치러서 화제가 되었다. 연구실패를 할 경우에는 대부분 연구책임자에게 비판이나 책임추궁이 따른다. 따라서 연구현장에서는 실패를 감추거나 축소하려는 경향이 강하다. 하지만 '실패는 성공의 어머니' 라는 말이 있듯이 연구실패는 성공으로 가는 징검다리가 될 가능성이 크다. 이것을 인식한 SK하이닉스(주)의 박성욱 부회장은 연구실패 경진대회를 개최했다. 약 250건의 연구실패 사례가 공모를 했고 그들 가운데 우수 실패사례 4건이 선정되어 상을 받았다. SK하이닉스는 연구실패 경진대회의 행사 명칭도 '지금 알고 있는 걸 그때도 알았더라면 좋았을 컬' 로 명명했는데, 여기서 '컬' 은 문화를 의미하는 컬쳐(culture)의 첫 글자에서 따온 것이라고 한다. 바로 이렇게 하는 게 역발상이다. 박 부회장은 수상식 자리에서 "혁신적인 반도체의 기술력을 확보하기 위해서는 집단지성을 통한 문제해결 능력과 실패를 두려워하지 않는 문화가 중요하다. 우리 모두 다 함께 왁자지껄하게 실패를 분석하고 이를 혁신의 기반으로 삼자"고 강조했다. (출처 : 2018년 4월 14일자 조선일보 A12면 기사 참조)

상을 즐기려는 노력을 강화시켜 나갈 필요가 있다. 왜냐하면 국가, 기업, 개인의 미래 경쟁력이 바로 역발상에 크게 의존하기 때문이다. 역발상의 범위와 대상은 그야말로 무궁무진하다. 생각에는 시공간의 제한이 존재하지 않기 때문이다. 아주 간단한 필기구에서부터 책, 우산, 신발, 골프채, 음식물쓰레기 처리, 강의, 자동차 등에 이르기까지 매우 광범위하다. 일반인들도 조금의 관심과 정신집중만 한다면 누구든지 역발상을 통한 새로운 비즈니스의 창출이 가능하고, 업무혁신을 통한 직장 내 승진도 쉽게 할 수 있다. 다만, 우리들이 지금까지 역발상에 대한 체계적인 훈련이나 교육을 받은 적이 없기에 그것이 낯설고 억색할 따름이다. 현재와 같은 암기 위주의 교육체계 하에서는 역발상에 강한 통찰형 인재를 만들어낼 수 없다. 내가 이 책의 출간을 기획했던 것도 그것에 대한 강한 불신과 반발에서 비롯된 것이다. 적어도 독자들만큼은 앞에서 말한 역발상의 사례를 통해 그것의 가치와 중요성을 인식하고 자신만의 강력한 경쟁력으로 발전시켜 나갔으면 좋겠다.

5. 이순신처럼 생각하고 행동하라!

달인이란 한 분야에 정통한 사람이다. 통찰의 달인은 타인이 보지 못한 것을 깊이 있게 관조하며 기발한 아이디어를 제시할 수 있는 사람을 일컫는다. 그런 사람은 '생각의 빈곤'에서 해방된 참다운 인재라고 말할 수 있다. 세상만사가 그렇듯 통찰의 달인도 거저 되지 않는다. 그런 경지에 오르려면 수없이 많은 난관과 시련을 슬기롭게 극복해야 한다. 이는 무쇠가 명품 칼로 변해가는 과정과 똑같다. 볼품없고 무가치한 무쇠가 누구나 탐내는 명품 칼로 바뀌려면 최소한 1,000번 이상의 담금질과 연마작업을 거쳐야 한다. 그것도 아주 숙련된 대장장이의 손을 통해서만 가능하다. 국내 최고의 단조명장明匠인 용호공업사 주용부 대표는 이런 말을 한 적이 있다.

"옛말에 원수 갚을 때 '칼을 간다'고 하잖아. 날이 잘 선 좋은 칼을 만들려면 거친 돌가루부터 시작해 고운 돌가루까지 여러 돌가루를 이용해 수십 번을 갈아야만 제대로 된 칼을 만들 수 있지. 칼을 빨리 만들려고 처음부터 고운 돌가루로 갈면 열만 나고 잘 안 갈려. '연마'라는 걸 잘해야 해. 사람도 무언가 갈고닦을 때 연마한다고 하잖아. 뭐든지 마찬가지야. 십 리 길도 한 걸음부터 시작해야 해. 급하게 건너뛰지 말고 훈련을 통해 기술을 잘 다듬고 참고 견뎌내는 피나는 노력을 해야 해. 그렇게 해서 실력을 쌓으면 세상 사람들이 다 인정해 줘. 칼 갈듯이만 살아봐. 그러면 어떤 분야에서든 대가가 될 수 있을 거야!"

통찰의 달인이 되려면 통찰의 3단계에 대한 깊은 이해와 강한 실천력을 구비해야 한다. 통찰의 1단계는 결핍에 대해 철저한 문제의식을 갖는 것이다. 결핍이란 '뭔가 부족하다고 느끼는 것', '아직까지 충족되지 않은 불편함이나 좀 더 개선된 상황에 대한 강렬한 욕구'를 말한다. 또 문제의식은 왜 내가 하는 일은 잘 풀리지 않을까? 또는 어떻게 하면 일을 잘할 수 있을까?에 대한 본질적인 고민이다. 대부분의 문제의식은 치열한 경쟁이나 환경 속에서 자신의 생존이 위협받게 될 때 강력하게 작동되는 특성이 있다. 통찰의 2단계는 결핍이 과연 해결될 수 있는지를 탐색하는 과정이다. 결핍에 대한 문제의식을 잘 갖췄다고 하더라도 그것이 실현 불가능한 것이라면 통찰은 그 단계에서 멈추는 게 상책이다. 왜냐하면 불가능한 것에 너무 많은 시간과 에너지를 투입할 필요가 없기 때문이다. 이는 마치 모래와 흙먼지뿐인 사하라 사막에서 무턱대고 우물을 파겠다고 달려드는 행위와 같다. 그때는 아쉽더라도 더 이상의 통찰을 중지해야 한다. 하지만 결핍을 해소시킬 가능성이 단 1%만이라도 존재한다고 판단되면 통찰의 3단계로 직행해야 한다. 즉, 결핍의 해소 방안을 찾기 위해 몰입하고 정진해야 한다는 의미다. 이 과정이 바로 통찰의 달인 여부를 판가름 짓는 핵심 단계다. 현재 통찰의 달인으로 성공한 사람들은 하나같이 통찰의 3단계에서 인간승리를 한 분들이다. 우리 주변을 둘러보면 수많은 직업이 있는데 그들 가운데는 '가家'가 붙은 직업이 꽤 많다. 유명한 화가, 작곡가, 작사가, 서예가, 작가, 건축가,

도예가, 무대 연출가 등등. 그렇게 가家가 붙은 직함을 갖고 사는 분들은 그 분야에서 일가를 이룰 정도로 쟁쟁한 실력이나 장기長技를 갖고 있는 사람이다. 그들이 특정 분야에서 대가의 경지에 올라설 수 있었던 것은 전적으로 통찰을 3단계까지 성공적으로 마쳤기 때문이다.

그렇다면 우리 역사 속에서 통찰을 가장 멋지게 실천했던 분은 누구일까? 나는 1592년에 발발한 조일朝日전쟁에서 조선을 구한 충무공 이순신 제독을 제일 먼저 꼽고 싶다. 그가 뛰어난 통찰력을 발휘할 수 있었던 것은 풍전등화風前燈火의 위기에 처한 조국을 구하기 위한 자신과의 고독한 생각의 전투에서 승리했기 때문이다. 자신과의 싸움에서 이긴 사람은 어떠한 외부의 적도 쉽게 이길 수 있는 법이다. 이제 왜적의 간담을 서늘하게 만들었던 거북선을 중심으로 그가 했던 통찰에 대해 살펴보자. 그의 통찰을 벤치마킹하는 데 성공한다면 누구든 통찰의 달인으로 거듭날 수 있을 것이다.

가. 통찰의 1단계 : '왜적을 격멸할 비장의 히든카드가 무엇인가?'

종6품의 정읍 현감 이순신이 정3품의 전라좌도수군절도사(이하 전라좌수사)로 부임한 날은 전운戰雲이 감돌고 있던 1591년 2월 13일이었다. 전라좌도의 수군 본영인 여수에 도착해서 간단하게 취임식을 마친 그가 최초로 행한 공식 업무는 본영과 관할지역인 5관 5포[14]의 병력과

14. 전라좌수영이 관할하던 5관은 순천부, 낙안군, 보성군, 흥양현, 광양현을 지칭하고 5포는 녹도진, 발포진, 사도진, 여도진, 방답진을 말한다.

무기에 대한 점고點考였다. 점고는 병력과 전함을 비롯한 각종 무기류의 숫자가 적힌 장부에다 일일이 점을 찍어가며 꼼꼼하게 대조하는 작업을 의미한다. 여러 날에 걸쳐 점고를 끝마친 이순신 제독은 아연실색할 수밖에 없었다. 장부상의 숫자와 현장에서의 숫자 간에 큰 괴리가 존재했기 때문이다. 그 중에서도 조선 수군이 운용할 전선戰船인 판옥선의 편차는 도무지 이해가 되지 않았다. 장부에는 30척이라고 기재되어 있었지만 현장에는 5척밖에 없었기 때문이다. 더욱이 전라좌도의 본영인 여수와 각 예하부대는 해상도적 떼인 왜구들의 출몰이 잦았던 위험지역이었다. 이곳의 지역방어를 책임진 그로서는 난감한 일이 아닐 수 없었다. 만약 전쟁 발발과 함께 수많은 왜적들이 일시에 전라도 지역으로 쳐들어올 경우, 그들의 침략을 저지할 방법이 없었기 때문이다. 그나마 다행스러웠던 것은 선박건조 기술자인 나대용[15]과 일본의 내부 사정에 밝았던 공태원[16]이 진무(현, 행정서기병)로서 그를 보좌했다는 사실이다. 이

---

15. 1556년 전남 나주 출생. 1583년 훈련원 별시(別試)에서 병과로 급제한 후 훈련원 봉사를 역임하다가 1591년에 이순신 휘하에서 감조전선출납군병군관(監造戰船出納軍兵軍官)으로 복무했다. 정확한 기록은 존재하지 않지만 나대용은 선박건조기술자였기 때문에 이 시기에 판옥선과 거북선 제작에 깊숙이 참여했을 가능성이 크다. 나대용은 1594년 강진현감으로 발령날 때까지 이순신과 함께 해전을 치르며 참모로서 최선을 다했다. 조일전쟁이 끝난 1599년에는 전라순찰사 한효순의 군관으로 신형 전함인 창선(槍船) 개발에 주력했고 남해현령 시절에는 쾌속선인 해추선을 개발했다. 이런 공로를 인정받아 1611년 비변사 낭청인 최현의 장계로 통정대부의 관작을 받고 정3품의 경기수사로 승진했지만 부임 직전인 1612년 사천해전에서 입은 총상 후유증으로 사망했다.

16. 공태원은 1587년 정해왜변 때 왜구들한테 붙잡혀갔다가 1590년에 귀국한 후, 이순신 휘하에서 진무로 근무했던 인물이다. 이순신의 『난중일기』에 4차례 등장한다. 주로 왜적의 동향을 탐지하는 첩보원이나 왜적 포로에 대한 심문을 담당했던 것을 보면 일본어에 능통했고 일본 정보에 밝았던 인물로 평가된다. 특히 거북선 제작 때 왜선에 대한 많은 정보를 이순신과 나대용에게 전달했을 것으로 추정된다.

들과 관련된 상세한 자료가 존재하지 않지만 우리는 통찰과 스토리텔링 기법을 통해 이들이 어떻게 당대 최고의 전략무기인 거북선을 창안했는지 추적해 보기로 한다.

▲ 일기 쓰는 이순신[17]

우선 이순신 제독에게 시급한 당면과제는 왜적과 맞서 싸울 수 있는 판옥선의 추가 건조였다. 5척의 판옥선을 갖고서는 왜적들과 전투다운 전투를 수행할 수 없기 때문이었다. 판옥선의 추가 제작에는 큰 어려움이 없었다. 판옥선의 설계도가 이미 존재했고[18] 나무판을 짜기 위한 소나무, 목수를 비롯한 전문기술자, 선박에 탑재할 총통銃筒류만 추가로 제작해서 투입하면 그만이었다. 문제는 전함 숫자와 병력 면에서 열세인 조선 수군의 단점을 커버하고 왜적을 일격에 박살낼 수 있는 비장의 히든카드가 무엇인가? 라는 것이었다. 그것은 이순신 제독에게 절체절명의 결핍요소였다. 그는 이 문제의 해결 가능성을 탐색하기 위해 나대용, 정걸, 공태원을 비롯한 참모들과 자신

17. 이순신 제독이 통찰의 대가가 될 수 있었던 핵심 요인은 날마다 일기를 쓰면서 여러모로 사고하며 좀 더 나은 솔루션을 찾기 위해 고민했기 때문이라고 생각한다.

18. 판옥선의 건조는 1544년에 발생한 사량진왜변을 계기로 꾸준하게 이루어졌기 때문에 그에 대한 설계도는 손쉽게 구할 수 있었다.

의 집무실에서 난상토론을 했을 것으로 추정된다. 스토리텔링 기법을 통해 당시 그들 사이에 오고 갔을 것으로 예상되는 대화를 정리해 보면 아래와 같다.

이순신 : 전쟁이 일어나면 왜적들은 쌀을 탈취하기 위해 전라도 지역으로 쳐들어올 것이 분명하오. 그런데 보다시피 우리는 판옥선 숫자나 조선 수군의 병력 수가 턱없이 부족한 실정이오. 혹시 왜적에게 일격을 가할 수 있는 무슨 좋은 수가 없겠소? 각자 돌아가면서 좋은 방법을 얘기해 보시오.

정 걸 : 장군, 내가 알기로는 태종임금 때 귀선이란 배가 있었다고 합니다. 그런데 그것의 설계도가 없기 때문에 구체적으로 어떤 기능을 지닌 배인지는 정확하게 알 수는 없습니다. 하지만 그것에 대해 한번 검토해 볼만한 가치는 충분하다고 생각합니다.

나대용 : 저도 거북이처럼 생겼다는 귀선 얘기를 들은 바 있습니다. 그렇지 않아도 귀선을 어떻게 만들어 볼까? 하고 고민하던 참입니다. 그런데 관련 기록이나 설계도가 남아 있지 않아서 머리만 굴리고 있는 상태입니다.

공태원 : 저는 배에 대해서는 문외한이라 뭐라고 말씀드려야 할지 모르겠습니다. 다만, 제가 일본에서 포로생활을 하며 지켜본 왜선은 우리 판옥선보다 크기가 작고 삼나무로 배를 만들다 보니 약해 보였습니다. 한 가지 염려되는 것은, 왜적들은 전체 병력의 약 10~20% 정도가 조총으로 무장하고 있기 때문에 판옥선이라도 왜선 가까이 접근하면 조총으로 인한 아군 피해가 클 것이라는 점입니다. 또 왜적들은 기본적으로 왜구의 전술을 답습했기 때문

에 등선육박전술[19]에 매우 능합니다. 그에 대한 대비책을 철저하게 강구해야 할 것 같습니다.

이순신 : 공 진무가 좋은 얘기를 했네. 정걸 장군, 나 군관! 우리 넷이서 귀선에 대해 좀 더 고민을 하고 생각을 정리해 봅시다. 약 1주일 동안 충분히 고민해 본 다음, 다시 만나서 추가적인 논의를 하도록 합시다.

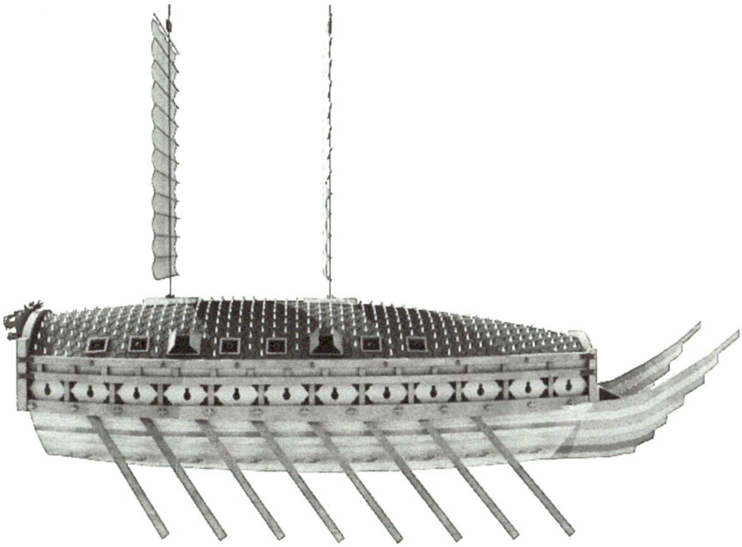

출처 : 경남도청 이순신 홈페이지

▲ 거북선의 진짜 모습

이순신 제독은 첫 회의를 마친 그날부터 1주일 동안 다른 일을 할 수 없었다. 자나 깨나 오로지 귀선 생각뿐이었다. 특히 공태원의 얘기

19. 등선육박전술이란 왜군이 조선 수군의 전함에 올라타 백병전을 벌이는 전술을 의미한다. 칼을 잘 썼던 왜구들은 조선이나 명나라의 선박에 올라타서 선원들을 배 밑에 가두거나 죽인 후 그 배에 실려 있던 쌀이나 금은 보석을 탈취하는 데 일가견을 갖고 있었다.

가 계속 그의 머리를 짓눌렀다. 그는 마치 무엇에 홀린 사람처럼 혼자서 이런 말을 중얼거렸다. "조선의 판옥선은 왜적의 전함戰艦보다 강하다. 하지만 왜적의 조총사격과 등선육박전술을 동시에 차단할 수 있는 특단의 비책이 필요하다. 그렇다면 배는 어떤 형태로, 어떻게 만들어야 하는가?" 참모들과 주변 사람들은 무언가에 골몰하는 그의 행동이 매우 낯설고 이상하게 느껴졌다.

나. 통찰의 2단계 : '거북선! 어떤 형태로, 어떻게 만들 것인가?'

그러는 사이 1주일이 훌쩍 흘러가 버렸다. 네 사람은 또다시 자리를 함께 했다. 맨 먼저 말문을 연 사람은 나대용 군관이었다.

나대용 : 장군, 저번에 하명下命이 있으신 후로 저는 공 진무와 계속해서 대화를 나누면서 귀선의 제작 가능성을 타진했습니다. 제 생각으로는 귀선을 만들 수 있을 것 같습니다.

이순신 : 아, 그런가? 정말로 반가운 얘기일세. 그런데 어떻게 만들려고 하는가?

나대용 : 공 진무의 말에 따르면 왜적들은 왜구의 등선육박전술을 그대로 채택할 것 같다고 했습니다. 또 왜적의 배는 속도를 높이기 위해서 강도가 소나무보다 약한 삼나무를 사용했고, 배 밑 부분을 뾰쪽하게 제작했다고 합니다.

공태원 : 장군! 게다가 왜적들은 배의 옆구리 부분에다 긴 사다리를 여러

개 걸치고 다닙니다. 전시戰時에는 사다리가 2가지 용도로 사용됩니다. 하나는 방패와 같은 용도로서 적(예 : 조선, 명나라 등)의 화살공격으로부터 자국 배와 병사들을 보호해 주는 역할입니다. 다른 하나는 적 전함에 쏜살같이 접근해서 사다리를 적의 방향으로 힘차게 던진 다음, 그것을 발판으로 적의 전함에 올라와서 백병전을 벌이는 놋토리のっとり ; 탈취 전술을 펼치는 수단입니다. 우리는 그것을 가장 경계해야 합니다.

정 걸 : 지금 공 진무가 매우 중요한 얘기를 해줬네. 그런데 나도 나 군관이 어떤 배를 어떻게 만들지 정말로 궁금하네.

나대용 : 별거 아닙니다. 기존의 판옥선에다 거북이 등처럼 단단한 나무판으로 뚜껑을 만들어 덮을 생각입니다. 그리고 왜적들이 사다리를 통해 우리 전함에 오르지 못하도록 뚜껑 위에다가 약 1,200여 개의 날카로운 철자 침을 꽂으려고 합니다. 또 전함의 모양은 거북이처럼 만들고 이름도 거북선龜船이라고 정했으면 합니다.

이순신 : 그렇다면 거북선의 앞부분은 어떻게 만들 셈인가?

나대용 : 그것도 공 진무와 많은 논의를 했습니다. 일단 배는 3층 구조로 만들려고 합니다. 1층은 장병들의 휴식공간이자 침실입니다. 그리고 물이나 부식품 등을 보관하는 창고입니다. 2층은 노를 젓는 격군들의 공간입니다. 노를 잘 저으려면 타인들의 방해를 받지 말아야 합니다. 3층은 총통을 발사하고 활을 쏠 수 있는 전투공간으로 만들었으면 합니다. 그리고 거북 머리는 바로 3층의 전투공간 앞면에다 입을 크게 벌린 채로 강력하게 고정시키려고 합니다. 거북이의 입은 바로 총통이나 연막탄을 발사하는 포구멍으로 활용하려고 합니다. 거북이의 입을 통해 발사하는 총통

은 4개의 바퀴가 달린 지지대 위에 장착하려고 합니다. 그리고 거북선의 실내에서 장군전이나 조란탄을 총통에 장전한 다음, 거북선의 입 쪽으로 총통을 쭉 밀고 나와 발사하면 그 충격은 4개의 바퀴가 완충역할을 해줄 겁니다. 그리고 총통을 다시 거북선 실내로 끌고 와서 장군전이나 조란탄을 재장전한 후 발사하면 왜적과 싸우는 데 아무런 문제가 없을 것 같습니다.

정 걸 : 참 좋은 아이디어네. 내 생각으로도 완벽할 것 같구만!

이순신 : 좋소이다. 나 군관과 공 진무가 1주일 동안 고생이 많았네. 나 군관의 계획대로 차질없이 거북선을 빨리 만들어 보시게. 이제부터는 내가 지원할 일만 남았구려. 자, 이렇게 기분 좋은 날은 그냥 넘어갈 수가 없지. 오늘 술 한 잔 함께 해보세.

조일전쟁과 관련된 기존의 역사자료는 거북선의 제작 과정에 대해 침묵하고 있다. 따라서 우리는 누가, 언제, 어디서, 무엇에 근거해서 거북선을 어떻게 만들었는지? 정확히 알 수 없다. 내가 『난중일기』에 대해서 가장 아쉽게 생각하는 대목도 바로 이 부분이다. 만약 이순신 제독이 거북선의 제작 과정에 대한 상세한 뒷얘기를 남겼다면 조선 수군과 거북선의 역사는 지금보다 훨씬 더 매력적인 콘텐츠들로 가득 찼을 것이다. 기록의 중요성을 절실하게 느끼게 해주는 대목이다. 독자들은 역사 속에 파묻혀 버린 우리의 소중한 문화유산인 거북선을 이렇게나마 스토리텔링 기법으로 복원시키고자 노력했던 나의 충정을 이해해 주길 바란다. 아무튼 왜적을 반드시 막아내겠다는 이순신 제독의 결핍요소로부터 거북선의 건조 가능성을 탐색하는 일련의 통찰과정은 정걸, 나대용, 공태원과 같은 뛰어난 참모들이 존재했기에 성공적으로 마무리될 수 있었다. 이제 남은 것은 거북선을 얼마나 빨리, 그리고 몇 척을 건조할 것인가?였다.

다. 통찰의 3단계 : 거북선 제작에 몰입하라!

거북선은 모든 과학적 지식이 총결집된 일종의 킬러 앱Killer App이었다. 거북선 제작에는 아름드리 소나무가 필요했고, 목수를 포함한 수많은 전문기술자들이 총동원되었다. 거기에다 거북선에 장착될 총통을 비롯한 각종 무기들도 추가적으로 만들어야 했다. 이 모든 작업은 이순신 제독의 일사불란한 지휘와 통합적인 지원체제 하에서 예정대로 착착 진행되었다. 그에 관한 얘기는 다행스럽게도 이순신 제독의 『난중일기』에 짧게나마 기록되어 있다. 그것을 일자별로 요약하면 다음과 같다.

① **1592년 2월 8일자 난중일기** : '거북선에 쓸 돛베 29필을 받았다'
② **1592년 3월 27일자 난중일기** : '거북선에서 대포 쏘는 것도 시험해 보았다'
③ **1592년 4월 11일자 난중일기** : '오늘 처음으로 돛베를 만들었다'
④ **1592년 4월 12일자 난중일기** : '아침밥을 먹은 뒤 배를 타고 거북선에서 지자포, 현자포를 쏘아 보았다'

조일전쟁이 발발한 날은 1592년 4월 13일이었다. 이순신 제독은 위의 글에서 볼 수 있듯이 조일전쟁이 발발하기 하루 전까지 거북선의 제작과 전력화에 혼신의 노력을 기울였다. 그러면 이때까지 전라좌수영은 몇 척의 거북선을 제작했을까? 이에 대해서도 공식적인 언급이 없다. 다만, 그는 1593년 7월 13일자, 1594년 2월 4일자 『난중일기』에서 여수 본영 거북선, 순천 거북선, 방답 거북선을 한 차례씩 언급했을 뿐이다. 이것을 고려해 볼 때, 나는 조일전쟁 발발 전까지 전라좌수영이 건조한 거북선은 최소한 3척 정도였을 것으로 추정한다. 『나주목지羅州牧志』에도 "나대용은 이순신에게 종사해서 거북선 3척을 꾸며 왜적을 무찌른 공로로 훗날 경기수사로 승진되었다" 고 기술되어 있다.

이순신 제독은 유성룡이 『징비록』에서 언급했듯이 달변가도, 다변가도 아니었다. 그는 말수가 적었고 매사에 태산같이 신중한 사람이었다. 조일전쟁의 발발시점까지 그는 만 14개월 동안 누구보다 치열하게 전쟁준비를 했다. 거북선 3척을 건조해서 실전에 배치했고, 5척에 불과했던 판옥선도 추가 건조와 전선 수리 과정을 통해 24척으로 증강시켰다. 그리고 1592년 4월 13일 총 16만 7,900명에 이르는 대규모의 왜적이 문치주의 국가 조선을 향해 거대한 해일처럼 밀려왔다. 공맹孔孟의 도리만을 외치며 무신들을 무시했던 선비들은 제 몸 하나 건사하기 위해 낯 뜨거운 도주를 선택했다. 이제 조선의 운명은 이순신 제독의 양 어깨에 고스란히 매달려 있었다. '통찰력을 구비한 사람은 위기의 순간에 더욱 빛이 난다' 는 말이 현실로 다가왔다. 그가 지휘책임을 맡은 전라좌수영은 하삼도(경상도, 전라도, 충청도)의 5개 수영 가운데 병력과 전함 수 측면에서 가장 전력이 열세했던 부대다. 하지만 임진년(1592년)에 치러진 10번의 해전을 승리로 이끈 주역은 전라좌수영이었고 이순신 제독은 그 부대의 최고 지휘관이었다. 1593년 8월 1일(음력), 그는 경상우수사 원균, 전라우수사 이억기를 제치고 삼도수군통제사(현, 해군참모총장)에 임명되었다. 그것은 그가 '생각의 빈곤'을 극복하고 통찰의 달인이 되었기 때문에 가능했다. 이제 독자들에게 감히 제언을 드린다. '누구든 성공하고 싶거든 오늘부터 이순신 제독처럼 생각하고 행동하라!' 그러면 모든 사람들이 통찰의 달인으로 성공적인 삶을 살 것으로 확신한다.

1. 발상의 전환!

2. 조선 임금들이 단명(短命)했던 이유!

3. 원숭이와 청어 이야기

4. 엘리베이터에 거울을 설치한 이유

5. 쩐(錢)의 전쟁

6. 자동차 룸미러의 탄생 비밀

7. 숫자 '3'으로 들여다 본 세상

8. 페이퍼 안전대책과 붕괴공화국

9. 오류와 반전의 매력적 파워!

10. 스캠퍼(SCAMPER)

11. 유태인의 기발한 발상!

12. 세종대왕, 이순신 제독, 이건희 회장의 공통점

13. 조선의 합리적인 인재 발탁 방법

14. 화천산천어축제가 대박을 터트린 비결

15. 바퀴가 인류 최고의 발명품으로 손꼽히는 이유

2부

신의 한 수!

— 성공한 사람들이 전하는 '생각의 빈곤' 탈출기

1. 발상의 전환!

나는 평소 대중강연을 자주 하기 때문에 외부 인사들을 많이 만난다. 특히 기업의 CEO나 그곳에서 일하는 직장인들이 나의 주된 고객이다. 최근 그들을 만나보면 하나같이 기업 경영의 어려움을 토로한다. 최저임금제도 그렇고 비정규직의 정규직화도 골치 아픈 문제라고 하소연한다. 그러면서 조언을 구하지만 기업의 내부 사정, 경쟁자, 국내외 기술동향, 고객들의 선호 변화에 대한 정보가 부족한 나로서는 핀-포인트 조언을 해줄 수가 없다. 미안하고 죄송할 따름이다. 내가 유일하게 해줄 수 있는 제언은 발상의 전환을 강조할 따름이다. 그것이 '생각의 빈곤'에서 탈출할 수 있는 최적의 대안이기 때문이다. 만약 모든 사람이 이순신 제독의 사즉생死則生 정신으로 발상의 전환을 도모하면 누구든지 한 줄기 희망을 갖게 될 것이다. 위험은 절호의 찬스가 될 것이고, 실패는 성공을 위한 재충전의 시간이 될 것으로 확신한다.

가. 나이테와 사고思考의 다양성

나이테는 나무 나이를 알 수 있는 중요한 정보다. 하지만 나무를 어느 방향에서 어떻게 자르느냐에 따라 그 모습은 천양지차天壤之差로 나타난다. 수평으로 자르면 동그란 형태의 나이테가 나타나고, 45도로 비스듬히 자를 경우에는 타원형의 나이테가 나타난다. 나무토막을 수직으로 세워놓고 도끼로 내려치면 물결 모양의 문양만 보일 것이다. 세상사도 나이테와 똑같다. 따라서 동일한 사물과 현상을 보고도 격렬한 갈등과 대립이 발생하는 것이다. 그것도 "민주주의 하에서는 불가피한 일이다!" 라는 궤변과 함께. 더욱이 지금은 공급부족의 결핍을 해소시키기 위한 소품종 대량생산의 시대가 아니다. 또 획일적인 사고나 일방통행적인 명령이 잘 통하지 않는 시대다. 공급과잉이 사회적 문제로 떠오른 다품종 소량생산의 시대에는 고객들의 다양한 선호와 취향을 존중해 주는 사람만이 서바이벌 할 수 있다. 만약 그런 시대변화에 거역하는 정치 리더나 기업 CEO은 퇴출당할 수밖에 없다. 국민들의 뇌리 속에서 사라진 정치 리더, 시장에서 퇴출된 유명 기업(예 : 해태, 진로, 삼미, 한보철강 등)들이 어디 한둘인가! 지금은 세상사의 크고 작은 변화를 주도하며 일신우일신의 자기 혁신을 모색해야만 성공을 이끌어낼 수 있다. 그동안 우리는 20%의 성공 확률이 확실하게 보장된 5지선다형 문제를 풀면서 초등학교에서 대학교육까지 마쳤다. 그러나 냉혹한 현실세계에서는 더 이상 5지선다형 문제가 제공되지 않는다. 우리들 앞에는 성공 확률 0%에 가까운 난제難題들이 수두룩하다. 그러다 보니 명문대학을 졸업한 수재들도 이런 문제 앞에서 맥없이 주저앉는 경우가 다반사다. 정작 우리에게 필요한 것은 '고르디우스의 매듭'을 단칼에 풀어헤쳤던 알렉산더 대왕의 놀라운 통찰이다.

일례로 전화기의 경우를 살펴보자. 맨 처음 등장한 것은 유선 전화기였다. 하지만 그것의 가장 큰 문제는 전화기 줄이 자주 꼬인다는 것이었다. 그에 대한 고객들의 불만이 쌓여갔지만 해결책을 찾는 직원들은 보이지 않았다. 어느 날 이런 문제에 눈을 뜬 한 직원이 새로운 아이디어를 제시했다. '전화기의 줄 자체를 없애버리자' 는 것이었다. 바로 무선 전화기가 탄생하는 순간이었다. 그 아이디어를 제공했던 사람은 직장에서 승진은 물론 성과금도 두둑하게 챙겼을 것이다. 그러나 얼마 지나지 않아 무선 전화기에도 문제가 생겼다. 전화기가 본체에서 어느 정도 벗어나면 통화가 되지 않는 것이었다. 그런 결핍요소에 천착한 사람이 애플사의 공동창업자인 스티브 잡스Steve Jobs였다. 그는 기존의 컴퓨터 시스템에 의문을 품었다. '왜 컴퓨터는 반드시 책상 위에서만 세팅되어야 하지? 이동 가능한 컴퓨터는 불가능한 것인가?' 결국 그는 무선전화기에 극소형 컴퓨터를 탑재시켜 통화 가능 영역의 문제를 일거에 해결했다. 세계 최초의 아이폰 출시가 그런 결과였다. 애플사는 아이폰의 성공적인 출시로 대박을 터트렸고, 그는 세계 초일류기업인 애플사의 CEO로 다시 복귀할 수 있었다. 스티브 잡스는 우리들에게 '고정관념이란 두꺼운 알을 스스로 깨고 나와야만 새로운 세계를 만날 수 있다!' 는 진리를 가르쳐준 통찰의 대가였다.

나. 낡은 3D, 산뜻한 3D

흔히 3D라고 하면 제조업, 광업, 건축업 등 더럽고dirty, 힘들고difficult, 위험한dangerous 업종부터 떠올릴 것이다. 그러나 3D업종은 잘나가는 분야에서도 분명 존재한다. 가령, 의료분야에서는 큰 수술을 해야 하는 외과나 흉부외과가 3D업종이다. 늘 환자의 피를 봐야 하는 데다 장시간 동안 선 채로 어렵고 위험한 수술을 해야 하기 때문이다. 게다가 수술 때문에 제때에 식사를 하지 못하는 경우도 많다 보니 의학계의 똑똑한 인재들은 그런 분야를 기피한다. 그런데 우리 주위를 둘러보면 새롭고 신기한 개념의 3D업종이 속속 생겨나고 있다. 즉, 디지털digital, DNA, 디자인design이 그것이다. 한마디로 놀라운 반전이요, 천지개벽이 아닐 수 없다. 쥐의 경우를 살펴보자. 쥐란 녀석은 본래 지저분한 곳에서 살며 인간에게 유해한 전염병을 옮기는 위험한 존재다. 하지만 정보통신 산업의 총아인 컴퓨터의 모든 명령어를 입력하는 도구는 마우스mouse다. 하루라도 마우스를 만지지 않고 지내는 사람은 없을 것이다. 이제 쥐는 정보전달을 매개하는 지구촌 사람들의 다정한 친구가 되었다. 또 흰색 털에 빨간 눈을 가진 '온코-마우스'는 1마리당 100달러 이상을 호가하며 바이오 분야의 연구자들에게 없어서는 안 될 실험실용 쥐다. 이제는 쥐만 잘 사육해도 큰돈을 벌 수

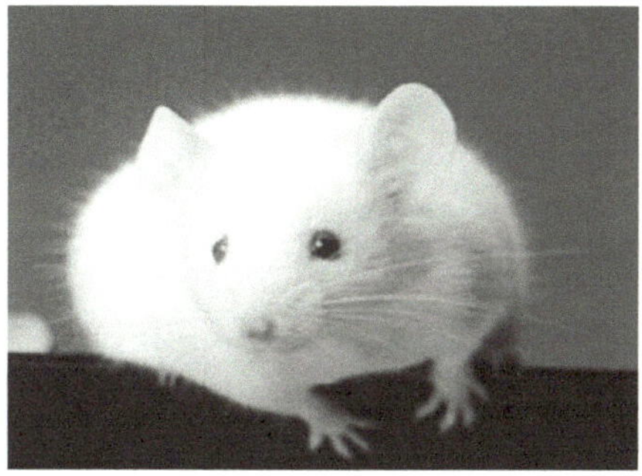
출처 : 이진경 철학교실

▲ 온코마우스

출처 : 위키백과사전

▲ 미키마우스

있는 시대다. 게다가 수컷 쥐를 의인화해서 만든 미키마우스는 지금도 전 세계의 어린이들로부터 폭넓은 사랑을 받고 있다. 이처럼 더럽고 무섭고 위험천만한 쥐도 발상의 전환만 잘하면 모든 사람들이 사랑하고 좋아하는 이미지로 변화시킬 수 있다. 또 돈까지 벌게 해주니 놀라운 대반전이 아닐 수 없다.

다. 패권국과 식민지국가를 결정지은 핵심 요인은?

세상을 변화시킨 위대한 동력은 기계나 기술이 아니다. 그것을 발명하고 사용하기 쉽게 만든 인간의 위대한 생각이다. 인간의 생각이 얼마나 위대한지를 알려주는 하나의 사례를 살펴보자. 어느 서양인이 드넓은 바다의 수평선 끝을 바라보며 낙조의 아름다움을 관찰하고 있었다. 그런데 바다 저 끝에서 한 점으로 보였던 작은 물체가 서서히 자신을 향해 다가오는 것이었다. 가까이 왔을 때 그것은 거대한 범선이었다. 그는 그것을 지켜보면서 한 가지 의구심이 들었다. "아니, 저렇게 큰 배가 어떻게 수직 절벽을 타고 올라왔을까?" 그는 아주 어릴 적부터 '바다의 수평선 끝은 수직 절벽이기 때문에 바다 밖으로 멀리 나가면 죽는다' 라고 배워왔기 때문이다. 자신의 생각에 심각한 문제가 있다고 판단한 그는 쪽배를 타고 먼 바다까지 나가보았다. 하지만 수직 절벽은 보이지도 나타나지도 않았다. 마침내 그는 '지구는 사각형이 아니라 둥근 원형이다' 라는 확신을 갖게 되었고 주위 사람들에게 그 사실을 전파했다. '생각의 빈곤' 으로부터 멋지게 탈출한 주인공은 다름 아닌 코페르니쿠스였다. 한편, 동양인들은 어린 시절부터 익히고 배운 『명심보감』

의 한 구절을 금과옥조로 여기며 살았다. '멀리 나가지 마라. 혹시 멀리 나갈 경우에는 반드시 부모님의 허락을 받고 가거라.' 미지의 세계를 바라보는 동서양의 작은 생각 차이가 그들의 운명을 결정했다. 합리주의와 탐험정신으로 무장한 서양인들은 크리스토퍼 콜롬버스Christopher Columbus를 앞세운 대항해시대를 열면서 신대륙 발견과 패권 국가를 향한 기반을 구축했다. 그러나 우리나라를 비롯한 동양의 국가들은 그들과 정반대의 길을 선택했다. 그로부터 4~5세기가 지난 후 동양의 수많은 국가들은 서구 열강들의 식민지로 전락하고 말았다. 이 또한 발상의 전환이 한 국가의 흥망성세를 좌우할 수 있음을 보여준 좋은 사례다. 발상의 전환과 통찰이란 생각의 기술은 석유자원보다도 훨씬 더 중요한 국가자원이다. 하지만 그런 멋진 기술을 제대로 가르쳐주는 곳이 하나도 없다. 그것이 우리 한국 사회가 안고 있는 가장 심각한 문제 중 하나다. 이에 대한 우리 국민들의 인식 전환과 분발의 자세가 매우 시급하다.

2. 조선 임금들이 단명短命했던 이유

최초의 여성 대통령으로서 국민의 기대를 한몸에 받았던 박근혜 대통령(이하 그녀)은 최순실의 국정농단, 국민과의 불통, 세월호 참사의 대처 미흡 등으로 비극적인 종말을 맞았다. 특히 대통령 탄핵을 부르짖는 국민들의 저항이 계속되는 와중에도 '그녀를 둘러싼 7시간(2014년 4월 16일)' 에 대해 무수한 억측들이 제기되었다. 그 시간에 청와대에서 굿을 했다느니, L호텔에서 외간 남자와 밀회를 즐겼다느니 하는 악의적인 괴담까지 시중에 널리 퍼지기도 했다. 하지만 그녀는 아직까지 그 진실에 대해 침묵하고 있다. 무엇인가 말하기 곤란한 측면이 있긴 있는 모양이다. 한때 그녀의 총애를 받았던 유 모 변호사는 '여성의 사적私的 영역' 을 운운하며 더 이상 그런 부분에 대해 거론하지 말아줄 것을 부탁했다. 나는 그것을 보면서 유 변호사야말로 역사인식이 결여된 사람이라는 생각이 들었다. 국민의 생존권과 재산권 수호에 무한책임을 져야 하는 최고 권력자를 어떻게 평범한 여성으로 봐달라는 말인가? 대통령이란 자리는 국민들이 요구할 경우, 자신이 청와대 안팎에서 무엇을 했는지 1분 1초까지 당당하게 밝힐 수 있어야 한다. 대통령은 국정운영의 총괄책임을 맡고 있는 국가 최고의 공직자이기 때문이다. 그녀는 국민들의 손으로 뽑은 대한민국 최초의 여성 대통령이었지만 그녀가 보여준

리더십은 국민의 눈높이에 크게 미치지 못했다. 나는 혼자서 이런 생각을 해봤다. '천상의 세종대왕께서 유 변호사의 얘기를 들었다면 그는 과연 무슨 말씀을 하셨을까?' 엄히 꾸짖었을 것이다. 또 평행이론을 굳이 언급하지 않더라도 오래전에 헤겔이 했던 말이 떠오른다. "세계사에서 중요한 역사적 사건과 인물은 두 번 출현한다." 조선시대의 실패한 임금에게도 국정을 농락했던 희대의 간신배와 그들에게 굴종하고 아부했던 비겁한 사대부들이 있었다. 그녀의 재임기간에도 마찬가지였다. 능력과 학력이 일천한 최순실이 청와대를 제집처럼 드나들며 국정을 휘젓는 동안 비서실장과 민정수석을 비롯한 핵심 참모들은 조선시대의 나약한 사대부처럼 기회주의적인 태도로 일관했다. 그녀의 오만하고 표독스런 레이저 눈빛이 무서웠기 때문일까? 아니면 천박녀 최순실의 서슬퍼런 보복이 두려웠던 것일까?

가. 성공한 임금은 늘 역사책을 옆에 끼고 살았다!

조선의 임금들 가운데는 오늘날의 대통령보다 훨씬 더 똑똑하고 현명했던 분들이 적지 않다. 그들은 수기치인修己治人의 자세로 세자시절부터 '서연' 과정을 통해 제왕학을 비롯한 제반 학문을 혹독하게 연마하면서 문리文理를 깨우쳤다.[1] 또 임금이 된 이후에도 수시로 '경연'에 참석해서 하루 4~5시간씩 당대 최고 석학인 경연관들로부터 경서와 역사서에 대한 강의를 듣고 그들과 함께 산적한 국정현안을 놓고 끊임없

1. 이런 '서연' 과정을 제대로 통과하지 못해 세자 자리에서 쫓겨난 인물도 있다. 바로 태종 이방원의 맏아들이었던 양녕대군 이제가 그 대표적인 인물이다.

이 토론했다. 특히 그들은 늘 사서삼경四書三經을 비롯한 경서와 『대학연의』, 『동국통감』, 『자치통감』과 같은 역사서를 가까이했다. 그들이 경서를 탐독했던 것은 통치의 기본 이념인 성리학을 체계적으로 학습하기 위함이었다. 또 역사서를 가까이했던 이유는 중국 역사를 통해 군주들의 다양한 성공과 실패 사례를 배움으로써 국정운영의 실패를 조금이라도 줄여나가겠다는 강력한 의지의 표현이었다. 그들의 학습 순서는 경서를 먼저 공부한 후, 역사서로 넘어가는 게 일반적이었다.[2] 나는 대한민국의 역대 대통령들 가운데 한 분이라도 역사서를 즐겨 읽고 전문가 수준의 역사지식을 겸비했다는 얘기를 들어본 적이 없다. 그러다 보니 대통령을 비롯한 정치 리더들은 국민들이 갈구하는 시대정신을 외면하고 권위주의와 독선의 함정에 빠질 수밖에 없었다. 결국 상경常經을 포기하고 권도權道를 일삼다가 권좌에서 쫓겨나거나 죽는 순간까지 국민들로부터 조롱이나 질책을 받았던 게 그들의 얄궂은 운명이다. 우리 현대사에서 퇴임 후 국민의 사랑과 존경을 받는 대통령이 한 분이라도 존재하는가. 그래도 조선

출처 : 독서신문

▲ 정조대왕의 어진

2. 연산군의 경우는 좀 남달랐다. 부왕(父王) 성종은 세자인 연산군이 학습지진아의 모습을 보이자 역사서를 먼저 공부하고 나중에 경서를 읽히도록 지시했다.

의 임금들 가운데는 백성들로부터 존경받았던 분(예 : 세종대왕, 정조대왕 등)이 여럿 존재한다. 그들이 긍정적인 평가를 받을 수 있었던 것은 누구보다 치열한 삶을 살면서 민초들의 삶을 개선시키기 위한 선정善政에 혼신의 노력을 다했기 때문이다. 그런 의미에서 우리는 성공한 조선 임금들의 하루 24시간을 자세히 들여다볼 필요가 있다. 만약 그녀가 이런 자세로 대통령직을 수행했더라면 오늘과 같은 '503의 비극'은 결코 일어나지 않았을 것이다.

나. 조선 임금은 하루 24시간을 어떻게 보냈을까?

조선왕조는 27명의 임금이 518년 동안 써 내려갔던 기나긴 역사다. 그런데 한 가지 흥미를 끄는 것은 임금들의 평균수명이 47세 정도로 짧았다는 사실이다. 늘 좋은 음식을 먹고 비단 옷을 걸치고 쾌적한 환경에서 생활했던 분들이 민초들보다 일찍 사망한 이유는 무엇일까? 참고로 단종은 17세에 죽임을 당했고, 예종과 헌종은 20대에 사망했다. 문종, 성종, 연산군, 인종, 명종, 현종, 경종, 철종은 30대의 나이에 죽었고, 효종, 정조, 순조는 40대의 나이에 저 세상으로 떠났다. 이들 임금의 비율이 전체 임금의 52%에 해당된다. 50대에 죽은 임금은 태종, 세종, 세조, 중종, 선조, 인조, 순종이었고, 60대에 사망한 임금은 정종, 광해군, 숙종, 고종이었으며, 70세를 넘긴 임금은 태조 이성계와 영조뿐이었다. 세인들은 조선 임금이 단명短命한 이유를 기름진 음식과 운동부족, 후궁들과의 잦은 애정행각에서 찾는 경향이 있다. 물론 그것도 틀린 말은 아니다. 하지만 더 큰 원인은 국정 최고 책임자로서 부담해야 했던 과중한 업무와 그에 따른 정신적 스트레스였다고 생각한다. 그것을 입증하기 위해 조선 임금의 하루 24시간을 좀 더 리얼하게 살펴보자.

조선 임금의 하루 일정은 살인적으로 짜여 있었다. 임금의 하루는 파루罷漏와 함께 시작되었다. 파루란 새벽 4시에 도성 내 통행금지 해제를 알리기 위해 종각에 설치한 종을 33번 치는 것을 말한다. 33번을 쳤던 이유는 불교의 가장 강력한 수호신인 제석천帝釋天이 이끄는 하늘세상(일명, 도리천)에 있는 33명의 신神들에게 하루 동안 나라가 무사태평하기를 바라는 마음에서다. 임금은 파루소리와 함께 잠자리에서 일어났다. 자릿조반이라 불리는 쌀죽으로 요기를 한 후 부왕이나 대왕대비를 찾아가서 아침 문안인사를 드리는 것으로 하루 일과를 시작했다. 그런 다음 조강朝講에 참석해서 학식과 경세가 뛰어난 경연관들로부터 새벽강의를 들으며 주요 국정현안에 대해 토론했다. 그것을 마친 임금은 아침식사를 한 후 조회를 주관했다. 조회는 신하들이 임금에게 인사를 드리는 공식적인 자리였다. 조회는 정식 조회인 조참朝參과 약식 조회인 상참常參으로 구분된다. 조참은 매월 5일, 11일, 21일, 25일 등 총 4차례 개최되었다. 6품 이상의 중앙직 문무 관료들은 조회에 참석해서 임금에게 주요 사안을 보고하고 재가를 받았다. 약식 조회인 상참은 매일 이루어졌는데 참석자는 의정부 3정승, 육조 판서, 삼사(사헌부, 사간원, 홍문관)의 당상관, 도승지를 비롯한 승지, 경연관, 사관들이었다. 상참의 의제 역시 국정현안이었다. 조회가 끝나면 윤대輪對가 이어졌다. 윤대란 정6품 이상의 문신과 종4품 이상의 무신이 직접 해당 부서의 주요 업무를 임금에게 보고하는 자리다. 이때 승정원은 임금의 부담을 줄여주기 위해 1일 보고 인원을 5명 이내로 제한했다. 임금은 윤대를 통해 육조의 구체적인 세부업무까지 정확하게 파악할 수 있었다. 그것이 끝나면 임금은 점심식사를 한 후 주강晝講에 참석해야 했다. 주강 역시 임금이 경서와 역사서에 대한 강의를 듣고 토론하는 과정으로 조선의 지식경영수준을 잘 보여준다. 시쳇말로 면장도 알아야 하는데, 하물며 일국을 다스리는 임금이 무식하다면 그 자체로 국가가 위험에 처할 수 있다. 주강을 마친 임금은 곧바로 '접견' 행사를 주관했다. 이는 지방관의 발령을 받고 부임지로 떠나는 관료의 인사를 받고 근무를 잘하라는 격려를 해주는 동시에 지방에서 임기를 마치고 중앙부서로 복귀하는 관료를 접견하며 지방 사정을 듣는 절차였다. 접견 행사는 보통 오후 4시까지 이어졌다. 그 다음에 임금을 기다리는 것은 '군사업무'였다. 이는 임금이 머무는 궁궐에서 당일 숙직할 관료와 대궐을 호위할 군관들의 명단을 일일이 파악하고 군호[3]를 결정해 주는 것이었다. 특히 군호의 결정과 숙직 군관들의 명단 파악은 혹시라도 있을지 모르는 군사반란을 미연에 방지하기 위한 사전예방조치로서 매우 중요했다. 이어 임금은 저녁식사를 들고 잠시 휴식을 취한 후 석강夕講에 참석해 또다시 공부를 해야 했다. 그것이 끝나면 임금은 파김치가 된 몸을 이끌고 부왕이나 대왕대비전을 찾아가 잠자리 문안인사를 올렸다. 그러고 나면 대략 저녁 9시가 되는데, 이때부터 10시까지 몸을 씻고 편안한 여유시간을 갖는다. 밤 10시가 되면 도성 내 통행금지를 알리는 '인정人定'이 진행된다. 인정은 밤 10시에 종각에 있는 종을 28번 울리는 행사를 말한다. 28번을 타종打鐘했던 이유는 우주에 떠 있는 28개의 별자리에게 하룻밤의 안

---

3. 군중(軍中)과 도성(都城) 안팎을 순시하는 순라군(巡邏軍) 사이에서 서로의 신분을 확인하는 데 사용하는 일종의 암구호이다.

녕을 기원한다는 의미에서다. 인정이면 보통사람들은 편안한 잠자리에 들 수 있었지만 임금에게는 그럴 자유마저 허용되지 않았다. 편전에서 등불을 밝히며 전국에서 올라온 상소문을 읽거나 독서를 하는 을람乙覽이 계속되었기 때문이다. 참고로 을람의 '을'은 밤 9시부터 11시까지를 의미하는 을야乙夜에서 따온 말이다. 호학의 군주였던 세종, 성종, 정조 임금은 자정을 넘겨 책을 보기 일쑤였다. 왕비와 후궁들이 나서서 임금의 건강을 염려할 정도였다. 그래서 그런지 호학의 군주들은 대부분 60세를 넘기지 못하고 일찍 세상을 떠났다. 참고로 임금의 휴일제도에 대해서도 언급할 필요가 있다. 조선시대는 지금처럼 '주 5일제 근무' 제도가 없었다. 따라서 임금에게 법적 공휴일을 별도로 제공하지 않았다. 그러나 임금이 공식적으로 쉴 수 있는 날들이 있었다. 선대왕들과 왕비들의 제삿날이다. 물론 그날은 중앙부처 공직자는 물론 지방관들조차 업무를 보지 않았음이 사료 곳곳에서 발견된다.[4]

다. 성공한 조선 임금이 가르쳐주는 교훈

성공한 군주로 평가받는 조선의 임금들은 현대 사회의 정치 리더들에게 강한 교훈과 메시지를 제공해 준다. 대통령을 비롯한 고위공직은 오르기도 힘든 자리지만 거기에서 자신에게 부여된 임무를 성공적으로 수행하는 것은 더더욱 어렵다. 일반인들보다 훨씬 더 치열한 자세로 솔

4. 공직자들의 경우에는 임금보다 쉬는 날이 훨씬 더 많았다. 그들은 자신의 4대 직계 조상과 친형제, 그리고 처가의 장인 · 장모의 기일에도 근무를 하지 않았기 때문이다. 이는 이순신 제독이 쓴 『난중일기』를 통해서도 확인할 수 있다.

선수범하면서 실수를 하지 않아야만 훌륭한 공직자로 인정받을 수 있다. 조선에서 성공한 임금들은 하나같이 자신의 용상龍床이 천부적 권리가 아님을 직시했다. 그들은 임금이란 공직公職을 단지 하늘로부터 일정기간 권한을 위임받은 것으로 생각하고 자신에게 부여된 책무를 겸허하게 수행했다는 공통점이 있다. 살인적인 스케줄을 소화해가며 죽는 그날까지 정성을 다해 국정을 책임졌던 것이다. 물론 모든 임금이 그렇게 생활한 것은 아니다. 한 가지 분명한 것은 단명短命을 각오하며 좋은 세상을 열기 위해 뚜벅뚜벅 걸어 나간 군주는 세인들의 존경을 받는 임금으로 역사에 자리매김을 했다는 사실이다. 앞으로 역사에 위대한 족적을 남기고 싶은 정치 리더가 있다면 부디 선공후사先公後私의 겸손한 자세로 국가와 국민을 위해 헌신해 주길 기대한다. 또 '성공한 임금의 24시' 를 상기하며, 자신이 정치 리더로서 생활했던 1분 1초까지 국민들에게 정직하게 공개할 수 있도록 당당하고 정의롭게 일해 주길 기대한다. 만약 그럴 자신이 없다면 고위공직에 대한 미련을 버리고 민간인으로서 자유롭게 생활하는 게 상책이다. '비트코인 가격이 대한민국 장관 가격보다 비싸다' 는 한 신문의 글귀를 읽으면서 그런 생각을 해봤다.

3. 원숭이와 청어 이야기

동물이든, 생선이든 산 채로 팔아야 제값을 받는다. 요즘에는 포획 도구나 산소발생기 등이 눈부시게 발전했기 때문에 동물을 깨끗한 상태로 생포하거나 생선을 싱싱하게 살아 있는 상태로 다른 곳까지 옮길 수 있다. 그런 도구나 설비가 제대로 구비되지 않았던 옛날에는 어떤 방법으로 그런 일을 했을까? 적어도 그것을 알고 실행에 옮겼다면 그가 누구든 큰돈을 벌었을 것이다. 오래전에 읽었던 책과 어느 삼성맨으로부터 그것에 관한 정보를 얻었다. 하나는 영국의 유명한 역사학자 아놀드 토인비Arnold Joseph Toynbee가 '도전과 응전'의 사례로 즐겨 인용했던 청어 얘기이고, 다른 하나는 이건희 회장이 삼성 직원들에게 훈시를 할 때 자주 말씀했다는 원숭이 얘기다.

가. 청어와 메기의 진실

옛날 북해에서 청어잡이로 생계를 이어가던 어부들이 있었다. 그들에게는 한 가지 커다란 고민이 있었다. 북해에서 런던까지 이동하는 중에 싱싱했던 청어가 모조리 죽어버리는 것이었다. 죽은 청어의 값은 활어 상태의 1/2 정도 밖에 되지 않았다. 따라서 청어잡이 어부들의 최대 관심사는

'어떻게 하면 청어를 산 채로 런던까지 운반할 것인가?'였다. 그렇지만 어부들이 온갖 노력과 정성을 기울여도 배가 런던 항에 도착하면 청어들이 모두 죽어 있었다. 그런데 한 어부의 청어만은 예외였다. 그가 갖고 온 청어는 늘 싱싱한 상태로 살아 있었다. 그것을 이상하게 여긴 몇몇 어부가 그 비법을 물었지만 그는 좀체 입을 열지 않았다. 그렇지만 많은 어부들이 몰려가서 그에게 가르쳐달라고 조르자 그는 마지못해 입을 열었다. "나는 잡은 청어를 보관하는 통마다 메기cat fish를 1마리씩 집어넣습니다. 그게 전부입니다." 그러자 동료 어부들이 다시 물었다. "아니, 그러면 메기가 청어를 전부 잡아먹지 않습니까?" 그가 또 대답했다. "네. 맞습니다. 물론 메기가 청어를 잡아먹습니다. 그러나 메기는 기껏해야 2~3마리밖에 잡아먹지 못합니다. 통 속에 있는 나머지 청어들은 메기에게 잡혀 먹히지 않으려고 계속 도망쳐 다닙니다. 그 때문에 런던 항에 도착할 때까지 제가 잡은 청어들이 살아 있는 겁니다."[5]

토인비는 사람들에게 도전과 응전의 중요성을 역설하기 위해 윗글을 인용한 것 같다. 무의미하고 무가치한 삶이 아닌 자기 주도적 인생을 영위하기 위해서는 무언가 스스로를 채찍질하게 만드는 동기부여가 필요하다고 생각했다. 그러나 토인비 얘기는 오랜 낚시 경험을 갖고 있거나 물고기의 습성을 잘 아는 사람들에겐 받아들이기 힘든 주장이다. 이유는 두 가지에서다. 하나는 청어는 바닷고기이고 메기는 민물고기인데 어떻게 두 녀석을 함께 넣어 운반할 수 있는가?라는 점이다. 만약 Cat Fish가 바다 메기라면, 지금 내가 하는 이의제기는 의미를 갖지 못

5. 김동범 저, 『용기를 주는 이야기』, 지원클럽, 2004, pp.92~93 내용을 부분 각색.

한다. 다른 하나는 포획된 상태로 통 속에 갇힌 메기가 과연 청어를 잡아먹을 것인가?라는 본질적 의문이다. 물고기는 조금의 상황 변화만 있어도 먹이섭취를 하지 않는다. 그만큼 환경변화에 예민한 것이 물고기다. 지금 통 속의 메기는 극도로 불안한 상태에 놓여 있기 때문에 청어들이 주위를 배회한다 해도 그것을 잡아먹지 않을 것이다. 토인비가 말한 의도는 이해되지만 현실적으로 그의 주장은 설득력이 없어 보인다. 그래서 내가 그의 주장에 딴지를 거는 것이다. 그 또한 발상의 전환이기에. 차라리 논에서 미꾸라지를 키우면서 그의 포식자인 가물치나 베스를 풀어놓아 생존력이 강한 미꾸라지를 만들었다는 얘기를 했더라면 설득력이 훨씬 컸을 것이다.

나. 원숭이의 생포 비법

이 얘기는 과거 삼성그룹에 강의하러 갔다가 한 삼성맨으로부터 전해들은 얘기다. 평소 이건희 회장은 직원들에게 '업業'을 강조했다고 한다. 본래 '업'에는 세 가지 뜻이 있다. 불가에서 말하는 업보業報의 업, 골프의 세계에서 이긴 홀의 숫자, 경영학에서 말하는 남과 확실하게 차별되는 핵심 역량이 그것이다. 처음엔 삼성맨들도 이 회장이 강조한 '업'의 의미를 잘 몰랐다고 한다. 한참 후에야 그 의미와 중요성을 깨닫고 '업'을 갖춘 삼성맨이 되기 위해 노력했다는 것이다. 이 회장은 핵심 역량을 알기 쉽게 설명하기 위해 '원숭이의 생포 비법'을 언급한 것 같다. 원숭이도 산 채로 잡아야만 큰돈을 벌 수 있다. 죽은 원숭이는 기껏해야 보신용 고기로밖에 팔 수 없지만 살아 있는 원숭이는 쓸모가 다양하기 때문이다. 애완용이나 서커스용 동물로 활용할 수도 있고, 또 코코넛처럼 사람들이 올라가기 힘든 높은 나무에 매달려 있는 열대과일을 수확하는 보조일꾼으로도 유용하다. 인건비가 들지도 않고 일도 사람보다 곱절 이상으로 잘하니 그야말로 일석이조一石二鳥다. 그러다 보니 살아 있는 원숭이에 대한 수요는 늘 초과수요 양상을 보인다. 하지만 원숭이를 생포한다는 게 그리 쉽지 않다. 지능지수가 높고 행동마저 기민하기 때문이다. 그런데 어느 원주민이 통찰을 통한 발상의 전환으로 원숭이의 생포 비법을 고안해 냈다. 그것은 유난히 먹잇감에 집착하는 원숭이의 습성을 역이용한 것이었다. 커다란 코코넛에 원숭이 손이 겨우 들어갈 정도의 작은 구멍을 뚫고 그 안의 내용물을 모두 긁어낸다. 그런 다음, 코코넛 구멍 속에다 바나나를 비롯한 먹잇감을 넣어두고 그것을 원숭이가 잘 다니는 길목의 나무에다 단단히 매어놓는다. 그리고 숨어서 한참을 기다린다. 바나나를 발견한 원숭이가 코코넛 구멍에 손을 넣는 순간, 원주민들이 큰소리를 지르며 원숭이에게 달려간다. 이때 원숭이는 바나나만 포기하면 코코넛 구멍으로부터 손을 빼낸 후 도망칠 수 있다. 그러나 바나나를 움켜진 원숭이의 손이 코코넛 구멍으로부터 빠지지 않기 때문에 결국 원주민에게 생포되고 만다는 것이다. 이는 원숭이의 습성을 역이용한 아이디어 하나로 큰돈을 벌 수 있음을 보여주는 좋은 사례다. 이 회장도 삼성맨들이 원주민과 같은 자세로 고객과 사물의 본질을 직시했으면 좋겠다는 생각에서 원숭이의 일화를 꺼낸 것이 아닌가 싶다.

다. 낚시꾼이 주는 꿀 팁 하나

낚시를 하다 보면 잡은 물고기를 집에 갖고 가서 매운탕을 끓여먹고 싶은 충동에 사로잡힐 때가 종종 있다. 진짜 낚시꾼은 잡았던 물고기를 방생하고 빈 바구니로 귀가 하는 사람이다. 그러나 오염원이 전혀 없는 깨끗한 계곡지에서 40cm가 넘는 자연산 대물 붕어를 잡았을 경우에는 방생과 매운탕 사이에서 갈등을 겪곤 한다. 그런데 붕어를 산 채로 집에 갖고 가는 것 역시 만만찮은 문제다. 대부분은 그것을 갖고 집에 가는 도중에 죽어버리기 때문이다. 나도 낚시에 입문한 지 얼마 안 된 시점에는 그 방법을 몰라서 여러 마리의 대물 붕어를 안타깝게 죽인 적이 있다.

▲ 충남 예당지에서 낚시하는 필자

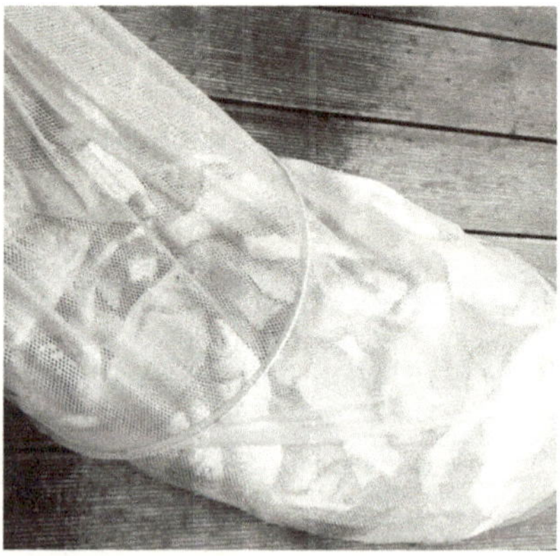

▲ 하룻밤 사이에 잡은 대형 붕어들

초심자 낚시꾼들은 바구니에다 물을 가득 채운 후 붕어를 그곳에 넣어가지고 집으로 간다. 많은 물이 붕어들에게 좋을 것 같지만 10~20분만 지나면 산소 고갈로 죽기 시작한다. 1시간 정도면 거의 대부분 죽는다. 바구니 안의 산소 고갈을 막기 위해서는 역발상이 필요하다.

바구니 속에 물을 적게 넣는 것이다. 바구니 밑바닥으로부터 2～3cm 높이의 물이면 충분하다. 물이 적으면 바구니 속의 붕어들이 저마다 살기 위해 난리법석을 부린다. 그때 희한한 일이 벌어진다. 붕어들이 바구니 속에서 난리법석을 떨수록 신기하게도 산소 발생이 증가한다. 그러면 붕어들이 2시간 정도는 거뜬히 생존할 수 있다. 이것은 오랫동안 낚시를 해오면서 경험적으로 터득한 낚시꾼만의 비법이다. 만약 산소기포기가 없는 상황에서 자신이 잡은 물고기를 집에까지 산 채로 갖고 가고 싶다면 바구니에 물을 적게 넣어야 한다. 그러면 붕어들도 그 안에서 인간처럼 생존투쟁을 치열하게 전개하는데 그 과정에서 산소가 발생해서 스스로의 생명을 연장시킨다. 어떤 낚시꾼은 아예 물을 넣지 않고 나뭇잎이나 풀로 붕어들을 덮은 후 귀가하기도 한다. 그 또한 붕어를 살릴 수 있는 좋은 방법이다. 넉넉함이 모자람만 못하다는 얘기도 그런 경우를 두고 하는 말인 것 같다.

4. 엘리베이터에 거울을 설치한 이유

엘리베이터는 폐쇄된 수직 공간을 아래위로 오르내리는 직사각형 모양의 운송장치다. 그것의 발명으로 세상은 크게 달라졌다. 건축가의 꿈이었던 고층 건물들이 우후죽순처럼 생겨났고 부자들의 펜트하우스 문화도 시작되었다. 세계 최초로 엘리베이터를 제작한 사람은 엘리샤 오티스Elisha G. Otis라는 미국인이다. 또 그는 뉴욕 크리스탈 궁에서 엘리베이터 안전장치를 많은 사람들에게 직접 시연해 보였던 사람이다. 사람들은 그것을 계기로 엘리베이터의 안전성을 믿고 이용하게 되었다. 덕분에 그가 창업한 오티스사는 1853년부터 지금까지 엘리베이터를 가장 잘 만드는 대표기업으로서의 명성을 누리고 있다. 한때는 오티스사가 우리나라 LG와 합작 형태로 엘리베이터를 생산 · 판매했지만 현재는 LG 지분을 모두 인수한 후 오티스 엘리베이터 코리아로 국내 영업을 하고 있다.

가. 엘리베이터에 거울을 달게 된 사연

그런데 오티스사가 처음부터 잘 나갔던 것은 아니다. 엘리베이터 시제품이 여러 건물에 설치된 이후 그것을 이용하는 승객들의 볼멘소리가 여기저기서 터져 나왔다. 한마디로 속도가 느렸던 것이다. 오티스사의 엔지니어들이 문제해결을 위해 적극 나섰지만 당시의 기술력으로는 역부족이었다. 그렇다고 마냥 손을 놓고 무작정 기다리고 있을 만한 상황도 아니었다. 고객들의 불만 강도가 예상 외로 강했기 때문이다. 발상의 전환이 요구되는 긴박한 분위기가 여러 곳에서 감지되고 있을 때 오티스사의 한 직원이 아이디어를 제시했다. "엘리베이터에다 거울을 달아보면 어떨까요?" 다른 직원들이 그에게 질문했다. "어떤 이유에서죠?" 그의 대답은 간단명료했다. "엘리베이터 승객들이 거울을 보며 옷매무새를 가다듬거나 얼굴 화장을 고칠 수 있는 여유를 갖게 되면 속도에 대한 불만이 크게 줄어들 겁니다. 또 엘리베이터 안에서 낯선 사람과 마주할 때 시선처리가 한결 가벼워지는 심리적인 안정감도 클 겁니다." 마침내 오티스사는 엘리베이터에 거울 설치를 결정했다. 결과는 대만족이었다. 오티스사의 엔지니어들은 기술혁신으로 속도에 대한 고객의 불만을 해결하려 했지만, 정작 회사를 위기로부터 구해낸 것은 승객을 배려한 어느 직원의 인문학적 통찰이었다.

나. 엘리베이터 거울의 진화

그 이후에도 엘리베이터 거울의 진화는 계속되었다. 처음에는 1개의 거울만 달았지만 나중에는 출입문 쪽을 제외한 세 개의 벽면에 모두 부착했다. 이런 조치는 특히 장애우들로부터 호평을 받았다. 장애우가 휠체어나 전동휠체어를 타고 엘리베이터에 진입하면, 일반적으로 출입문 쪽을 등지기 때문에 그곳의 개폐 여부를 확인하려면 머리를 돌려야 한다. 하지만 3개의 거울이 달려 있을 때에는 머리를 돌리지 않더라도 출입문의 개폐 여부를 손쉽게 알 수 있다. 최근에는 엘리베이터에 EDS Electronic Display System를 설치해서 국내외 뉴스, 날씨, 금융정보, 교통상황 등 다양한 정보까지 실시간으로 제공해 준다. 그 밖에도 우리의 눈길을 끄는 것은 옥외 전망용 엘리베이터이다. 요즘 도심 속의 백화점, 해안가나 항구 주변의 대형 건물에는 여지없이 옥외 전망용 엘리베이터들이 설치되어 있다. 거기에도 발상의 전환이 숨겨져 있다.

미국 샌디에이고에 위치한 엘 코르테즈 호텔을 증축할 때였다. 증축할 층까지 오르내릴 엘리베이터 공사가 필요했다. 그러려면 각 층마다 방 하나씩을 헐어서 엘리베이터 통로를 내야 할 상황이었다. 호텔 경영진은 난감해했다. 그렇게 할 경우 호텔 객실이 줄어들어 경영에 악영향을 미치기 때문이었다. 여러 전문가들이 난상토론을 벌였지만 명쾌한 해답이 도출되지 않았다. 그런데 어느 날 공사장의 한 인부가 이렇게 중얼거렸다. "뭘 그리 고민하나요. 왜 엘리베이터를 건물 밖에다 만들 생각은 하지 않나요? 그러면 객실을 없애지 않아도 되는데요."[6]

옥외 전망 엘리베이터는 그렇게 해서 탄생했다. 그것은 승객은 물론 건물 밖에서 그 이동 모습을 지켜보는 사람들에게도 볼거리를 선사한다. 옥외 전망용 엘리베이터는 지난 1956년부터 만들기 시작했으니 그 역사 또한 짧은 게 아니다. '엘리베이터는 반드시 건물 안 깊숙한 장소에 설치되어야 한다'는 것은 일종의 고정관념이었다. 건축법이 그 설

6. 신병철 저, 『통찰의 기술』, 지형, 2008, pp.111~112 내용을 부분 각색.

출처 : 동아일보, 2005. 6. 2 B3면

▲ 옥외 전광판과 옥외 엘리베이터

치를 제한한 적도 없고, 또 건물 외부에 엘리베이터를 설치하는 공법이 그리 어려운 것도 아니었다. 다만, 많은 사람들이 고정관념에서 벗어나지 못했을 따름이다. 문지방 하나만 건널 정도의 역발상을 완성하는 데 거의 1세기라는 긴 시간이 걸린 셈이다.

다. 제2의 엘리베이터 거울을 꿈꾸며……

우리나라 도시는 빨리빨리 문화가 천년 묵은 능구렁이처럼 똬리를 틀고 앉아 있다. 도심지에 교통 혼잡이 발생하면 관계 기관은 차도를 넓혀서 교통 흐름을 빠르게 할 생각만 한다. 이는 마치 오티스사 엔지니어들이 보여준 태도와 별반 다르지 않다. 하지만 그것만이 능사는 아니다. 왜냐하면 폭발적으로 늘어나는 도심지의 교통수요를 차도 확장공사로 대응하는 데는 한계가 있기 때문이다. 여기서도 인문학적 사고에 기초한 발상의 전환이 필요하다. 굳이 차를 타고 다른 도심지까지 이동하지 않더라도 고급 상품과 문화 소비를 가능하게 하고, 차도 주변에 재미있는 볼거리와 아름다운 풍광으로 운전자들이 느긋하게 드라이브를 할 수 있도록 배려해 주면 어떨까? 라는 생각을 해본다. 그러면 도로 위의 교통량은 물론 차도까지 줄일 수 있어서 사람들은 보다 쾌적한 도시환경을 만끽할 수 있을 것이다. 이를 위해서는 상업시설의 집중화를 막고 길가에는 '없는 것만 빼고 다 파는' 가게들을 집중 배치하는 전략이 필요하다. 오티스사가 거울을 선택해서 느린 속도의 미학을 창출했듯이 우리나라 도심지도 차량 속도를 느리게 하면서 삶의 여유를 느끼게 해주었으면 한다. 그러려면 도심지마다 제2의 엘리베이터 거울을 달아보려는 노력이 이루어져야 한다. 언제나 빠른 속도만이 능사는 아니다. 세상이 빠르게 돌아갈수록 느긋하게 살아가고 그것을 즐기려는 현대 도시인들이 점점 더 많아지기에 더더욱 그렇다. 요즘 종편인 M사에서 방영되고 있는 '나는 자연인이다!' 라는 프로가 중년 이상의 남성들로부터 커다란 인기를 끌고 있는 것도 그와 무관하지 않다.

5. 쩐錢의 전쟁

우리나라 화폐와 일본 화폐를 비교했던 적이 있다. 우리는 '쩐의 전쟁'에서도 일본을 이기지 못했다. 그 문제에 대해 고민하는 한국인도 찾아보기 어렵다. 오랫동안 선비문화에 길들여진 우리는 표면적인 문제에만 신경을 집중한다. 냉수를 마시고도 이빨을 쑤셔야 하는 한국인의 허세문화는 한일 간의 돈 문제에서도 여실히 드러난다. 한국인은 실리보다 대의명분을 중시한다. 그러다 보니 얻는 것보다는 잃는 게 더 많다. '평화소녀상'이나 '징용노동자상' 건립도 그런 차원에서 냉정하게 되짚어볼 필요가 있다. 현재 대다수의 일본인들은 그 문제에 대해 별다른 관심이 없다. 오히려 "한국인들은 왜 시도 때도 없이 저런 청동상을 만들어 곳곳에다 전시하면서 우리(일본인)들에게 분노를 표출하지?"라며 의아해 한다. '쩐의 전쟁'을 통해 그런 문제를 좀 더 깊숙이 들여다 보자.

가. 이상한 한국 화폐

우리나라 화폐는 다른 나라들처럼 동전과 지폐로 구성되어 있다. 1원부터 500원까지는 동전이고, 1,000원부터 50,000원까지는 지폐다.

화폐에 등장하는 문양을 보면 1원짜리에는 무궁화, 5원짜리에는 거북선, 10원짜리에는 다보탑, 50원짜리에는 통일벼, 100원짜리에는 이순신, 500원짜리에는 학이 그려져 있다. 학은 일본에서 수입된 화투의 삥 광에 등장하는 조류다. 또 1,000원권에는 퇴계 이황, 5,000원권에는 이율곡, 10,000원권에는 세종대왕, 50,000원권에는 신사임당이 그려져 있다.

출처 : 한국은행

▲ 한국의 동전과 지폐

한 번은 각 동전과 지폐에 등장하는 인물들의 선정 배경이 궁금해 인터넷 검색을 시도했다. 전대미문의 국난이었던 조일전쟁에서 조선을 구해낸 충무공 이순신 제독과 거북선, 유네스코 세계문화유산에 등재된 국보 제20호인 다보탑이 학보다 저평가를 받아야만 하는 이유가 무엇인지 궁금했다. 또 이황이 이율곡의 1/5 수준으로, 조선 초기의 르네상스시대를 열었던 세종대왕이 신사임당의 1/5 수준으로 대접받아야 하는 이유 역시 이해되지 않았다. 한국은행은 이에 대해 침묵하고 있다. 역사학계와 역사학자란 분들도 마찬가지다. 그들은 건국절 논란이나 친일문제에 대해서는 핏대를 올리면서도 정작 한일 간의 국격國

格과 직결된 문제에 대해서는 말을 아낀다. 사태의 본질을 알면서도 침묵하는 것이라면 비겁한 일이고, 몰라서 침묵하는 것이라면 공부가 안 된 것으로 비판받아 마땅하다.

나. 서인과 노론의 망령이 지배하는 나라(?)

한국은 아직도 서인과 노론의 망령이 지배하는 사회이다. 한국에서 사색당파의 폐해를 언급하면 곧바로 친일식민사관이라는 비난이 뒤따른다. 고약한 태도다. 분명히 말하건대, 그것은 서인과 노론의 추악한 치부를 감추기 위한 비열한 술책에 불과하다. 물론 붕당정치 자체가 나쁜 것은 아니다. 그것이 제대로 작동되었다면 각 정파가 상호 견제와 세력 균형을 이룸으로써 합리적인 국정운영에 도움이 되었을 것이다. 하지만 조선시대 중·후반기로 접어들면서부터는 붕당정치가 제대로 작동하지 않았다. 즉, 정조가 죽은 이후 조선은 세도정치와 외척정치의 출현으로 국정개혁과 부국강병을 도모할 기회를 상실하고 일제 식민지로 전락해버렸다. 그런 점에서 사색당파는 우리 스스로 뼈저리게 반성하고 비판해야 할 대상이지 친일식민사관은 아닌 것이다. 현재 적폐라는 미명 하에 정치적 보복과 갈등만을 양산하는 좌파정권의 행태도 '친문, 친노, 친박, 친이'의 분파 프레임에서 크게 벗어나지 않는다. 이것이 가능한 것은 518년 동안 조선사회를 지배했던 서인과 노론의 자기 파멸적인 정치행태가 제대로 비판받지 않았기 때문이다. 이에 대한 가장 큰 책임은 진실에 눈을 감고 역사왜곡을 자행해 온 일부 역사학자들에게 있다.

조선의 당쟁은 제14대 임금인 선조 때부터 본격적으로 시작되었다. 권력의 정통성을 인정받거나 강력한 왕권을 유지했던 임금 아래서는 당쟁이 발생할 수 없다. 그것은 곧 죽음이나 파멸을 의미하기 때문이다. 그러나 즉위 과정에서 정통성이 결여되었거나 나이 어린 임금이 즉위해 노련한 신하들의 파워에 휘둘리게 되면 당쟁이 기지개를 켜게 된다. 바로 그런 비극의 주인공이 조선의 14대 임금인 선조였다. 그는 중종의 후궁인 창빈 안씨의 손자로 운 좋게 임금이 된 행운아였다. 게다가 나이마저 어렸다. 당쟁은 정5품 이조전랑 자리를 놓고 김효원과 심의겸이 대립으로 인해 동인과 서인으로 갈라지면서 시작되었다. 이후 동인은 다시 남인과 북인으로, 서인은 소론과 노론으로 분열하며 상호 대립과 갈등을 심화시켰다. 또 인조반정 이후부터 조선이란 나라가 일제에 의해 패망할 때까지 약 300년 동안 권력을 장악한 세력은 서인과 그 계열인 노론이었다. 간혹 소론이나 남인이 잠시 동안 권력을 쥔 적이 있지만 그들의 파워나 정치적 영화榮華는 짧은 기간에 머물렀을 뿐이다.

실제로 1905년 11월 17일의 을사늑약부터 1910년 8월 22일의 한일병탄에 이르기까지 매국에 앞장섰던 1급 친일파는 76명에 이른다. 일제로부터 작위, 은사금, 대토지를 불하받았던 그들의 당파별 소속을 살펴보면 남인 0명, 북인 2명, 소론 6명, 황족 12명, 노론 56명으로 요약된다. 이것은 조선을 멸망하게 만든 핵심 세력이 누구인지를 알게 해준다. 친일과 매국의 대명사인 이완용이 노론의 영수領袖 : 우두머리였다는 것은 공공연한 비밀이다. 하지만 한국 역사학계와 역사학자들은 그가 노론 출신임을 밝히지 않고 있다. 왜 그럴까? 혹시 그들이 노론의 후예들은 아닌지 정말로 의심스럽다. 또 우리는 1급 친일파의 16%가 조선 왕족이었다는 사실도 잊지 말아야 한다. 왕족이라면 타의 모범이 되는 삶을 살며 국가가 위기에 처할 때 자신의 목숨부터 기꺼이 내놓는 노블레스 오블리주를 실천해야 옳다. 하지만 그들이 나라를 팔아먹는 매국에 적극 나섰으니 왕족으로 대접받을 가치나 명분이 더 이상 존재하지 않는다. 그런 의미에서 이씨 왕족의 소멸은 역사적으로 정당하다. 이제 서인과 노론들의 정치관을 들여다 보자. 그들은 조선 임금을 임금으로 인정하지 않았다. 그들에게 있어서 임금은 오로지 망해 버린 명나라의 황제뿐이었다. 인조반정, 예송논쟁, 만동묘 같은 것이 그 증거다. 또 그들은 중국 중원을 제패한 청나라를 오랑캐 나라로 경멸하고 썩은 동아 밧줄로 전락한 명나라를 황제국으로 섬겼다. 그에 따른 대가는 참으로 혹독했다. 조선은 치르지 않아도 되었을 조청전쟁(일명 정묘호란, 병자호란)을 두 번씩이나 경험해야 했고 조선 처녀들은 청나라에 끌려가서 온갖 수모를 당한 후 환향녀로 귀국해야만 했다. 그뿐만이 아니다. 그들은 조선의 노른자 지위는 모두 다 독점하고 무인武人들을 하급관리로 취급했다. 게다가 그들은 원리(道)에만 강하고 대응책(器)엔 취약했다. 그들을 대표하며 학문적인 수장 노릇을 했던 사람도 사실은 형이상학적인 고담준론高談峻論에만 목숨을 걸었을 따름이다. 임금에게 수기치인修己治人만을 강조했을 뿐 국가가 나가야할 올바른 발전 방향이나 부국강병책을 제대로 제시하지 못했다. 한마디로 절름발이 학자였던 셈이다. 소중화의 교조적인 스탠스를 유지하며 '자파自派 챙겨주기'라는 끼리끼리의 횡포를 근 300년 가까이 즐기는 사이 국가와 국민은 빈사상태에 놓였다. 급기야 나라마저 일제에 통째로 내어주고 말았다. 이런 수치스런 역사가 오늘날 우리나라 화폐에 고스란히 투영되어 있다. 그 실상을 한번 들춰내 보자.

구국의 명장 이순신과 거북선이 화투 삥 광에 등장하는 학만큼도 못한 대접을 받고 있는 것은 조선 선비들의 무인천시사상에서 비롯된 것이다. 임금도 선비들과 한통속이었다. 선조 임금은 노량해전에서 전사한 이순신 제독에게 조문하지 않았다. 지금도 천상의 노론들은 그를 향해 이렇게 외칠지 모른다. "어디 일개 무부武夫 따위가 감히 조선의 지폐에다 이름을 올려!" 라고 말이다. 다보탑의 가치가 통일벼의 1/5밖에 안 되는 이유도 조선의 국시였던 숭유억불과 무관하지 않다. 중국(명나라)보다 더 중국 같은 나라가 되기를 갈망했던 사대주의자 노론들에게 불교의 국보급 유물은 한낱 길가에 버려진 돌맹이에 지나지 않았을 뿐이다. 불교를 국시로 삼았던 고려에 대한 역사적 단절과 혐오감이 물씬 묻어나는 대목이다. 지폐에는 이보다 더 심각한 문제가 내재되어 있다. 2009년 신사임당이 5만원권에 등장하기 전까지 우리나라 지폐의 주인공들은 모두 이씨 성을 가진 남자였다. 이황은 진성 이씨, 이율곡은 덕수 이씨, 세종대왕은 전주 이씨였다. 1945년 8.15 해방 이후 최초로 만든 지폐에는 초대 대통령 이승만이 등장했고, 1970년대까지 사용된 500원짜리 지폐의 주인공은 이순신 제독이었다. 참고로 이승만 대통령은 전주 이씨였고, 이순신 제독은 덕수 이씨다. 또 이순신 제독을 제외하면 모두 다 학문으로 명망을 떨친 왕이나 선비였다는 공통점이 있다. 화폐에 잠재된 또 다른 문제는 지폐의 50%가 왕가王家도 아닌 선비 집안에 불과한 덕수 이씨 가문에 할당했다는 점이다. 이는 전 세계에서도 유례를 찾아보기 어렵다. 또 이율곡의 모친인 신사임당이 조선의 대표브랜드인 세종대왕보다 5배나 높은 주가를 누리는 것도 이해하기 힘들다. 퇴계 이황이 이율곡에 비해 1/5 수준인 것도 조선 역사의 평가와는 궤를 달리한다. 요즘 표현을 빌리자면 신사임당은 SKY대학에 똑똑한 아들을 입학시킨 대치동 엄마, 각종 동식물을 화폭에다 잘 표현했던 여류화가 정도로 평가할 수 있다. 그렇지만 조선 역사에 남겨진 그녀의 삶을 추적해 보면 시부모님 봉양이나 남편 섬기는 일엔 최선을 다하지 않았던 흔적도 보인다. 이유야 어찌되었건 조선시대의 관점에서 본다면 신사임당의 행동은 비판받을 여지가 있다. 반면, 세종대왕은 긴 설명이 필요 없을 정도로 조선 역사에 대단한 업적과 출중한 리더십을 발휘했던 최고의 성군이었다. 두 분은 애초부터 비교대상이 될 수 없다. 그러나 골수 친명 사대주의자였던 노론 세력들에겐 그렇지 않았다. 왜냐하면 적어도 그들의 눈에는 조선 임금이 자신들보다 조금 나은 제1의 사대부였을 뿐이다. 즉, 노론에게는 자신들의 영수인 이율곡의 모친이 중국 변방의 제후諸侯에 불과했던 조선 임금보다 한 끗발 높은 위치에 있다고 생각했을 것이다. 이황도 이율곡과 비교해서 저평가를 받을 이유가 없는 사람이다. 익히 알려진 바대로 이황은 주리설, 이이는 주기설을 주장했던 조선의 대표적 거유巨儒였다. 하지만 두 분의 학문적 주장 가운데 어느 것이 더 훌륭한 이론인지에 대해서는 판단을 유보한다. 다만, 두 분의 학설은 관념유희觀念遊戲에 가까운 것으로서 도탄에 빠진 민생문제 해결이나 부국강병책과는 거리가 멀었다. 그렇다면 두 분을 어떤 기준으로 평가해야 옳을까? 그 대안 가운데 하나가 문묘종사다. 문묘는 공자의 위패를 모신 사당을 말하며, 문묘종사는 국가가 인정한 학문적 최고봉에 오른 인물의 위패를 공자 곁에 모시고 제사 지내는 것을 말한다. 과거 '정승 10명이 대제학 1명에 미치지 못하고, 대제학 10명이 문묘종사한 성현 1명에 미치지 못한다' 는 말이 있을 정도로 문묘종사 인물을 배출한 가문은 그것을 최고의 영광으로 삼았다. 퇴계 이황이 문묘종사한 시점은 광해군 때인 1609년이었다. 그때까지 서인의 영수였던 이율곡[7]은 문묘 종사의 반열에 끼지 못했다. 그렇게 된 가장 큰 이유는 모친인 신사임당의 타개에 정신적 충격을 받은 19세의 이율곡이 금강산에 들어가서 승녀 생활을 했다는 세간의 비판여론 때문이다. 인조반정 이후에도 집권세력인 서인들이 이율곡의 문묘종사를 시도했지만 인조, 효종, 현종 대까지 그의 문묘종사는 이루어지지 않았다. 숙종 대에 이르러 서인들의 오랜 숙원이 이루어졌다. 숙종은 남인세력을 견제할 목적으로 경신환국을 단행하며 이율곡의 문묘종사를 허락했다. 그러나 이율곡은 세 차례의 정국변화(경신환국, 기사환국, 갑술환국)와 맞물려 종향, 출향, 복향이 반복되는 기이한 상황에 처해졌다. 이를 종합해 보면 조선 임금들로부터 상대적으로 높은 평가를 받은 분은 이율곡이 아니라 퇴계 이황이었다. 그럼에도 1,000원권에 이황이 등장한 것은 그가 조선의 아웃사이더(비주류)인 남인 출신이었기 때문이다. 반면 이황보다 저평가를 받았던 이율곡이 5,000원 권에 등장할 수 있었던 것은 서인과 노론 후예들의 절대적인 지지가 있었기에 가능했다고 본다.

다. 화폐도 발상의 전환이 필요하다!

일본 화폐의 등장인물은 약 20년 전후를 갱신주기로 해서 바뀐다. 그것이 우리나라 화폐와 다른 점이다. 일례로 일본은 1963년부터

7. 이때 서인들은 율곡 이이와 함께 우계 성혼의 문묘종사를 함께 시도했다. 하지만 성혼은 임진왜란 때 선조 임금을 수행하지 않고 자신만 피신했다는 이유로 문묘종사에 거부당하는 수모를 겪었다.

1,000엔권에 이토 히로부미伊藤博文를 주인공으로 채택했다. 그는 조선 침략을 주도했던 인물로 1909년 10월 26일 하얼빈 역에서 안중근 의사의 권총저격을 받고 사망했다. 하지만 일본은 1984년에 1,000엔권의 초상화를 일본의 영문학자이자 근대소설가인 나츠메 소세키夏目礎石로 교체했다. 또 2004년에는 일본의 슈바이처 박사로 일컬어지는 세계적인 세균학자 노구치 히데요野口英世로 바꿨다. 그는 노벨과학상 후보로 3차례나 거론되었던 인물이다. 이러한 교체 바람은 5,000엔권도 마찬가지였다. 1984년에 최초로 발행된 5,000엔권의 주인공은 최초로 '무사도'를 서양에 소개했던 식민학자 니토베 이나조新渡戶稻造였다. 그러나 2004년에는 24세의 나이에 요절한 메이지 시대의 천재 여류작가였던 히구치 이치요樋口一葉로 변경했다. 일본 화폐의 주인공으로서 여성이 등장한 것은 그만큼 일본 사회에서의 여성의 사회적 지위 향상을 반영하는 것으로 볼 수 있다. 1984년부터 지금까지 유일하게 제자리를 지키고 있는 인물은 10,000엔권에 등장하는 후쿠자와 유키치福澤諭吉다. 그것은 그에 대한 일본인들의 사랑이 지금도 변함이 없다는 것을 말해 준다. 그는 게이오대학을 창설했고 김옥균을 비롯한 우리나라 개화파들에게도 영향을 미쳤던 인물이다. 또 그는 탈아론脫亞論과 정한론征韓論을 부르짖으며 청일전쟁을 강력하게 주창했던 주전론자主戰論者이기도 했다.

한일 양국은 자국 화폐의 등장인물을 선정하는 방식에서 큰 차이를 보인다. 나는 이것을 '쩐의 전쟁'으로 명명한다. 그래야만 한국인들이 이런 주제에 대해 깊이 있는 자성自省이 따를 것이기 때문이다. 이제 우리나라 화폐의 등장인물도 일정 기간을 주기로 교체했으면 한다. 왜냐하면 우리나라에는 이황, 이율곡, 신사임당, 세종대왕만 존재하는 게 아니기 때문이다. 이들 못지않게 훌륭한 업적을 남긴 인물들이 적지 않다. 특히 이웃나라 일본과 중국 화폐에 등장하는 주인공들을 봐가며 정치사상, 경세철학, 도덕적 측면에서 그들을 압도할 수 있는 위인이나 영웅을 우리 화폐에 집중적으로 배치할 필요가 있다. 그것이 '쩐의 전쟁'에서 우리 국격을 높일 수 있는 길이다. 특히 위대한 독립투사, 뛰어난 경세가, 존경받는 과학기술자, 일제日帝의 전쟁범죄로 인한 성 피해사실을 당당하게 고발한 여성 등을 발굴해서 화폐의 주인공으로 선정했으면 한다. 가령, 백범 김구, 우당 이회영의 6형제, 석주 이상룡, 안중근, 윤봉길, 이봉창 의사, 항공독립투쟁을 꿈꿨던 최용덕 장군이나 최초의 여성 비행사 권기옥과 같은 위대한 항일독립투사들도 고려대상이다. 또『징비록』을 남긴 서애 유성룡과『반계수록』[8]을 남긴 실학자 유형원, 대동법을 완성시킨 잠곡 김육 선생, 조선의 발명왕 장영실, 박제가를 비롯한 북학파 등도 생각해 봄직하다. 1948년 8월 15일 대한민국의 건국 전에 존재했던 우리나라의 성씨는 대략 250여 개였다고 전해진다. 2015년 통계청 조사에 따르면 가장 많은 성씨는 김씨, 이씨, 박씨, 최씨, 정씨 순이었다. 그럼에도 불구하고 우리나라 화폐는 이씨들이 독점하고 있다. 참으로 이상한 한국 화폐다. 더 늦기 전에 다른 성씨들에 대한 배려, 여성에 대한 배려, 지역 간 안배, 시대적 고려도 함께 하는 새로운 한국 화폐의 등장을 기대해 본다.

---

8. 유형원이 저술한『반계수록』은 조일전쟁, 제1차 조청전쟁, 제2차 조청전쟁 등 3대 전란을 겪으면서 피폐해진 조선을 다시 일으켜 세우기 위한 각종 혁신사항들을 집대성한 책이다. 하지만 그의 책이 출간되어 세상 빛을 보는 데는 약 100년이라는 긴 세월이 걸렸다. 그 또한 조선의 아웃사이더 출신이었기 때문이다.

6. 자동차 룸미러의 탄생 비밀

승용차를 보면 여러 개의 거울이 달려 있다. 운전석 바로 위에 설치된 룸미러, 차량 좌우 바깥쪽에 부착된 사이드미러, SUV Sports Utility Vehicle[9]나 RV Recreation Vehicle[10] 차량의 뒤 유리창 위에 부착된 후사경이 그것이다. 또 사람들은 룸미러를 백미러라고 말하는데 그것은 잘못된 표현이다. 정확히 말하면 백미러는 후사경이다. 룸미러는 운전자가 굳이 머리를 뒤쪽으로 돌리지 않고도 뒷좌석에 앉아 있는 사람들의 표정을 살펴가며 대화를 나눌 수 있게 한다. 또 교차로나 신호등 앞에서 후미에 접근하는 차량을 바라보며 비상 깜빡이의 작동을 통해 GO!, NO GO!의 의사를 밝힘으로써 접촉사고를 방지할 수 있도록 도와준다.

우리 공군이 운용하는 전투기들에도 룸미러가 달려 있다. 초음속으로 날아가는 전투기에 룸미러가 달려 있다는 것에 대해 의아해하는 독자

---

9. 보통 지프라고 불리는 차량을 말한다. 4륜구동과 2륜구동이 존재하며 험한 지형에서의 주행이나 스포츠를 즐기기에 적합한 차량이다. 베라쿠르즈, 렉스턴, 쏘렌토, 스포티지, 코란도 등이 대표적인 예다.

10. RV 차량은 친구, 연인, 가족들끼리 함께 여행갈 때 이용하는 차량을 지칭한다. 특히 차량의 실내 공간이 넓어서 많은 짐을 실을 수 있는 장점이 있다. 요즘에는 업무나 출퇴근의 경우에도 사용할 수 있을 만큼 다목적 용도에 적합한 차량이다. 로디우스, 카니발, 스타렉스, 카렌스, 카스타 등이 RV 차량의 대표적인 예다.

들이 있을 것이다. 모든 전투기에 룸미러가 달려 있는 것은 아니지만 대부분의 초음속 전투기에는 룸미러가 부착되어 있는 게 사실이다. 물론 그것을 부착한 목적은 승용차와 약간 다르다. 전투조종사는 전투기가 급선회하는 과정에서 자기 체중의 5~9배에 이르는 엄청난 압력을 받기 때문에 고개를 돌리는 게 쉽지 않고, 설령 고개를 돌린다 해도 후방의 물체를 확인하기 어렵다. 전투기 조종석이 낮고 비좁은 데다 후방석으로 인한 사각지대가 존재하기 때문이다. 또 전투기의 룸미러는 아군끼리의 편대비행이나 적기敵機와 공중전을 벌일 경우, 고개를 돌리지 않고도 후미에 접근하는 물체를 식별해서 재빨리 대처할 수 있도록 도와준다. 그런 이유로 최첨단 전투기는 시야가 탁 트인 눈방울 모양의 캐노피에다 전투조종사들에게 각종 정보를 실시간으로 전달해 주는 허드 HUD ; Head Up Display가 설치되어 있음에도 전투조종사들에게 조금이라도 더 좋은 전투환경을 만들어주기 위해 룸미러를 부착하는 것이다.

가. 룸미러의 탄생 비밀

'발명은 필요의 어머니' 라는 말이 있다. 재레드 다이아몬드Jared Diamond가 쓴 책 『총 · 균 · 쇠』의 제13장 제목이기도 하다. 그런데 '필요는 발명의 어머니' 라는 말이 더 합리적일 것 같다. 목마른 사람이 우물을 파려고 노력하기 때문이다. 자동차의 룸미러도 그렇게 해서 탄생했다. 처음 자동차가 세상에 나왔을 때만 해도 룸미러나 사이드 미러는 없었다. 접촉사고가 빈번히 일어날 만큼 교통이 혼잡했던 것도 아니고 차 안에서 대화를 나눌 수 있는 탑승객도 없었다. 기껏해야 혼자 타거나 옆자리에 한 사람을 태우는 게 전부였기 때문이다.

그런데 룸미러의 필요성은 '카레이싱'이라는 엉뚱한 분야에서 맨 처음 제기되었다. 자동차의 본고장인 미국은 자동차산업의 활성화를 위해 1911년 5월 30일 인디애나폴리스에서 '제1회 인디애나폴리스 500마일(≒ 800km) 논스톱 레이스'라는 자동차경주대회를 개최했다. 미국은 이 트랙경기를 세계에서 가장 권위 있는 자동차경주대회로 만들기 위해 당시로는 파격에 가까운 1만 달러 상금을 내걸었다. 또 경기운영의 공정성을 기하기 위해 자동차 배기량은 1만cc 이하, 차량 무게는 1톤 이하로 제한했다. 거액의 상금에 현혹된 많은 사람들이 자동차경주대회에 뛰어들었고 레이 하룬Ray Harroun도 그들 가운데 하나였다. 마몬이라는 자동차회사에서 기술부장으로 근무했던 하룬은 자신이 손수 만든 자동차를 갖고 지방에서 개최된 소규모 경주대회에 참가해서 몇 번의 우승을 거머쥔 상태였다. 당시만 해도 경주용 자동차는 2인승 차가

출처 : gcar.co.kr

▲ 인디애나폴리스 자동차경주대회의 우승자 하룬과 그의 차

주류였다. 운전자인 카-레이서는 경주에 집중하고, 옆에 앉은 조수는 다른 경쟁 차량의 전후 및 좌우 상황을 체크해서 레이서에게 관련 정보를 제공해 주는 역할을 맡았다. 요즘 프로 골퍼의 골프채를 등에 짊어지고 다니면서 골프장 전반에 대한 조언부터 샷, 퍼팅, 거리 등을 세심하게 조언해 주는 캐디처럼 말이다. 하룬은 이러한 기존 관념을 과감하게 깨트렸다. 그는 자동차의 속도를 높이기 위해서 경주용 차량의 무게를 줄였고, 조수가 동승하는 2인승 레이싱-카가 아니라 8,200cc급 엔진과 세계 최초로 알루미늄 휠을 장착한 로켓 모양의 1인승 레이싱-카를 직접 제작했다. 그리고 차량의 전후 및 좌우 상황을 두루 살피면서 자신에게 경기 정보를 제공해줄 조수의 부재不在 문제를 어떻게 극복할 것인지 고심했다. 그러나 쉽게 풀리지 않았다. 그런데 하루는 열심히 화장을 하던 그의 아내가 손거울 너머로 "무슨 고민을 그렇게 골똘하게 하고 있느냐?" 며 말을 걸어왔다. 순간 그에게는 섬광처럼 스치고 지나가는 아이디어가 떠올랐다. "그래 저거다. 저것을 자동차 운전석의 상단부에 설치한다면 조수 역할을 충분히 해낼 수 있겠구나!" 그는 곧바로 직사각형 모양의 거울을 제작한 후 운전석 위에다 부착했다. 결과는 대만족이었다. 그의 1인승 자동차는 가볍고 날렵했다. 또 시속 119.7km의 빠른 속도로 6시간을 주행해서 당당하게 그랑프리의 영예를 차지했다. 사람들의 관심은 최고의 카-레이서가 된 하룬의 1인승 자동차와 운전석 상단에 부착된 거울에 쏠렸다. 그것을 계기로 룸미러는 미국을 비롯한 세계 각국의 자동차 생산에 적용되기 시작했고 사이드미러에 대한 규정도 새롭게 만들어졌다. 현재 우리나라는 승용차의 경우 차량 내부에 룸미러 1개, 차량 외부의 좌우에 각각 1개의 사이드미러를 장착하도록 규정하고 있다.

나. 발명과 발견의 전제조건 : 몰입

이 세상의 수많은 남편들이 자기 아내의 손거울을 수도 없이 보았을 것이다. 하지만 아내의 손거울에서 자동차의 룸미러를 최초로 고안한 사람은 레이 하룬이었다. 신은 누구에게나 행운을 제공하지 않는다. 무엇인가 절실한 필요를 느끼고 그 해법을 찾기 위해 열정적인 자세로 몰입하는 사람에게만 미소를 보낸다. 과학계의 위대한 발견이나 발명도 하룬처럼 굳센 의지로 미지의 문제에 도전하는 사람들에 의해서 이루어졌다는 게 과학사科學史의 증언이다. 사과나무에서 사과가 떨어지는 것을 지켜본 사람은 한두 사람이 아니었을 것이다. 그러나 거기서 만유인력의 법칙을 발견한 사람은 아이작 뉴턴Isaac Newton이었다. 미지의 수수께끼로 남아 있던 벤젠의 구조식을 밝혀낸 아우구스트 케쿨레August Kekul 도 마찬가지였다. 독일의 화학자였던 케쿨레는 산업용 용제인 벤젠의 분자구조를 밝히려고 노력했다. 하지만 허사였다. 그러던 어느 날 그의 꿈에 희한한 모습이 나타났다. 뱀이 자신의 꼬리를 삼키는 모습이었다. 잠에서 깬 그는 직관적으로 벤젠의 분자식은 뱀처럼 고리를 이룬 육각형일 수도 있다는 생각을 했다. 마침내 케쿨레의 직관은 그대로 적중했고, 그는 벤젠의 구조식을 밝혀낸 업적에 힘입어 세계적인 화학자로 거듭날 수 있었다.

다. 향후 자동차 미러는 어떻게 진화할까?

2016년 11월 7일 국토교통부는 '자동차 및 자동차부품의 성능과 기준에 관한 규칙의 일부 개정안을 입법 예고한다' 고 밝혔다. 이 개정안이 실행되면 조만간 자동차의 좌우 측면에 장착되어 있는 2개의 사이드미러는 물론 자동차의 뒤 유리에 장착되어 있는 1개의 후사경도 카메라모니터시스템(이하 CMS)으로 대체될 가능성이 크다. CMS는 카메라와 모니터를 결합해서 자동차의 전후 및 좌우 측면의 시야를 획기적으로 넓혀주는 장치다. CMS가 장착되면 운전자의 사각지대가 완전하게 해소되어 교통사고 예방에 큰 도움을 줄 수 있다. 또 차량 외부에 노출된 부분이 최소화되기 때문에 공기 저항을 덜 받게 되고, 이는 연비 개선으로 이어질 것이다. 다만 비나 안개와 같은 기상상태의 변화로 인해 카메라 렌즈가 뿌옇게 변하는 상태를 막기 위한 기술적 보완책이 필요할 것 같다. 그렇다면 차량 내부의 룸미러는 어떻게 진화할 것인가? 이제 룸미러의 효용가치는 사이드미러나 후사경보다 크게 떨어질 것으로 예상된다. 가족이 해체되고 홀로 사는 사람들이 많아지면서 차안에서 룸미러를 통해 대화를 나눌 기회도 줄어들 것이기 때문이다. 또 교차로나 신호대기등 앞에서 룸미러를 통해 후미에서 접근하는 차량의 운전자에게 GO, NO GO!에 대한 자신의 의사를 전달할 필요도 없다. 이미 CMS가 모든 상황을 운전자에게 실시간으로 전달해서 대응조치를 할 수 있도록 도와주기 때문이다. 따라서 하룬이 발명한 룸미러는 역사 속으로 사라질 가능성도 있다. 다만, 최근 우리의 눈길을 끄는 게 하나 있다. 그것은 전투기의 허드 시스템이 자동차의 디스플레이 기능으로 도입되고 있다는 점이다. 아직은 초보 수준에 머물고 있지만 향후 CMS와 디스플레이 기술이 융합과정을 거칠 경우 자동차의 미러 기술은 또 한 번의 거대한 기술변화를 불러일으키며 고객 편의에 기여할 것이 분명하다. 룸미러의 운명도 그것에 따라 판가름날 것이 확실하다.

7. 숫자 '3' 으로 들여다 본 세상

한국 사람들의 대화나 글에서 제일 많이 등장하는 숫자를 꼽는다면 아마도 '3' 이 1위를 차지할 것이다. 10개의 아라비아 숫자 가운데 '3' 만큼 우리에게 친숙한 숫자도 없다. 어떤 사람은 행운을 뜻하는 숫자를 '7' 이라고 말할지 모른다. 하지만 '7' 은 '3' 과 비교조차 되지 않는다. 속담에서도 '3' 은 다른 아라비아 숫자를 압도한다. '서당 개 3월에 풍월을 읊는다', '곁보리 서 말만 있어도 처가살이 안 한다', '서 말의 구슬도 꿰어야 보배다', '중신을 잘하면 술이 석 잔, 잘못하면 뺨대기 3대를 맞는다' 또 '3' 은 대통령을 비롯한 국정의 리더들, CEO, 군 지휘관, 목사님, 노름꾼들도 좋아하는 숫자다. 대통령을 비롯한 정치 리더들은 주요 회의를 마칠 때마다 반드시 의사봉을 3번 두드린다. 그들의 가장 큰 문제는 왜 자신들이 의사봉을 3번 두드리는지를 모르는 채 그것을 두드린다는 점이다. 기업의 CEO들 역시 '3' 을 활용한 제품과 서비스를 출시한다. 벤츠자동차의 로고, 삼륜차, 세발자전거, 병마개도 '3' 을 이용해서 재미를 본 히트 상품들이다. 또 군 지휘관들은 가끔 사병 식당에 들러 1식 3찬의 식기를 앞에 놓고 부하들과 함께 식사를 한다. 그들 역시 1식 3찬의 식기에 내재된 정확한 의미를 알지 못한다. 목사님도 설교할 때 삼위일체인 성부와 성자와 성령을 강조한다. 노름꾼들도 마찬가지다. 어느 노름꾼이 첫판에 큰돈을 따거나 떼이고 일어설 경우, 다른 노름꾼들이 외치는 말이 있다. "야, 어디가? 가더라도 삼세판은 치고 가야지?" 왜 이처럼 한국 사회에선 '3' 이란 숫자가 유독 많이 사용될까? 이유는 간단하다. '3' 에는 한국 사람들이 즐겨 쓰는 세 가지 의미가 내재되어 있기 때문이다.

가. 첫 번째 의미 : 많다

첫째로 '3' 에는 '많다' 는 뜻이 들어 있다. '서당 개 3년에 풍월을 읊는다' 는 말은 곧 '개도 서당에서 많이(오래) 살면 선비들을 흉내 낼 줄 안다' 는 뜻이다. '겉보리 서 말만 있어도 처가살이 안 한다' 는 것 역시 '내가 돈을 많이 갖고 있다면 아니꼽고 더럽고 치사한 처가살이는 안하겠다' 는 가난한 데릴사위들의 피맺힌 절규다. '서 말의 구슬도 꿰어야 보배다' 라는 것도 '아무리 많은 구슬이라고 해도 내가 피땀 어린 노력으로 그것을 꿰지 않으면 내 것이 아니다' 는 것을 의미한다. 이 밖에 백제 의자왕의 군대가 나당연합군에 의해 궤멸되기 직전 수도였던 부여의 낙화암에서 꽃잎처럼 떨어져 죽었다는 3,000 궁녀의 얘기도 그와 궤를 같이 한다. 3,000 궁녀의 얘기는 경주 사람 김유신과 김춘추가 지어낸 희대의 사기극이다. 그것은 두 김씨가 삼국통일 후 백제의 분리 · 독립 운동을 사전에 차단시킬 목적에서 지어낸 새빨간 거짓말이었다. 실제로 2002년에 방영된 KBS역사스페셜은 의자왕을 모신 궁녀 수가 3,000명이 아니었다는 사실을 방영한 바 있다. 장병들에게 지급되는 1식 3찬의 군대 식판 역시 '많다' 는 뜻을 내포한다. 과거 궁핍하고 어려웠던 시절에는 하루 세끼, 한 끼에 반찬 3가지도 힘에 부쳤다. 먹는 사람의 입장에서는 "왜 반찬이 3가지밖에 나오지 않느냐?" 며 투덜거릴지 모르지만 식사를 제공하는 입장에서는 그것마저도 힘들었다. 이때 의식있는 군 지휘관들이었다면 장병들에게 이렇게 훈시했어야 옳았다. "나라 사정이 어렵다. 너희들이 먹는 1식 3찬은 국민의 혈세로 조달한 것이다. 그러니 찬은 비록 3가지로 적지만 많다고 생각하며 맛있게 먹길 바란다." 지금은 나라의 곳간 사정이 과거에 비해 무척 좋아졌다. 그러다 보니 이제는 장병들에게도 1식에 5~6찬이 기본적으로 제공되는 것 같다. 군대에 아들을 맡긴 부모의 입장에서는 무척 반가운 일이다. 하지만 장병들에게 제공되는 식판 모양은 옛날과 똑같다. 나는 1식 3찬의 식판을 꽉 채우고 추가적으로 요구르트나 계란 후라이를 하나 더 갖고 가며 미소 짓는 장병들을 볼 때마다 기분이 좋아진다. 그런 의미에서 앞으로 장병들의 식판도 1식 5찬 정도로 교체해 나갔으면 좋겠다.

▲ 식판

나. 두 번째 의미 : 안전하다, 튼튼하다

둘째로 '3' 은 안전하다, 튼튼하다는 의미를 갖는다. 어린이 자전거가 네발자전거가 아니라 세발자전거인 이유는 세발인 경우가 가장 안전하기 때문이다. 벤츠자동차의 로고 역시 360도를 120도씩 3분할하고 있는데 이는 벤츠자동차가 다른 차에 비해 안전하고 튼튼한 자동차임을 상징한다. 과거 조선시대의 삼정승 제도도 임금이나 정권의 안정을 위해 설계된 제도라고 한다. 사실 임금을 기준으로 보면 좌우에 각각 좌의정과 우의정만 있어도 충분하다. 그런데 조선 임금은 영의정이라는 직책을 하나 더 두었다. 실제로 영의정은 명목상의 지위만 높았을 뿐, 실제적인 정치적 파워는 좌의정이 제일 셌다. 그러면 왜 임금은 영의정이란 자리를 만들었을까? 둘은 의기투합이 잘 되는 숫자인 데 반해 셋은 그것이 매우 어렵다고 한다. 따라서 좌의정과 우의정 직책만 있는 경우에는 이들이 공모해서 임금을 살해하거나 위험에 빠트릴 수 있지만 영의정 자리를 하나 더 만들면 그럴 가능성이 크게 줄어든다는 얘기다. 즉, 두 사람이 흑심을 품으면 나머지 한 사람이 그것을 눈치 채고 임금에게 곧장 달려와서 고자질을 하기 때문이다. 결론적으로 셋은 내부 고발자를 보장하는 환상의 숫자다. 그런 의미에서 '임금의 안위나 정권의 안정을 위해서 삼정승 제도를 두었다'는 일부 역사학자들의 주장에 수긍이 간다. 삼륜차, 카메라를 지지하는 삼각대, 성부 · 성자 · 성령으로 이루어지는 삼위일체, 솥 다리鼎足 3개도 모두 다 안전과 튼튼함을 나타낸다. 특히 임금은 자기 후계자에게 다리가 셋 달린 솥을 주었다. 그 이유는 이식위천以食爲天 사상에 기초한 것이다. 이식위천이란 '먹는 게 곧 하늘이다'라는 뜻이다. 이는 임금은 백성들을 굶주리게 해서는 안 된다는 말이다. 만약 치산치수治山治

▲ 벤츠 로고

출처 : 나무위키

水를 잘못해서 가뭄이나 홍수로 흉년이 지속되거나 선정을 베풀지 못해 백성들의 호구지책을 책임지지 못했을 경우, 그들은 민란을 통해 임금을 권좌에서 축출할 수 있음을 경계하는 말이다. 이것은 맹자의 역성혁명 사상과도 일맥상통한다. 따라서 옛날의 훌륭한 임금들은 그런 비상사태를 미연에 차단시킬 목적에서 치산치수와 선정을 위해 혼신의 노력을 다했던 것이다. 부왕父王은 후계자에게 그와 같은 무서운 진리를 경계하도록 하기 위해 다리가 셋 달린 솥을 물려준 것이다. 옛날 장군들이 자기 집무실에 장검을 세워두고 우국충정의 마음을 가다듬었다면, 임금은 편전이나 정전의 한쪽에다 부왕이 물려준 솥을 놓아두고 백성들을 배불리 먹이기 위한 선정에 목숨을 걸었던 것이다. 물론 개중에는 그 뜻을 거역하고 폭정으로 일관하다 폭망한 임금도 존재했지만.

다. 세 번째 의미 : 완벽하다, 영원하다

셋째로 '3'은 완벽하다, 영원하다는 뜻을 지닌다. '중신을 잘하면 술이 석 잔, 못하면 뺨대기가 3대'라는 말에서 3은 완벽을 상징한다. 즉, 중신을 완벽하게 잘하면 술을 3잔 얻어먹는 데 반해, 그것을 잘못할 경우엔 따귀를 3대 맞는다는 얘기다. 대통령을 비롯한 국정 리더나 기업 CEO들이 의결을 마친 후 의사봉을 3번 두드리는 것은 천지인天地人 사상에서 나온 것이다. 여기서 '3'은 자신들이 의결한 사항을 천신天神, 지신地神, 백성에게 고할 정도로 완벽하게 이루어졌음을 의미한다. 신성한 국회의사당에서 여당의원들이 날치기 통과를 하는 모습이 종종 목격되는데 이는 우리 국회의원들이 '3'의 의미에 대해 무지하기 때문이다.

그러니까 국민들이 그들을 국가에 민폐만 끼친다는 의미에서 국해의원國害議員이라고 부르는 것이다. 조선 임금들의 생애를 기록한 『조선왕조실록』을 편찬하는 데도 '3'의 원리가 이용되었다. 조선 임금들은 부왕父王의 역사를 완벽하게 기록하기 위해 3단계의 편찬과정을 거쳤다. 실록편찬의 참고문헌인 『사초』, 『일성록』, 『조보朝報』, 『춘추관시정기』, 『승정원일기』, 『의정부등록』, 『비변사등록』 등에서 주요한 사항만을 추출해서 만든 1차 원고가 초초初草다. 이것을 수정·보완한 2차 원고가 중초中草다. 그리고 실록 편찬의 책임자급 인사들이 중초를 읽어가며 최종적으로 작은 오류나 실수까지 바로잡아 완성시킨 마지막 원고가 정초正草이며 그것이 『조선왕조실록』이다. 실록이 편찬되고 난 이후에는 반드시 초초와 중초를 물에 씻어 없애버리는 세초洗草 과정을 거쳤다. 이는 혹시라도 초초나 중초의 작성과 관련해서 훗날 사관들이 신분상의 불이익을 받을 수 있는 여지를 사전에 봉쇄하기 위한 포석이다. 오늘날 우리가 읽는 『조선왕조실록』은 이와 같은 사관들의 피나는 3단계 작업을 거쳐 완성된 것으로 이해해야 한다. 또 맥주병마개의 홈 숫자는 21개다. 이것을 알고 맥주를 마시는 사람들은 거의 없다. 왕관 모양의 맥주병마개를 세계 최초로 개발한 사람은 미국인 농부였던 페인타 부부였다. 그들이 맥주병마개를 발명한 것은 우연히 상한 음료수를 잘못 마시고 식중독으로 고생했던 것이 계기였다. 어떻게 하면 병 속의 내용물을 안전하고도 오래 보관할 수 있을까?를 고민하다 지금처럼 21개의 홈을 가진 병마개를 만들었던 것이다.[11] 21개의 홈은 수학적 계산을 통해서

11. 미스터큐님의 블로그 내용 부분 참조(https://blog.naver.com/hobacssy/140003076132).

이루어졌다. 그러고 보면 페인타 부부는 수학에도 상당한 재능이 있었던 모양이다. 그들은 원 안에 정삼각형을 그린 다음, 그 꼭지점에 홈을 만들고 방향을 약간씩 돌려가면서 같은 작업을 7번 반복해서 21개의 홈을 완성했는데 이 숫자가 가장 완벽했다고 한다. 즉, 홈의 개수가 21개보다 적으면 병마개가 헐거워서 마개가 쉽게 따질 뿐만 아니라 공기까지 들어가서 병 속의 내용물이 부패했다. 그러나 홈 개수가 21개보다 많으면 병마개를 쉽게 딸 수 없고, 무리한 힘을 가할 경우에는 병 유리까지 파손될 우려마저 컸다. 병 속 내용물의 부패도 일어나지 않고 병마개도 쉽게 딸 수 있는 최적의 숫자가 21개였던 것이다. 사람들은 21개 홈을 가진 병마개가 발명된 덕분에 시원하고 맛좋은 맥주를 즐길 수 있게 된 것이다. 하지만 맥주병마개 홈의 숫자가 21개인 이유를 우리 전통문화에서 찾아본다면 그것은 우리의 금줄문화와 관련이 깊다. 불과 30년 전만 하더라도 농촌마을에서 어린 아이가 태어나면 조부모님이나 부모님들은 대문 위에다 타인들의 집안 출입을 금지하는 금줄을 쳤다. 이는 산모와 어린아이가 외부로부터의 감염이나 부정 타는 것을 방지할 목적에서 설치했다. 그런데 대문에다 금줄을 매단 기간이 21일이었다. 이는 삼칠일3 · 7일에서 비롯된 것이다. 삼칠일은 우리 전통문화에서 신의 영역과 속俗의 영역을 경계 짓는 숫자이자 완벽함의 상징이었다. 동서양이 모두 숫자 21을 '완벽'의 숫자로 본다는 것이 신기할 정도로 놀랍다. 노름꾼들이 즐겨 쓰는 '삼세판'에서의 '3'도 완벽을 의미한다. 노름판에서 한 번 이기는 것은 운칠기삼運七技三일 수 있지만, 상대방과 고스톱 세 판만 쳐보면 누구의 노름 실력이 완벽하게 우세한가를 알 수 있다는 것이다. 민간기업들이 서류전형, 필기시험, 면접 등 3단계를 거쳐 신입사원들을 선발하고, 옛날 임금이나 세자의 배필감을 구할 때도 반드시 초간, 재간, 삼간 등 3단계 심사과정을 통해 결정한 것도 '3' 이 완벽의 숫자이기 때문이다.

출처 : 대전 국립현충원

▲ 대전 국립현충원 충상

한편, '3' 이 '영원' 을 상징하는 대표적 사례는 대전광역시 유성구에 위치한 대전 국립현충원이다. 그 입구에는 충상忠像과 무상武像이 우뚝 서 있다. 충상과 무상은 각각 말 세 마리가 하늘을 향해 앞다리를 들고 있는 형태를 취하고 있다. 이것은 무엇을 의미할까? 자고로 말馬은 권위, 명예, 무력뿐만 아니라 전쟁을 상징한다. 하늘을 향해 앞다리를 모두 치켜세운 것은 말을 타고 전쟁터에 나간 사람이 전사했음을 시사한다. 본래 동상은 우리 문화가 아니라 서양 문화였다. 전쟁영웅을 기리는 우리의 전통문화는 묘지, 신도비, 사당을 세운 후 그곳에서 제사를 지내는 것이었다. 그러나 말 탄 장군들의 동상이 잇따라 등장한 것은 서양 문화가 일본을 통해 우리나라로 유입된 탓이다. 서양 사람들은 말 탄 장군의 동상을 만들 때 함부로 만들지 않았다. 거기에도 일정한 룰이 있었다. 전쟁터에서 전사한 장군의 동상은 말이 앞발을 모두 치켜세운 형태로 조각하고, 부상당한 장군의 동상은 말의 한쪽 발만 들고 있도록 했다. 그리고 전쟁터에서 무사귀환無事歸還한 후 고종명考終命을 한 장군의 경우에는 그가 탄 말의 앞발이 모두 땅을 딛도록 했다. 이런 관점에서 우리나라에 산재해 있는 말 탄 장군의 동상을 보면 거의 잘못 만들어졌다는 생각이다. 충남 부여군청 앞의 계백장군 동상과 경주 황성공원에 있는 김유신 장군 동상은 말이 한쪽 앞발만 치켜세우고 있다. 하지만 계백장군은 황산벌에서 전사했고, 김유신 장군은 평생 동안 전투에서 무사귀환한 후 고종명을 한 장수였다. 말 탄 동상을 제대로 만들어서 설치한 곳이 딱 한 곳 있다. 그것은 대전 국립현충원의 입구에 세워진 충상과 무상이다. 문제는 그곳에 있는 동상의 해석이 엉터리라는 점이다. 다행스러운 것은 그 해석이 영어, 중국어, 일본어로 소개되어 있지 않다는 점이다. 따라서 외국인들이 찾아와서 그것을 읽어본들 그 내용이 무엇인지 알 수 없다. 설령 가이드가 있다손 치더라도, 그가 그 뜻을 제대로 알지 못하기 때문에 설명을 해주지 못할 것이다. 불행 중 다행이다. 그렇다면 충상과 무상의 진정한 의미는 무엇일까? 그 내용은 간단하다. 말은 전쟁을 상징한다. 또 말이 모두 앞발을 치켜세운 것은 그곳에 잠들어 있는 분들이 전쟁터에서 산화한 호국영령들임을 시사한다. 또 말이 세 필인 것은 숫자 '3'에 내재된 영원을 의미한다. 즉, 대전 국립현충원의 충상과 무상은 자유민주주의체제를 수호하기 위해 전쟁터에 나가 싸우다가 호국의 별이 되신 영령들의 영혼이 영원하기를 기원하는 뜻에서 그렇게 제작된 것이다. 이런 의미를 정확하게 인식하고 대전 국립현충원을 찾아가서 호국영령들께 감사인사를 드리는 사람들이 많아지길 기대한다.

8. 페이퍼 안전대책과 붕괴공화국

예나 지금이나 우리나라는 붕괴공화국의 오명으로부터 자유롭지 못하다. 일어나서는 안 될 대형 사고들이 일정 주기로 계속 발생하기 때문이다. 더 심각한 것은 대형 사고가 터지면 그 순간만 사람들의 관심이 '안전' 쪽으로 쏠린다는 것이다. 그리고 일정 시간이 지나면 사람들은 언제 그랬냐며 아픈 기억을 망각의 저편으로 흘려보낸다. 정부도 마찬가지다. 사고가 발생하면 노란색 민방위 점퍼를 입은 정부관료(대통령 포함)들이 모여서 대책회의를 한다. 하지만 그들이 회의결과로 내놓은 대책은 과거에 사용했던 것들이 대부분이다. 나는 그들이 내놓은 엉터리 원인분석과 수준 낮은 대책을 페이퍼 안전대책이라고 정의한다. 그것은 관계부처 공무원들의 책상 위에서만 나뒹구는 탁상행정卓上行政일 뿐 현실적인 해결책이 되지 못한다. 공무원들이 '철밥통'이라는 비난을 듣는 것도 결국 그런 폐단들이 쌓이고 쌓인 결과다. 그런 것이 진짜 적폐다. 지금 우리에게 시급한 것은 올바른 실패학의 정립이다. 실패학은 별게 아니다. 그것의 본질은 어떤 사건이나 사고가 발생하면 그것의 발생 이유와 배경을 철저히 규명한 후, 구체적 대응책을 매뉴얼로 정립해서 강력하게 실천하는 것이다. 그러면 향후 발생할지도 모르는 유사한 사고에 신속히 대응할 수 있다. 실패학은 우리나라 관료들에게 익숙한

페이퍼 안전관리대책을 조소하고 경멸한다. 왜냐하면 페이퍼 안전관리대책은 면피용 대책의 전형이기 때문이다. 일례로 2014년 4월 16일에 발생한 세월호 참사는 우리나라가 얼마만큼 실패학의 황무지인가를 여실히 증명해 주었다. 초기 대응에 실패했던 박근혜 대통령은 눈에 독기를 품고 해양구조의 주무부처인 해양경찰청부터 해체시켜 버렸다. 그녀는 대통령 취임 초기에 국민 안전을 최우선하겠다며 기존 행정안전부를 안전행정부로 바꾼 장본인이다. 하지만 막상 사고가 터지자 그녀 특유의 호기豪氣는 어디론가 사라지고 헝클어진 머리와 휑한 얼굴로 사고수습대책본부에 나타나서 이해하기 힘든 말을 했다. "다 그렇게 구명조끼를, 학생들은 입었다고 하는데 그렇게 발견하기가 힘듭니까?" 그 말을 들은 국민들은 분노에 찬 모습으로 대통령 탄핵과 하야를 외치기 시작했다. 앞으로 정치 리더들 가운데 어느 누구든 실패학의 중요성을 정확히 인식하고 적극적인 실천에 나서지 않는 한, 그녀와 똑같은 운명에 처해질 가능성이 크다.

가. 아픈 기억들

한국의 실패사례는 열거하기 힘들 정도로 많다. 일제에 의한 한일강제병탄(1910), 8.15 해방 이후의 좌우 대립과 한반도 분단, 김일성 공산집단이 일으킨 6.25 남침전쟁(1950), IMF 금융위기(1997), 작금의 북핵北核위기가 대표적인 실패사례다. 또 와우아파트 붕괴(1970), 서해 훼리호 침몰(1993), 성수대교 붕괴(1994), 삼풍백화점 붕괴(1995), 대한항공(KE-801편)의 괌 추락(1997), 대구지하철 화재(2003), 아시아나항공

(OZ-214편)의 샌프란시스코 활주로 추락(2013), 세월호 참사(2014) 등도 우리가 생각조차 하기 싫은 아픈 기억이다. 위 사례에서 볼 수 있듯이 한국의 대형 참사는 주기적으로 반복되어 왔다. 왜 비슷한 사고들이 일정 시점을 두고 반복해서 일어났을까? 그 이유는 우리가 대형 참사로부터 진정한 반성과 자기 성찰을 게을리했기 때문이다. 기껏해야 땜질식 처방과 일회성 대안으로 면피를 모색했던 정부의 무능과 무책임, 국민들의 안전불감증이 원인이었다. 그런 의미에서 우리나라에서 발생하는 대부분의 대형 사고는 인재人災에 가깝다.

출처 : 위키백과

▲ 성수대교 붕괴

출처 : 위키백과

▲ 삼풍백화점 붕괴 사고

일찍이 게오르크 빌헬름 프리드리히 헤겔Georg Wilhelm Friedrich Hegel은 역사의 교훈에 대해 이렇게 일갈한 바 있다. "비슷한 사건들이 반복해서 일어나는 게 역사다. 또 역사가 가르쳐 주는 것은 정부나 국민들이 역사를 통해 무엇을 배우거나 원칙을 도출해낸 후 그에 따라 행동한 적이 없다는 사실이다." 칼 마르크스Karl H. Marx는 헤겔의 말에 대해 "역사는 반복된다. 그런데 한 번은 비극으로, 나머지 한 번은 희극이다" 라며 응수했다. 에스파니아 출신의 미국인 철학자 조지 산타야나George Santayana는 "역사를 기억하지 못한 자, 그 역사를 다시 살게 될 것이다" 라며 일침을 가했다. 우리는 헤겔, 마르크스, 산타야나가 강조했던 역사의 엄중한 교훈을 한귀로 듣고 다른 귀로 흘려보냈다. 또 한국의 역사학계와 역사교수들도 역사를 그렇게 가르치지 않는다. 그동안 우리는 진실을 외면한 채 좌우 이데올로기의 대립에 함몰되어 상대방 죽이기에만 올인 하는 잘못된 역사교육을 해왔다. 어른은 어른대로, 젊은 학생들은 젊은 학생대로 무엇이 참이고 진실인지 고민하지 않는다. 자신들이 좋아하는 논객, 정당, 정치인, 연예인의 말만 믿고 그것에 부화뇌동하는 경우가 비일비재하다. 가장 대표적인 사례는 이명박 정권 초기 한국 사회를 광기로 물들게 했던 광우병 촛불시위(2008)이다. 그때의 시위를 주도했던 사람들 가운데 "당시 내 행동에 심각한 오류가 있었다" 며 고해성사를 한 사람은 단 1명도 없다. 정보 왜곡에 기초한 온갖 괴담과 폭력적인 저주가 난무했던 당시 상황이 세계 11위 경제대국인 대한민국의 현주소다. 역사서를 보면 '거울 감鑑' 자를 붙인 책이 종종 눈에 띈다. 『동국통감東國通鑑』이나 『자치통감資治通鑑』이 그것이다. 한 가지 의문이 떠오른다. 왜 옛날 사람들은 역사책에다 '거울 감' 자를 붙였을까? 그 이유는 단 한 가지다. 역사는 과거 기록을 통해 현재와 미래를 조망하게 해주는 거울이자 프리즘이다. 이는 역사에서 얻은 교훈을 바탕으로 현재와 미래를 확실하게 준비하라는 얘기이다.

나. 시스템과 하인리히 법칙!

안전은 시스템이다. 시스템은 사람들에게 "무엇을 하자!" 고 얘기하지 않는다. 시스템이란 사람들이 하지 않으면 안 되도록 법과 제도를 치밀하게 설계하는 것을 뜻한다. 일례로 TV드라마 '허준' 에 등장했던 탤런트 임현식이 허준의 진료를 받기 위해 모여든 사람들에게 외쳤던 "줄을 서시오!" 는 시스템이 아니다. 고객들이 금융기관에 가서 업무를 볼 때 가장 먼저 하는 것은 순번번호표를 뽑는 일이다. 바로 그 순번번호표 제도가 시스템이다. 순번번호표 제도가 가동되면 고객들은 은행직원 앞에 나란히 줄을 서서 대기할 필요가 없다. 의자에 편히 앉아 쉬고 있다가 전광판에 자신의 번호가 뜨면 은행직원에게 조용히 다가가서 업무를 보면 그것으로 끝이다. 이 제도의 도입으로 객장 질서는 이전보다 훨씬 더 잘 지켜졌고 새치기를 감시하는 청원경찰마저 사라지게 되었다. 일거양득인 셈이다. 그래서 시스템이 중요한 것이다. 또 안전과 관련해서 우리들이 잊지 말아야 할 것이 하나 있다. 그것은 하인리히 법칙이다. 하인리히 법칙은 '1개의 대형 사고가 발생하기 전에 반드시 그와 관련된 29개의 경미한 사고와 300개의 징후들이 존재한다' 는 것으로, 일명 1 : 29 : 300의 법칙이라고도 불린다. 대형 사고는 어느 순간에 갑자기 일어나지 않는다. 그 전에 여러 번의 경미한 사고와 전조 증상을 보인 후에 큰 사고로 이어진다. 따라서 작은 문제가 발생하였을 때 그 원인을 주도면밀하게 분석한 후 미리 대비한다면 얼마든지 큰 사고를 사전에 방지할 수 있다는 것이 그 법칙의 준엄한 경고다. 이는 우리들의 건강관리에도 벤치마킹할 만한 사항이다. 암이나 중풍 같은 질병도 소리 없이 진행된다. 의사들에 따르면 그런 질병도 당사자에게는 사전에 여러 가지 크고 작은 시그널을 전달해 준다고 한다. 문제는 사람들이 그것을 무시하고 제멋대로 지내다가 중병을 인식한 후 때늦은 후회와 안타까움 속에서 자신의 삶을 마친다는 점이다. 그 또한 우리 인간의 우매함이 아닐 수 없다.

다. 공군의 안전관리시스템을 통째로 벤치마킹하라!

세월호선체조사위원회는 "세월호의 침몰 원인을 밝히겠다" 면서 30억원에 가까운 돈을 썼다. 오랜 기간에 걸친 조사 끝에 그들이 밝혀낸 진실은 '침몰 원인이 무엇인지 잘 모르겠다' 는 것이다. 또 침몰한 세월호를 육지로 인양해서 직립시키고 그 선체 내부를 조사하는 데만 1,500억원을 지출한 상태다. 납세 책임을 성실히 이행하는 국민의 한 사람으로서 세월호선체조사위원회의 처사가 쉽사리 이해되지 않는다. 또 설령 그 원인을 밝혔다고 하자. 그것이 시스템으로 개선되지 않는 한 그들이 밝힌 내용은 결국 페이퍼 안전관리대책으로 변질될 것이다. 강조하건대, 대형 참사가 일정 주기로 반복되는 것을 근본적으로 차단하려면 견고한 안전관리시스템을 정립하고 국민 모두가 그것을 철저하게 준수하는 길밖에 없다. 그에 대한 최적의 사례는 현재 대한민국 공군이 운용하고 있는 '군용항공기(이하 군용기)의 안전관리시스템' 이다. 그것의 핵심은 사전관리, 과정관리, 사후관리로 구성되어 있다.

사전관리는 사고를 미연에 방지하기 위해 모든 공군인이 매일같이 실천하는 것들이다. 사전에 인가받지 않은 사람은 지위고하를 막론하고 군용기에 접근할 수 없다. 또 항공기 주기장이나 활주로에 대한 주기적 점검을 통해 FOD Foreign Object Damage, 활주로에 떨어진 이물질이나 파편를 제거한다. 이는 FOD가 항공기의 이착륙 과정에서 기체에 치명적인 손상을 입힐 수 있는 가능성을 사전에 차단하기 위함이다.[12] 전투조종사, 정비사, 무장사들의 안전교육을 강화하고 군용기의 질적 관리체계를 정립한 것도 공군이 중시하는 사전관리의 핵심이다. 특히 군용기의 질적 관리는 시사하는 바가 크다. 전투기를 비롯한 군용기는 아주 미세한 성능차이에 따라 A, B, C급으로 구분지어 관리된다. 완전무결한 A급 항공기는 비행 경험이 비교적 적은 신참 조종사에게, 비행 능력이 뛰어난 교관급 조종사들에게는 B급이나 C급 항공기를 배정한다. 또 편대 비행 계획을 짤 경우에도 반드시 교관급 조종사와 신참 조종사가 함께 비행할 수 있도록 한다. 이는 비상상황 발생 시 교관급 조종사가 신참 조종사에게 각종 조언과 도움을 주기 위함이다. 게다가 전투조종사들은 비행 전 브리핑 룸에 집결해서 각자 맡은 비행 임무를 철저하게

---

12. 2000년 7월 25일 프랑스 파리의 샤를드골공항에서 에어프랑스사의 콩코드 여객기가 이륙 직후 파리 외곽의 어느 한 호텔로 추락하면서 탑승객 109명 전원이 사망하고 지상에서도 민간인 4명이 숨지는 등 모두 113명의 인명피해를 냈다. 그때까지 콩코드 여객기는 단 한 번의 사고도 없었으며 세상 사람들에게 안전하고 가장 빠른 비행기로 인식되어 왔다. 사고기에 대한 조사 결과, 콩코드 여객기에 앞서 샤를드골공항을 이륙했던 미국의 컨티넨털항공사 소속의 DC-10기 여객기가 활주로에 떨어뜨린 티타늄 잔해가 결정적인 이유로 밝혀졌다. 즉, 활주로에 남아 있던 티타늄 잔해가 콩코드 여객기의 타이어에 깊은 손상을 입혔고 그때 찢겨져 나간 타이어 조각이 콩코드 여객기의 연료통과 부딪치면서 항공유가 새어나왔다는 것이다. 그리고 엔진에서 뿜어져 나오는 불꽃과 항공유가 만나면서 발생한 화재로 콩코드 여객기가 추락한 것이다. 따라서 우리 공군도 조종사의 인명피해를 막고 군용기를 안전하게 관리하기 위해서 활주로 상의 이물질 제거에 만전을 기하고 있다.

숙지하고 기상을 비롯한 관련 정보를 제공받은 후 출격에 나서도록 한다. 과정관리는 군용기가 격납고나 주기장에서 빠져나와 이륙하는 과정까지를 엄정하게 관리하는 단계다. 모든 군용기는 한 번 출격을 하려면 3단계에 걸친 엄격한 점검절차를 밟아야 한다. 격납고나 주기장에서 최소한 113～217개 항목의 기체 점검사항에 대한 정비팀의 크로스 체크, 전투조종사에 의한 기체 외관 체크, 출격 직전 라스트찬스 에어리어에서 10여 분간 다른 정비팀에 의한 최종 기회점검을 받도록 한다. 군용기는 이 과정에서 아무런 문제가 없어야만 정상적으로 임무비행에 나설 수 있다.

사후관리는 비행 임무를 마친 군용기와 전투조종사들에 대한 관리를 말한다. 군용기가 비행 임무를 마친 후 소속 기지로 귀환하면 전투조종사와 정비사들 사이에 긴밀한 의사소통이 이루어진다. 전투조종사는 비행 도중 항공기에 대한 미세한 결함이나 문제가 발생했을 경우 그 내용을 정비사에게 소상하게 알려주도록 되어 있다. 이는 정비사가 다음 비행을 위한 군용기 정비 시 그 부분을 좀 더 집중적으로 살펴보도록 하기 위함이다. 또 비행 임무를 마친 전투조종사들은 곧바로 브리핑 룸에 재집결해서 1시간 이상의 디브리핑을 마친 후 각자 자신의 근무지로 돌아간다. 디브리핑은 비행 임무 종료 후의 브리핑으로 주로 출격부터 기지 귀환에 이르는 모든 과정을 뒤돌아보며 잘된 점과 미진한 부분에 대해 평가하는 종합평가 과정이다. 디브리핑 시간은 전투조종사들에게 매우 중요한 시간이다. 전투조종사들은 그 과정을 통해 자신의 비행기량을 발전시키고 안전의식까지 제고시킬 수 있기 때문이다. 이 밖에도 전투조종사들은 혹독한 비행교육을 마치고 빨간 마후라를 부여받은 순간부터 선배 조종사들의 비행정신을 온몸으로 배운다. 국민 혈세로 구입한 고가의 군용기를 자신의 분신처럼 소중하게 여기는 기인동체機人同體 정신과 어떠한 경우에도 민간인에겐 피해를 끼쳐서는 안 된다는 것을 숙지한다. 그래서 전투조종사들은 자신의 애기愛機에 오르면서 '국가자원의 낭비를 막고 비행 임무 완수를 위해 겸손한 비행을 하겠다'고 기도한다. 또 비행훈련 도중 엔진결함과 같은 비상상황이 발생하면 자신보다 국민의 안전을 우선시하고 군용기를 인적이 드문 야산으로 몰고 간다. 그 과정에서 군용기를 살려내기 위한 여러 비상조치들을 시도해 보고 그것조차 여의치 못할 경우 비상탈출을 감행한다.[13] 이 과정에서 안타깝게 산화한 전투조종사들이 적지 않다.[14]

---

13. 이에 대해서는 공저자인 김덕수 교수가 2013년 10월 23일 조선일보에 기고한 칼럼 '증평야산에서 전투기가 추락하던 날 창공에선 ……'을 읽어보면 좋을 것 같다. 그 글을 일부 소개하고자 한다. '2013년 9월 26일 공군 제18전투비행단 소속 F-5E 전투기 1대가 충북 증평의 야산에 추락했다. 당시 조종사 이호준 대위는 전개훈련을 위해 청주기지를 이륙한 직후부터 기체가 자꾸 위로 급상승하며 우측으로 쏠리는 이상 징후를 감지했다. 그는 즉시 이 사실을 관제탑에 알리고, 비행 정상화를 위해 절치부심했다. 청주기지는 인근에서 비행 임무를 수행하던 이상택 소령을 긴급 호출해서 추적기 역할을 맡겼다. 한때 비행교관으로 이 대위를 지도했던 이 소령은 이 대위의 곁을 날면서 한 시간 넘게 전투기를 살려내기 위한 다양한 조치들을 시도했다. 이 대위도 이 소령의 지시를 믿고 그대로 따랐다. 우선 비상시 매뉴얼대로 탱크에 가득 찬 항공유를 소모시키는 데 주력했다. 연료 무게가 비상착륙에 방해가 되는 데다 자칫 대형 폭발이 일어날 수 있기 때문이다. 이 대위는 전투기의 항공유가 얼마 남지 않은 것을 확인한 이후 네 차례나 청주기지로 비상착륙을 시도했지만 조종간이 제대로 작동되지 않아 모두 실패했다. 결국 이 소령은 이 대위에게 '전투기 포기'를 지시했다. 이 대위는 침착하게 전투기를 민가가 없는 야산 쪽으로 돌려놓고 난 후 낙하산을 이용해서 비상 탈출에 성공했다. (출처 : 조선일보 2013년 10월 23일자 발언대)

14. 1991년 12월 3일 광주광역시 덕흥 마을 상공에서 훈련비행 중이던 두 대의 F-5A 전투기가 공중충돌을 일으켰다. 정식 조종사가 되기 위해 마지막 구슬땀을 흘리고 있던 이상

결론적으로 안전 문제는 정치 리더와 기업 CEO의 분노어린 지시나 해당 기관의 구조조정으로 해결될 사안이 아니다. 안전관리는 차분하고 절제된 자세로 모든 구성원들이 실천 가능한 매뉴얼을 만들고 그것을 자신의 목숨처럼 소중하게 여기고 지켜나갈 때만 가능하다. 세월호 참사에 대한 우리 사회의 대응책을 바라보노라면 한심 그 자체다. 만약 2014년 4월 16일, 세월호가 인천항을 출발할 때 공군의 군용기처럼 선박 운행을 관리했더라면 어땠을까? 세월호 선장 이준석이 공군의 전투조종사들처럼 살신성인의 자세로 승객 탈출을 최우선으로 하는 비상대처를 잘했다면 어땠을까? 안타까울 따름이다. 최적의 안전관리대책은 대한민국 공군이 운영하는 '군용기의 안전관리시스템'을 통째로 벤치마킹해서 우리 사회에 이식시키는 수밖에 없다. 지금도 우리 공군은 전투조종사의 나이보다 더 오래된 노후 항공기들을 무리 없이 운용하고 있다. 그것이 가능한 것은 공군의 '군용기 안전관리시스템'이 철저하게 작동하고 있기 때문이다. 정말로 어처구니없는 것은 이런 사실조차

희 중위의 전투기와 그의 비행훈련을 지도하기 위해 함께 이륙한 교관조종사의 전투기가 OO기지로의 착륙을 준비하는 과정에서 충돌한 것이었다. 교관조종사는 낙하산을 이용한 비상탈출에 성공해서 목숨을 건졌지만 이 중위는 그렇지 못했다. 이 중위는 공중충돌의 여파로 통제 불능에 빠진 전투기 속에서 비상탈출을 시도하지 않았다. 그 이유는 그가 탄 전투기의 블랙박스 속에 음성으로 고스란히 남아 있었다. 맨 처음 이 중위도 "전투기가 추락한다. 탈출하겠다"고 관제탑과 교신했다. 하지만 이 중위의 시야에는 민가가 밀집해 있는 덕흥 마을이 눈에 들어왔던 것이다. 곧이어 이 중위의 긴급한 외침이 이어졌다. "앗, 전방에 민가가 보인다. 탈출 불가!" 그 말을 끝으로 이 중위는 필사적인 노력으로 마지막까지 조종간을 당기며 민가를 피하기 위해 안간힘을 썼다. 그런 다음 장렬하게 산화했다. 이 중위가 탄 전투기는 민가에서 10m쯤 떨어진 미나리 밭에 추락해서 산산조각이 났다. 그 현장을 목격한 덕흥마을 주민들은 이 중위가 자신의 애기와 함께 추락한 지점에 기념비를 세워주었다.

모르는 정치지도자와 국민들이 너무나도 많다는 사실이다. 이 기회에 우리 사회는 항공기사고 0%를 달성하기 위해 최선을 다하는 대한민국 공군의 참모습을 가까이에서 배우고 실천하길 기대한다.

9. 오류와 반전의 매력적 파워!

오류의 사전적 정의는 '그릇되어 이치에 맞지 않는 일'이다. 그런 오류를 교정하기 위해서는 비교적 높은 수준의 지식과 용기가 필요하다. 특히 남이 쉽게 범접할 수 없는 권위자가 만들어낸 오류는 수정하기가 쉽지 않다. 왜냐하면 오류에 대한 정정 시도가 그 사람의 권위에 대한 정면도전으로 비쳐질 수 있기 때문이다. 그러나 하찮은 오류까지도 큰 문제 없이 수정할 수 있는 사회가 건강하고 합리적인 사회다. 문제는 세상의 모든 오류가 수정되는 것이 과연 바람직할까?라는 점이다. 현실에서는 알면서도 고치지 않는 경우가 종종 발견된다. 그런 사례를 몇 개만 살펴보도록 하자.

가. 화투패 '똥광'

나는 2001년에 화투 48장에 대한 글을 썼다. 그 가운데는 11월을 상징하는 '똥' 얘기가 들어 있다. 알다시피 똥은 광 1개와 피 3개로 구성된다. 그 중에서도 빨간색 똥피는 쌍피로 대접받기 때문에 똥의 경우 피 숫자는 3장이지만 실제로는 4피다. 똥 이외에도 피가 4장인 것은 9월을 상징하는 '국화'다. 일왕을 상징하는 10끗짜리 국화는 10끗도 될 수 있고 쌍피로도 변신할 수 있는 노름판의 로메로다. 그 이유는 10끗짜리 국화가 '일왕' 을 상징하는 문양이기 때문이다. 그러면 노름꾼에게 똥광과 10끗짜리 국화 가운데 어느 것이 더 매력적일까? 당연히 똥광이다. 그것을 갖고 있으면 광박을 피할 수 있지만 10끗짜리 국화는 광박에서 벗어날 수 없기 때문이다. 그렇다면 똥광에 등장하는 조류와 그것의 실체가 궁금해진다. 사람들은 필자의 글을 통해 똥광에 등장하는 조류와 똥이 각각 봉황새와 오동나무 잎새라는 것을 알게 되었다. 그런데도 우리나라에서 똥광은 일식집의 화장실 입구에 제일 많이 붙어 있다. 똥광에서 '똥' 을 인간의 대변으로 인식하기 때문이다. 하지만 일본인들은 똥광 앞에서 잔뜩 긴장한다. 그것이 막부의 최고 실력자인 쇼군을 상징하기 때문이다. 하나의 똥광이 한국에서는 해우소解憂所를 알리는 이정표의 도구로, 일본에서는 쇼군으로 받아들여지는 것이다. 이처럼 똥광에서도 한일 간의 심리적 거리 차이는 무척 크다. 또 한국인들 가운데 일부 노름꾼들은 똥광에서 불패신화를 연상한다. 화투 패에 똥광과 똥피가 잇따라 들어오면 상대방 노름꾼에 대한 백기투항부터 권유한다. 자신이 이길 가능성이 크다고 판단하기 때문이다. 어쩌면 '똥을 밟으면 행운이 찾아온다' 라는 속설을 믿기 때문에 그러는지도 모른다. 그들은 타짜들이 설치는 노름판에서 승리를 쟁취한 적이 없지만, 똥처럼 자연계의 선순환구조로 이어지는 질서체계에 순응하는 삶을 살고 싶어 한다. 나는 일본인들로부터 비판을 받더라도 하루하루를 성실히 살아가는 한국인을 비난할 생각이 조금도 없다.

나. 뽀빠이와 시금치

발터 크래머Walter Krämer와 괴츠 트랜클러Götz Trenkler가 함께 저술한 책 『상식의 오류 사전』을 보면 뽀빠이와 시금치에 관한 오류 이야기가 등장한다. 그들은 "만약 뽀빠이가 철분을 중요하게 여겼다면 깡통 속의 시금치를 먹는 것보다 차라리 깡통 자체를 뜯어먹는 게 훨씬 더 좋았을 것이다"라고 말했다. 뽀빠이 신화는 통조림의 시금치와 괴력의 조화로 만들어졌다. 해군 복장을 한 뽀빠이가 통조림 속의 시금치만 먹으면 어느 누구도 통제할 수 없는 엄청난 괴력의 소유자로 변신한다. 연인 올리브 오일을 낚아채려는 연적戀敵이자 악당인 블루투스마저 한방에 때려눕힐 정도다. 홀쭉하고 키가 작은 뽀빠이가 거인巨人 블루투스를 단숨에 제압해버리는 통쾌함이 뽀빠이 신화의 핵심이다. 그것은 아주 우연한 기회에 탄생했다. 독일의 화학자였던 에리히 폰 볼프가 시금치의 영양성분에 관한 연구논문을 쓸 때 철분 함유량을 10배만큼 부풀리는 실수를 했던 것이다. 그 바람에 시금치 100g당 철분 함유량이 3.5mg인 것이 35mg이 되고 말았다. 컴퓨터의 자판을 두드리는 과정에서 단순히 저지른 실수였다. 이 오류는 1937년에 다른 연구자의 지적으로 수정되었다. 하지만 당시 뽀빠이를 주인공으로 등장시킨 만화와 영화가 인기를 끌면서 대중들은 철분 함유량의 진실에 귀를 기울이지 않았다. 한마디로 인기가 진실을 뒤엎은 격이었다. 그 결과 사람들은 시금치가 다량의 철분을 함유한 채소로 인식했고 그것의 소비량은 30% 이상 급증했다. 시금치의 철분 함유량은 브로콜리나 배추보다도 훨씬 더 적다. 그러나 적당한 양의 시금치를 섭취하면 각종 무기질과 비타민 A가 풍부하기 때문에 성장기 어린이의 발육에 도움을 줄 수 있다. 문제는 시금치를 지나치게 섭취할 경우 신장결석을 초래할 수 있다는 것이다. 요즘 어린이들은 1920년대부터 1980년대 초까지 어린이들의 뇌리를 지배했던 뽀빠이에 대해 잘 알지 못한다. 뽀빠이 신화에 친숙했던 기존 세대들에게 통조림 시금치 대신 산삼 같은 강장제나 비아그라를 먹고 블루투스를 한방에 때려눕히는 뽀빠이를 보여준다면 그들의 반응은 어떨까? 아련하게 남아 있는 뽀빠이의 추억마저 깨끗하게 지워버릴지 모른다. 누가 뭐래도 뽀빠이는 자신의 억센 팔로 통조림통을 찌그러트리며 그 안에 있는 액상의 시금치를 들이키는 모습이 제격이다. 그때서야 비로소 뽀빠이다운 매력을 발산하면서 사람들의 마음을 휘저을 수 있을 것이다. 결론적으로 비논리성과 비합리성의 엇박자가 재미와 통렬한 사회풍자를 유발할 때, 거기에 매료된 대중들은 오류에 대한 진실에 관심을 갖지 않는다. 사실 뽀빠이 신화에서 시금치의 오류는 그리 심각한 문제가 아니다. 오류에서 파생된 허구적 신화가 진실보다 훨씬 더 매력적인 흥미와 감성feeling을 자극하기 때문이다.

다. 낙타와 바늘귀

어린 시절 아버지가 성공확률이 낮은 일을 시도할 때, 어머니가 즐겨 썼던 얘기가 하나 있다. "차라리 낙타가 바늘귀에 들어가는 걸 보는 게 낫겠어요!" 그때는 그 말씀이 이상하게 느껴졌다. '왜 낙타가 바늘귀로 들어가려고 애를 쓸까? 사막에는 들어갈 구멍도 별로 없는데……' 하지만 나이를 먹고 독서량이 쌓여가면서 어머니의 그 말씀은 옛날 시

출처 : 리도보카님 블로그

▲ 바늘귀와 낙타

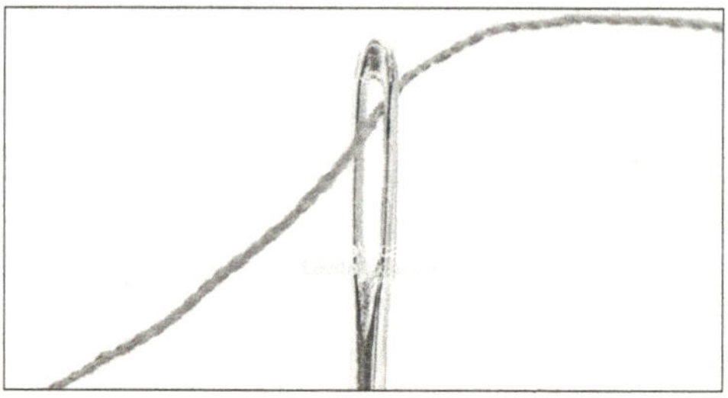

출처 : 리도보카님 블로그

▲ 바늘귀와 실

곧 본가를 찾아와서 하나님을 섬기라고 전도했던 K권사님의 얘기라는 것을 알게 되었다. 『성경』의 마태복음 19장 24절을 보면 '부자가 하나님의 나라(천국)에 들어가는 것보다 약대(이하 낙타)가 바늘귀로 들어가는 것이 더 쉬우니라' 가 나온다. 이것이 의미하는 것은 간단하다. 부자들은 돈을 축적하는 과정에서 온갖 못된 짓을 많이 하기 때문에 천국에 들어갈 확률이 거의 0%라는 얘기다. 이는 가난한 사람들에게 마음의 평화와 위로를 주는 대목이다. 또 이 구절은 부자들로 하여금 천국에 들어가기 위해 기부를 비롯한 노블레스 오블리주를 실천하도록 만드는 경고메시지다.

발터 크래머와 괴츠 트랜클러는 자신들이 함께 지은 책 『상식의 오류 사전(2)』에서 이 구절에 대한 오역 문제를 지적한 바 있다. 성경의 원전에는 '낙타' 가 아니라 '밧줄' 이었는데 번역 과정에서 그만 오역이 벌어졌다는 것이다. 예수의 언어이자 고대 서아시아의 국제 공용어였던 아람어Aramaic language로 밧줄은 gamta이고, 낙타는 gamla였다. 그런데 구약성서를 번역하는 과정에서 담당자가 't' 를 'l' 로 착각하는 바람에 그만 밧줄이 낙타가 되고 만 것이다. 이에 대해 일부 사람들이 이의를 제기했지만 그것은 소수설에 불과했을 따름이다. 낙타를 밧줄로 바꾼다면 바늘귀의 부조화는 자연스럽게 해소된다. 사실 낙타를 천국의 출입문인 바늘귀와 비유하는 것은 누가 봐도 언밸런스다. 그러나 밧줄과 바늘귀의 비유는 자연스럽다. 그럼에도 불구하고 현대 성경은 여전히 밧줄이 아니라 낙타와 바늘귀를 비유시킨다. 왜 그럴까? 만약 낙타가 밧줄로 바뀐다면 이전까지 해온 목사님의 설교가 김빠진 사이다처럼 밋밋하게 느껴질 것이기 때문이다. 여기서도 부조화와 비합리성의 엇박자가 묘한 신화적 매력을 발산한다. 대상大商들과 함께 봇짐을 등에 짊어지고 거친 모래사막을 횡단해야 할 낙타가 좁디좁은 바늘귀 앞에서 앞발을 치켜세우며 울부짖는 시추에이션은 그 자체로 낯선 재미이자 코믹 홍분이다. 부조화의 허구가 뿜어내는 낯선 묘미가 진실의 무미건조함보다 훨씬 더 큰 반전을 나타날 때, 관객들은 오류에 대한 수정보다는 그 자체를 즐기고 싶은 충동에 사로 잡힐 개연성이 더 크다.

10. 스캠퍼SCAMPER

스캠퍼의 사전적 정의는 '달리다', '질주하다' 이다. 하지만 지금은 창의적인 문제해결능력을 제고시키는 기법으로 더 많이 알려져 있다. 그 역사는 미국 광고회사(BBDO)의 CEO 알렉스 오스본Alex Osborn에 의해 시작되었다. 그는 1939년에 브레인스토밍 기법을 소개했고 1953년에는 그것에 대한 75개 항목의 체크리스트를 개발했다. 또 1971년 밥 에벌Bob Eberle이 그것을 보완해서 스캠퍼 기법으로 발전시켰다. 브레인스토밍은 사고영역에 대한 제한 없이 여러 대안들을 자유롭게 도출하는 것을 뜻한다. 반면 스캠퍼는 사고영역을 SCAMPER의 글자 수인 7가지 영역에서 구체적 대안을 도출할 수 있게 만든 아이디어 창출법이다. 즉, S(대체), C(결합), A(적용), M(변형), P(다른 용도로 활용), E(제거), R(반전)에 집중해서 기발한 아이디어를 도출하도록 한다.

가. 스캠퍼의 기본 절차

스캠퍼 기법은 쉽고 간결한 아이디어 창출법이다. 하지만 무턱대고 아무렇게나 해도 괜찮은 방법은 아니다. 스캠퍼를 잘하기 위해서는 3단계의 방법론에 대해 진지하게 학습해야 한다.

① 1단계

이는 문제와 목표에 대해 정의를 내리는 단계다. 여기서는 당면과제와 스캠퍼를 통해 해결하고 싶은 희망사항을 명확하게 정의한다. 활을 잘 쏘기 위해 과녁을 세우는 과정이라고 보면 된다.

② 2단계

이는 실현 가능한 구체적 대안을 제시하기 위해 SCAMPER의 7가지 키워드에 대해 다양한 질문을 리스팅하는 단계다. 가령, M(변형)은 Magnify의 첫 글자를 딴 것이다. Magnify는 '확대한다'는 의미인데, 이것을 둘러싼 질문은 수도 없이 많다. 올려볼까, 내려볼까, 늘려볼까, 줄여볼까, 크게 할까, 작게 할까? 등 다양하다. 또 M(변형)의 대상 또한 크기, 높이, 길이, 무게 등 각양각색이다. 2단계의 핵심은 이들을 매트릭스Matrix 형태로 운영하면서 여러 형태의 다양한 질문을 설계하는 데 있다.

③ 3단계

이는 1, 2단계에서 설정한 목표와 방향성에 집중하면서 리스팅한 질문들을 토대로 구체적 아이디어나 혁신방안을 도출하는 단계다. 3단계가 성공적으로 끝나야만 비로소 제대로 된 스캠퍼의 성과물을 이끌어 낼 수 있다.

나. 스캠퍼의 빛나는 성과물

앞에서 잠깐 언급한 바와 같이 SCAMPER는 대체하다Substitute, 결합하다Combine, 적용하다Adapt, 변형하다Modify, 다른 용도로 사용하다Put to other use, 제거하다Eliminate, 반전시키다Reverse의 첫 글자를 따서 만든 합성어다. 따라서 스캠퍼는 7가지의 사고패턴으로 나누어 혁신 관련 아이디어를 도출할 수 있도록 도와준다.

① S : 대체하기

기존의 사물이나 프로세스를 다른 것으로 대체하면 어떠한 결과가 도출될 것인가?에 대한 끊임없는 질문을 통해 새로운 혁신방안을 강구하는 것을 지칭한다. S방법을 활용한 혁신제품을 몇 개만 소개하면 다음과 같다. 공기 없는 타이어, 쌀라면, 종이컵, 샤프펜슬, 쇼핑카트, 결혼식 하객 대행 서비스, 면봉, 바이오연료, 실리콘 오일로 만든 안경알, LED램프, 티타늄 낚싯대 등이다.[15]

출처 : 한화첨단소재 블로그

▲ 공기 없는 타이어

15. 부연설명을 하면 공기 없는 타이어는 아프가니스탄을 비롯한 미군의 작전지역에서 민병대 게릴라들이 미군 차량을 공격해서 미군이 다수 전사함에 따라 이들 지역에서 활동하는 미군 차량에 장착하기 위해 개발한 아이디어 상품이다. 공기 없는 타이어를 장착한

② C : 결합하기

두 가지 이상의 사물, 지식, 재료, 정보 등을 결합하면 어떠한 결과가 도출될 것인가?에 대한 끊임없는 탐색과 관찰을 통해 좀 더 나은 성능, 디자인, 모양, 활용도를 가진 제품이나 서비스를 창안해내는 방법을 의미한다. 집과 자동차의 개념을 통합시킨 캠핑-카, 카카오와 택시서비스가 결합된 카카오 택시, 여러 종류의 칼을 하나로 통합한 맥가이버칼, 지우개가 부착된 연필, 팩스와 스캐너와 프린터가 하나로 결합된 복합기, 티셔츠와 모자가 결합된 후드-티, 기계공학과 전자공학이 결합되어 새롭게 탄생한 메카트로닉스mechatronics 등이 C방법을 활용해서 성공시킨 대표적인 혁신사례다.

③ A : 적용응용하기

어떤 성질이나 특징, 사물이나 프로세스, 사고체계나 방법, 재료 등을 다른 영역의 조건이나 목적에 부합하는지의 여부를 탐색하고 적용하는 과정에서 한층 진보된 생각이나 아이디어를 발굴하는 기법을 뜻한다. 항공기 브레이크 기술을 자동차에 적용시킨 ABS브레이크 시스템, 민들레 홀씨가 낙하하는 모양을 본떠 만든 낙하산, 우엉 씨가 옷에 붙는

미군 차량은 민병대가 타이어를 공격해도 타이어가 터지지 않기 때문에 미군들의 희생을 줄일 수 있는 최적의 방안이다. 또 요즘은 망자의 시신을 주로 화장하기 때문에 나무 관보다는 타기 쉬운 종이 관으로 대체하는 경우가 점점 더 많아지고 있다. 그 밖에도 쌀라면은 밀가루를 쌀로, 종이컵은 고령토를 종이로, 면봉은 쇠를 대나무로, 안경알은 고체유리에서 액체인 실리콘 오일로, 티타늄 낚싯대는 낚싯대 소재를 대나무에서 티타늄으로 바꾼 경우다. 결혼식 하객 대행 서비스는 친척들을 타인으로 대체한 경우이고, 샤프펜슬은 연필을, LED램프는 기존의 등잔이나 백열전구를 대체해서 만든 획기적인 혁신상품으로 볼 수 있다.

원리를 적용해 만든 벨크로아(일명, 찍찍이), 지렛대 원리를 적용해 만든 장도리와 파루, 과거 석유곤로에다 기름을 넣던 플라스틱 사이폰의 주름을 적용해 만든 주름빨대, 자신의 생산품인 수제바구니 형태로 본사 건물을 지은 미국 롱거버거(사)의 기발한 아이디어 등이 A방법을 활용한 혁신사례다.

출처 : 한화건설 블로그

▲ 롱거버거 본사 건물

④ M : 변형하기

어떤 대상의 모양이나 특성을 변형시킴으로써 새로운 제품이나 서비스를 도출해내는 사고기법을 말한다. 변형에는 확대와 축소 개념도 포함된다. 하드웨어를 축소한 USB, 데스크-탑과 노트북을 축소시켜 만든 태블릿 PC, 가방보다는 작고 핸드백보다는 크게 만든 파우치가방, 바나나와 딸기 향을 가미해서 만든 바나나(딸기)우유, 노인들을 위해 아라비아 숫자를 크게 만든 효도-폰, 와플을 변형시켜 만든 아이스크림을 담은 콘 등이 M방법을 활용한 혁신사례다.

⑤ P : 다른 용도로 활용하기

어떤 사물이나 대상이 다른 용도로 사용될 가능성에 대한 탐색과정을 통해 새로운 아이디어를 이끌어내는 방법을 말한다. 달 탐사용 우주왕복선을 개조해서 만든 달나라 여행용 우주왕복선, 머드팩으로 탈바꿈

한 진흙, 종이 계란판을 활용한 방음벽, 비닐장갑에 물을 채워 만든 파리 쫓기용 도구, 잘 붙지 않는 성격을 활용한 포스트-잇, 줄자를 부착한 혁대, 리바이스 청바지[16] 등이 P방법을 이용한 혁신사례다.

⑥ E : 제거하기

어떤 사물이나 대상의 전부나 일부분을 제거함으로써 새로운 것을 탐색하는 사고의 기법을 의미한다. 가령, 어느 제품에서 특정 부품이나 기능을 제거하면 어떻게 될 것인가, 또 어느 대상에서 숫자나 양을 줄인다면 어떤 결과가 도출될 것인가?와 같은 질문들이 활발하게 일어나는 영역이다. 자동차 지붕을 제거한 오픈-카, 기존 오토바이에서 불필요한 부품을 제거해 만든 산악용 오토바이, 마찰을 줄일 목적에서 바퀴를 제거한 자기부상열차, 전선줄을 제거시킨 다이슨 무선청소기, 전화기 줄을 제거한 무선전화기, 날개 없는 선풍기, 수동기어를 제거한 자동변속기, 호텔의 다양한 기능 가운데 잠자는 공간에 집중시킨 캡슐 텔 등이 E방법을 활용한 혁신사례다.

⑦ R : 반전시키기

어떤 사물이나 대상에 대한 뒤집기reverse나 재배열rearrange 등을 통해 새로운 아이디어를 생성해내는 사고기법을 지칭한다. 이때는 주로 '혹시 역할, 순서, 기능을 거꾸로 바꿔보면 세상이 어떻게 달라질까?' 와

---

16. 본래 리바이스 청바지의 재료는 미국 서부 금광시대에 광부들을 위한 천막재료였다. 하지만 천막이 팔리지 않자 그 재료에다 파란색으로 물들인 다음 질긴 작업복을 만든 데서 오늘날 리바이스 청바지가 탄생한 것이다.

같은 질문들이 맹위를 떨칠 수 있다. 직장 부하들이 상사를 평가하는 제도, 거꾸로 밟는 자전거, 헬로Hello를 뒤집어 만든 올레olleh, 김밥을 뒤집어 만든 누드 김밥, 1970년 말에 유행했던 '라면땅'을 2000년대의 복고상품으로 히트시킨 '쫄병스낵', 회사로 출근하지 않고 집에서 업무를 보는 재택근무 등이 R방법을 활용한 혁신사례에 속한다.

다. 스캠퍼의 성공을 위한 전제조건

스캠퍼는 '달리다', '질주하다'는 뜻이다. 그동안 걷기운동만 했던 사람에게 갑자기 뜀박질을 주문하면 처음엔 당황스럽고 힘겹게 느낄 것이다. 스캠퍼도 마찬가지다. 처음부터 창의적 사고를 잘한다는 것은 쉽지 않다. 또 스캠퍼가 새로운 아이디어를 척척 쏟아내는 만능키나 도깨비 방망이도 아니다. 스캠퍼를 통해 내면의 정신세계에서 잠자고 있는 상상력을 일깨우기 위해서는 4가지 사항이 전제되어야 한다.

① 지적 호기심

스캠퍼의 성공은 지적 호기심에서 출발한다. 청소년들이 젊은 것은 비단 나이 때문만이 아니다. 지적 호기심이 충만하기에 젊은 것이다. 그런 의미에서 '연로年老하다'는 것은 곧 세상에 대한 지적 호기심이 사라져간다는 말과 같다. 젊은이도 지적 호기심을 상실하면 애늙은이가 되고 나이가 드신 어르신도 그것을 갖고 있으면 여전히 청춘이다. 누구든 주변에서 일어나는 다양한 현상들에 대한 궁금증을 갖고 그것을 풀기 위해 고민하는 순간 스캠퍼를 통한 창의적 사고의 주인공이 될 수 있다. 위대한 발명이나 발견도 우연이나 실수에서 비롯된 세렌디피티 Serendipity를 중시한다. 그것의 핵심은 지적 호기심이다. 모든 일에 우연은 존재하지 않는다. 평소 내면에 잠재해 있던 지적 호기심에 우연이나 실수로 인한 외부충격이 불씨를 제공했을 때 강렬한 스파크 현상을 일으키며 탄생하는 것이 발견이요, 발명이다. 그것은 호기심을 갖고 사는 사람에게 신이 내리는 최고의 축복이다.

② 열린 사고

창의적 사고나 아이디어를 얻기 위해서는 남들과 잘 협력해야 한다. 창조적인 세계에서는 혼자보다는 둘이 협력하는 게 낫고, 둘보다는 셋이 협업하는 게 훨씬 더 유리하다. 그것이 정보, 지식, 지혜의 속성이기 때문이다. 또 열린 머리와 가슴으로 낯선 세상을 마주하며 고정관념에서 과감히 탈피할 때, 우리는 새로운 세계를 향해 한걸음 더 전진할 수 있다. 폐쇄적인 사람보다는 진취적이고 개발적인 사람이 스캠퍼를 시도하는 데 있어 성공할 확률이 높다.

③ 도전정신

스캠퍼는 아주 쉽고 간결한 아이디어 창출법이다. 그렇다고 해서 누구든 원할 때마다 마구 샘솟는 대상이 아니다. 남들이 탐낼 만한 아이디어를 도출하기 위해서는 수많은 시행착오와 혹독한 시련을 감내해야 한다. 그만큼 실패확률이 높다는 얘기다. 어떤 시도가 참담한 실패로 끝났을 경우, 일반인들은 절망의 블랙홀에서 허우적댄다. 그것을 극복하기 위해 필요한 것이 '하늘은 스스로 돕는 자를 돕는다' 라는 천조자조天助自助의 도전정신이다. 스캠퍼에 대한 회의가 들수록 '고통을 피할 수 없다면 차라리 즐겨라' 라는 해병대의 정신을 되새겨보길 추천하고 싶다.

④ 열정

표도르 M. 도스토예프스키Fyodor M. Dostoevskii는 '꿈을 밀고 나가는 힘은 이성이 아니라 희망이며 두뇌가 아니라 심장이다' 라고 말한 바 있다. 이는 열정이 매우 중요하다는 것을 강조하는 말이다. 여기서 희망과 심장은 열정과 동의어다. 또 열정은 새끼가 알을 깨고 나오기 위해 투쟁하는 모습과 똑같다. 포란기를 마친 어미 새는 자신이 품었던 알들을 유심히 관찰한다. 그리고 어미 새는 세상 밖으로 탈출하기 위해 몸부림치는 새끼의 알만 부리로 쪼아준다. 알 속에서 자신은 노력하지 않고 어미 새가 쪼아주길 바라는 새끼는 결국 세상 구경을 하지 못하고 죽을 가능성이 크다. 스캠퍼도 마찬가지다. 스캠퍼가 생각대로 잘 되지 않는 경우는 굳이 S · C · A · M · P · E · R이라는 순서에 집착할 필요가 없다. 순서를 뒤바꿔 재실행하거나 처음부터 천천히, 치밀하게 재시도를 하면서 뜨거운 열정만 식지 않도록 자기 자신을 담금질하면 된다. 그러면 스캠퍼를 통한 성공의 서광이 서서히 그대를 향해 비춰질 것이다.

11. 유태인의 기발한 발상!

우리는 공기나 물의 소중함을 잘 모른다. 흔하기 때문에, 또는 돈을 지불하지 않더라도 무한대로 사용할 수 있는 자유재이기 때문에 그 중요성을 잊고 산다. 그러나 초미세먼지가 전국을 뒤덮고 수질오염이 심각해지면 그때서야 깨끗한 공기와 맑은 물의 소중함을 깨닫게 된다. 우리가 매일 사용하는 숫자도 마찬가지다. 인류를 발전시킨 핵심 동인이 숫자였다고 주장하는 분들이 여럿 있다. 만약 그것이 없었다면 사람들은 더하기 · 빼기 · 곱하기 · 나누기와 같은 연산을 하지 못했을 것이다. 그렇다면 우주과학, 수학, 금융경제, 건축은 물론 시장市場경제도 지금처럼 발전하지 못했을 것이다. 지금 우리의 일상생활은 숫자를 빼놓고는 하루도 살 수 없다. 하지만 이렇게 중요한 숫자가 어떻게 생겨났는지, 그 유래와 배경에 대해 관심을 갖거나 아는 사람은 많지 않다. 여기서는 숫자에 얽힌 비밀에 대해 알아보기로 한다.

가. 인류 최초의 숫자는?

숫자의 발생은 문명의 발상과 궤를 같이 한다. 세계 문명의 4대 발상지는 이집트의 나일 강, 메소포타미아의 티그리스와 유프라테스 강,

인도의 인더스 강, 중국의 황하 유역이다. 이들의 공통점은 세계 문명이 강가에서 탄생했다는 사실이다. 그러면 왜 강가에서 문명이 탄생했을까? 그 본질은 농업이나 상업과 깊은 연관이 있다. 옛날에는 강가를 중심으로 영농 활동과 상업 활동이 이루어졌고, 덕분에 그 지역 사람들은 다른 지역 사람들보다 풍족하게 생활할 수 있었다. 문화욕구는 사람들이 먹고 사는 데 지장이 없고 배가 따뜻해야만 싹트기 마련이다. 즉, 어떻게 하면 남들보다 폼 나게 살 수 있을까, 어떻게 하면 밥과 반찬을 좀 더 맛있게 해먹을 수 있을까, 어떻게 하면 그림, 글씨, 창, 노래를 잘 부르며 즐겁게 살아갈 수 있을까? 등이 바로 문화욕구다. 그와 같은 인간의 내면적 욕구가 크고작은 사고의 혁신과 문화 발견을 유발해서 결국 하나의 커다란 문명을 만들어냈던 것이다. 숫자도 그런 과정에서 자연스럽게 탄생한 문명의 부산물이다.

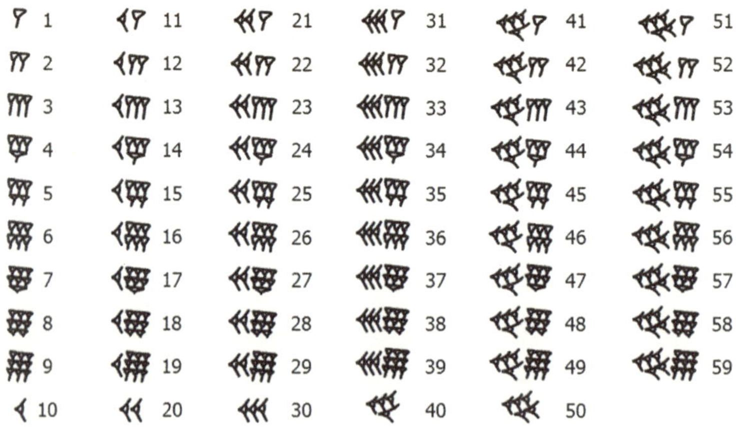

출처 : 국립중앙도서관 디지털컬렉션

▲ 메소포타미아 수메르인들이 사용했던 숫자 모양

세계 역사상 최초로 숫자가 탄생한 곳은 메소포타미아 문명이다.

그 지역에서 목축업을 했던 수메르인들은 소牛의 숫자를 세기 위해 2개의 쐐기문자를 개발했는데 그것이 숫자의 효시라고 한다. 그들은 진흙판에 갈대 펜으로 쐐기문자 모양의 숫자를 썼는데 ▼는 1을, ◀는 10을 나타냈다고 한다. 이집트 문명 역시 숫자를 사용했다. 그들은 돌비석이나 파피루스라는 종이에다 상형문자로 숫자를 적었다. 즉, 자연에서 흔히 접할 수 있는 막대기, 밧줄, 연꽃, 올챙이, 사람 모습 등과 같은 형상에다 일정 숫자를 연관지어 사용했다.

막대기 또는 한 획	뒤꿈치 뼈	감긴 밧줄	연꽃	가리키는 손가락	올챙이	놀란 사람 또는 신을 경배하는 모습
1	10	100	1,000	10,000	100,000	1,000,000

출처 : 국립중앙도서관 디지털컬렉션

▲ 고대 이집트인이 사용했던 숫자의 형태

중국도 이집트나 메소포타미아 문명처럼 숫자를 사용했음이 은나라 갑골문자를 통해 밝혀졌다. 다만 중국이 두 문명과 분명하게 달랐던 점은 세계 최초로 음수를 도입했다는 점이다. 이는 중국의 '구장산술九章算術'이 뒷받침해 준다. 그것에 따르면 중국인들은 2000년 전부터 음수 계산을 했다고 한다. 당시 그들은 산목算木을 나열해서 계산을 했는

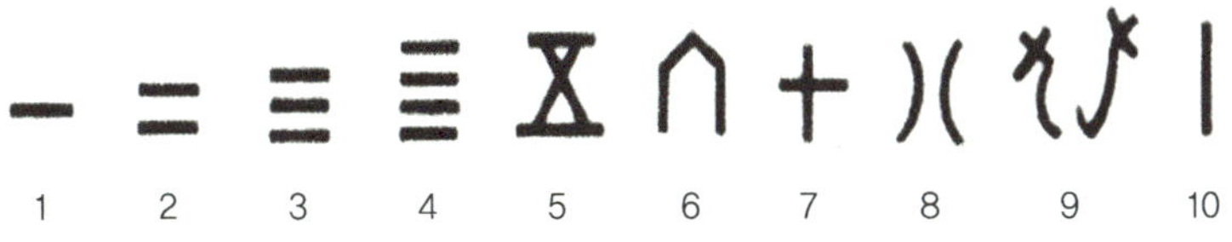

출처 : 디지털한글박물관

▲ 갑골문을 통해 본 중국인들의 숫자

데 양수는 빨간색, 음수는 검은색 산목을 사용했다. 갑골문이 전하는 숫자 표기를 보면 1부터 4까지는 막대기를 사용해서 그 숫자만큼 가로쓰기를 했고, 5부터 10까지는 각각 다른 기호를 사용했다. 이런 방식의 숫자 표기는 같은 한자문화권인 한국과 일본에도 전해졌을 것으로 추정된다.

인도 문명은 아라비아 숫자 1, 2, 3, 4, 5, 6, 7, 8, 9를 탄생시켰다. 이 숫자는 인도 마우리야 제국의 아쇼카 왕 시절에 만들어졌다고 한다. '0'이 탄생한 것은 그로부터 한참의 시간이 흐른 후인 인도 굽타왕조 때였다. 굽타왕조는 인도 고전 문화의 황금기였으며, 지금의 힌두교 문화도 그때 완성되었다. 약 7세기경 인도 수학자였던 브라마굽타는 수數체계에서 수의 자릿수가 하나씩 올라갈 때마다 작은 점을 찍거나 동그라미 기호를 붙였다고 한다. 그것이 0의 기원이다. 인도 산스크리트어에는 '슈나sunya'라는 말이 있다. 그것은 없음, 부재不在, 공백, 존재하지 않는 것을 의미한다. 브라마굽타가 작은 점이나 동그라미 대신 '0'을 사용하면서 그것이 아라비아 숫자의 구성원으로 편입되었다고 한다. 하지만 아라비아 숫자를 발명한 사람이나 탄생 배경은 여전히 미스터리다. 또 0을 포함한 10개의 아라비아 숫자는 11세기경 아랍 상인들에 의해 서유럽국가인 스페인에 전해졌다. 아라비아 숫자라는 명칭도 거기서 유래된 것이다. 하지만 로마식 숫자를 사용했던 유럽 사람들이 아라비아 숫자를 선뜻 수용한 것은 아니다. 처음에는 '아랍인이 사용하는 악마의 기호'라며 아라비아 숫자에 대해 강한 거부감을 나타냈다. 그것이 유럽 전역에 퍼지게 된 결정적인 계기는 11세기 말부터 13세기에 걸쳐 일어난 십자군원정이었다. 5진법인 로마식 숫자 표기보다 10진법의 아라비아 숫자가 연산을 비롯한 모든 측면에서 쓰기 편리했고 쉬웠기 때문이다.

나. 아라비아 숫자에 대한 유태인식 해석법

이제 아라비아 숫자에 대한 유태인의 해명에 대해 귀를 기울여보자. 지금까지 아라비아 숫자의 탄생 비밀에 대해 소상하게 밝힌 사람은 없었다. 그런데 1973년에 어느 유태인 한 분이 이에 대한 해명을 시도했다. 그는 다음과 같은 질문으로 논의를 시작했다. "아라비아 숫자 1은 어떤 근거에서 1이고, 2는 어떤 이유에서 2이고, …… 9는 어떤 근거에서 9이고, 0은 어떤 이유에서 0입니까? 이 질문에 답할 수 있는 사람은 거의 없을 것입니다. 그것에 관한 기록이 존재하지 않기 때문입니다. 그러나 유태인이라면 그 근거에 대해 자신 있게 대답할 수 있습니다." 그러면서 그는 자신의 주장을 당당하게 펼쳤다. "아라비아 숫자의 탄생 비밀은 각角에 있습니다. 아래에서 볼 수 있듯이 1은 각이 1개 있기 때

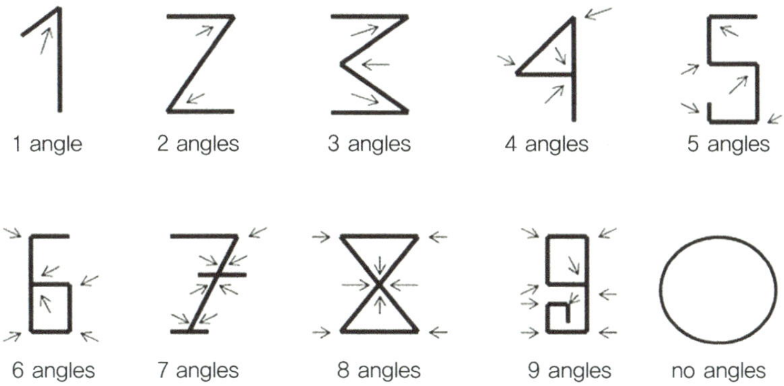

출처 : Crinite Post

▲ 아라비아 숫자와 각(角)의 개수와의 상관관계

문에 1이고, 2는 각이 2개 있기 때문에 2이고, …… 9는 각이 9개 있기 때문에 9이고, 0은 각이 하나도 없기 때문에 0입니다."

이것은 일본인 후지다 덴이 자신의 책 『유태인의 상술』에서 밝힌 내용이다. 그는 자신이 말한 내용의 출처가 일본에 거주했던 랍비 출신인 솔로몬V. M. Solomon이 1973년에 저술한 책 『유태인의 비밀』이라고 소개했다. 즉, 그는 각의 개수로 아라비아 숫자를 결정하는 것을 '유태식 아라비아 숫자 이론'이라고 주장했다. 또 그는 다른 사람들이 "그것이 옳다고 과학적으로 증명할 수 있습니까?"라고 질문을 해온다면 자신은 유태인을 대신해서 가슴을 펴고 이렇게 대답하겠노라고 기술했다. "이것은 유태의 공리입니다. 공리에는 증명이 필요 없습니다. 4천년 역사 자체가 증명이니까요."[17] 암튼 유태인이 근거를 밝힌 아라비아 숫자의 탄생 비밀은 그것의 진위 여부에 관계없이 무척 흥미롭고 재미있다. 또 그 어떤 주장보다도 강력한 설득력을 갖는다. 평소 열린 질문을 통해 발상의 전환을 도모하며 일신우일신日新又日新을 생활화하는 유태인들의 자세가 부러울 따름이다.

다. 국가나 사람마다 좋아하는 숫자도 다르다!

같은 아라비아 숫자라고 해도 숫자에 대한 반응은 국가나 사람마다 제각기 다르다.[18] 일례로 숫자 '4'는 한국과 중국에서는 금기시한다. 죽을 사死 자를 연상시킨다는 이유에서다. 사실 4와 죽을 死는 발음만

17. 후지다 덴 저, 『유태인의 상술』, 범우사, 1999, pp.153~154 부분 참조.
18. 국립도서관, 블로그 『세상의 모든 지혜』, '같지만 다른 의미, 나라별 숫자이야기' 참조.

같을 뿐 뜻은 완전히 다르다. 그런데도 한국인과 중국인은 4를 터부시 한다. 아파트나 엘리베이터에도 4자 대신 F자를 사용할 정도다. 그렇지만 서양 사람들은 '4'를 조화로운 수 또는 신성한 수로 여긴다. 그들은 세상이 물, 불, 흙, 공기 등 4원소로 이루어졌고 점, 면, 선, 입체 등 4가지로 구성되어 있다고 생각한다. 또 고대 그리스의 피타고라스학파는 1에서 4까지 합계한 숫자가 10이 된다고 해서 매우 신성한 숫자로 보았다. 또 숫자 '6'에 대해서도 세상 사람들의 생각이 다르다. 중국인들은 6을 매우 좋아한다. 6이 대길大吉 : 아주 좋음을 상징하는 숫자이기 때문이다. 반면 미국인들은 6을 저주의 숫자로 간주한다. 그것은 『요한계시록』에 나오는 짐승의 숫자 666에 따른 것이다. 숫자 '7'은 동서양을 막론하고 모든 사람들이 좋아하는 숫자다. '행운'을 상징하는 럭키 세븐이라는 말이 있을 정도다. 숫자 '8'은 중국인들이 가장 좋아하는 숫자다. 그 이유는 중국어로 '빠ba'로 발음되는 8이 파차이發財 : 돈을 벌다의 파發 : pa 발음과 유사하기 때문이다. 중국의 베이징올림픽 개막일이 2008년 8월 8일이었던 것도 결코 우연이 아니다. 또 1988년 8월 8일에는 중국 전역에서 결혼식 소동이 벌어졌다. 그날이 최고의 길일吉日로 간주되었기 때문이다. 숫자 '9'는 한국인들에게는 기피하고 싶은 숫자지만 태국인들에게는 가장 좋은 숫자다. 한국에서는 '아홉수를 조심하라'는 얘기가 있을 정도다. 그러나 불교국가 태국에서 9는 높은 영적 힘, 완성, 완전, 완벽을 의미한다. 또 9의 태국어 발음은 '까오Gaow'인데 이것은 발전을 의미하는 '까오나Gaow-Nah'와 유사하다. 이처럼 숫자에 대한 각국 사람들의 생각은 상이하다. 그것은 나라마다 역사와 문화가 서로 다르기 때문이다. 우리가 문화상대주의를 잘 이해하고 상대방 국가나 국민을 만나서 비즈니스를 할 때 숫자의 의미를 적절하게 활용한다면 뜻하지 않는 행운을 거머쥘 수도 있다. 숫자에 대한 발상의 전환을 시도해서 새로운 비즈니스를 개척하고 그로 인해 나라와 기업의 발전, 그리고 자기 삶의 행복을 추구하는 젊은이들이 지금보다 훨씬 더 많아지길 기대한다.

12. 세종대왕, 이순신 제독, 이건희 회장의 공통점

'우리나라 역사에서 가장 창의적인 인물을 세 분만 꼽으라면 나는 누구를 선택할까?' 요즘 들어 스스로에게 자주 던지는 질문이다. 내가 근무하는 대학에서 '황홀한 통찰의 기술' 과목을 강의하면서 학생들에게 같은 질문을 해보았다. 단연 세종대왕, 충무공 이순신 제독, 이건희 전 삼성그룹 회장이 제일 많이 나왔다. 그 학생들에게 또 다른 질문을 던져 보았다. '그러면 그 세 분의 공통점은 무엇인가?' 대다수의 학생들이 대답하기를 머뭇거렸다. 아마도 생각할 것이 많았던 모양이다.

가. 공통점 하나 : 李씨 성을 가진 남자

세종대왕, 이순신 제독, 이건희 회장의 첫 번째 공통점은 이씨李氏라는 사실이다. 세종대왕은 태종 이방원과 원경왕후 민씨의 아들로 전주 이씨, 이순신 제독은 부친 이정과 모친 초계 변씨의 아들로 덕수 이씨, 이건희 회장은 부친 이병철과 모친 박두을 여사의 아들로 경주 이씨다. 또 이들 세 가문은 나름대로 조선시대의 명문가문에 속한다.

나. 공통점 둘 : 셋째 아들 출신

두 번째 공통점은 이들 세 분이 모두 셋째 아들 출신이었다는 점이다. 충녕대군 시절 세종대왕의 이름은 이도李祹였다. 정확히 따진다면 세종대왕은 태종 이방원과 원경왕후 민씨 사이에서 태어난 여섯째 아들이었다. 그러나 위로 태어난 세 형과 누나(3남 1녀)가 일찍 죽는 바람에 넷째 아들로 태어난 양녕대군 이제李禔가 맏아들로, 여섯째 아들이었던 충녕대군 이도가 셋째 아들로 역사에 기록되었던 것이다. 특히 태종 이방원은 넷째 아들로 귀하게 얻은 양녕대군 이제와 다섯 번째 아들이었던 효령대군 이보李補마저 잃을 것을 염려해서 그들을 각각 외가로 보내 양육시켰다. 그리고 충령대군 이도와 성령대군 이종李種은 임금이 될 가능성이 전혀 없었던 대군이었기에 태종 이방원과 원경왕후 민씨가 직접 맡아 키웠다. 그런데 셋째 아들 이도가 왕이 된 것이다. 그래서 인생은 최선을 다해 열심히 살아야 한다. 기회는 언제나 준비된 사람에게 다가오는 법이기에.

출처 : 위키백과

▲ 세종대왕

이순신 역시 셋째 아들로 태어났다. 위로는 두 분(희신, 요신)의 형님과 아래로는 동생 하나(우신)를 두었다. 부친 이정과 모친 초계 변씨가 자녀들의 이름을 어떤 의도로 작명했는지는 정확히 알 수 없다. 그렇지만 이정이 네 아들의 이름 끝 자를 신하 '臣신'으로 하고 그 앞에다 중국에서 훌륭한 황제로 추앙받는 복희씨, 요왕, 순왕, 우왕의 이름을 따서 붙인 것만큼은 팩트다. 당시 이정은 평생 동안 공직을 맡지 않는 백두白頭 생활을 했기 때문에 경제적으로 넉넉한 형편은 아니었던 것으로 보인다. 그가 식솔들을 데리고 자기 처가의 집성촌인 충남 아산 지역으로 이사를 갔던 저간의 속사정이 그것을 대변해 준다. 그런 상황에서 이정은 자신의 네 아들이 각자 분발해서 훌륭한 중국 황제의 신하처럼 성공해서 집안을 일으켜주길 바라는 마음에서 작명했던 것으로 보인다. 중국 황제의 신하가 된다는 것은 곧 조선의 임금이 된다는 것을 말한다. 조선이 중국의 번국蕃國이었기 때문이다. 그런 의미에서 이순신 제독의 네 형제들의 이름(희신, 요신, 순신, 우신)은 자칫 역모로 몰릴 수도 있는 위험을 내재하고 있었다. 그러나 다행히도 조선 조정이나 임금이 그것을 알아차리지 못했기에 그들 가족이 무사했다. 훗날 이순신 제독이 눈부신 전공을 세우고 조일전쟁의 마지막 해전인 노량에서 장렬하게 전사한 덕분에 그의 가문은 조선 최고의 무인 가문으로 자리

출처 : 나무위키

▲ 이순신 제독

매김할 수 있었다. 그것을 보면 부친 이정의 꿈은 셋째 아들이었던 이순신 제독을 통해 상당 부분 이루어진 셈이다. 그것을 보면 태어날 자식들의 이름을 짓기 위해 노심초사하는 우리들 부모님의 심정이 충분히 이해가 된다.

삼성그룹 이병철 회장과 박두을 여사는 슬하에 3남(맹희, 창희, 건희) 5녀(인희, 명희, 숙희, 순희, 덕희)를 두었다. 그 가운데서 이건희 회장은 셋째 아들이다. 임금이나 기업 후계자는 보통 장자맏아들 우선의 원칙을 따르는 게 관례다. 그 이면에는 '장자가 망자의 제사를 지내고 사후死後세계를 돌봐야 한다'는 주자의 철학이 깊숙하게 자리 잡고 있다. 하지만 이병철 회장은 그런 관례를 따르지 않았다. 후계자를 결정하기 전에 세 아들에게 사업 기회를 공평하게 부여하고 그 가운데 어느 누가 제대로 된 사업가 기질을 갖고 있는지를 냉철하게 살폈다. 그런 일련의 검토 과정을 거친 후 사업가적 기질이 제일 뛰어났던 셋째 아들 이건희를 자신의 후계자로 삼았다. 이병철 회장의 선택은 적중했다. 이건희 회장은 1978년 삼성물산 부회장으로 경영일선에 나섰고, 9년 후인 1987년에 삼성그룹의 회장 자리에 올랐다. 그리고 남들이 예상하지 못한 경영혁신 조치들과 메모리 반도체, 휴대폰 등을 비롯한 최첨단제품을 잇따라 출시하면서 삼성그룹을 세계 초일류기업으로 발전시키는 데 성공했다. 한 가지 흥미로운 점은 이병철 회장의 후계자 선정 방식이 태종 이방원과 동일했다는 점이다.

출처 : 나무위키

▲ 이건희 회장

즉, 이방원도 마상馬上의 정치시대를 종식시키고 수성守成의 정치시대를 열기 위해 호학好學의 성품과 손자들의 잠재능력까지 꼼꼼하게 살펴보며 셋째 아들인 충녕대군을 자신의 후계자로 발탁했다.

다. 공통점 셋 : 시작은 미미했으나 끝은 창대했다!

세종대왕, 이순신 제독, 이건희 회장의 공통점에서 백미는 단연 '창의력의 귀재'라는 점이다. 세 분 모두 처음에는 미미했지만 삶을 마감할 즈음에는 창의력에 기초한 뛰어난 업적을 남김으로써 동同시대를 선도하는 대표 브랜드로 우뚝 섰다.

어린 시절 충녕대군은 어느 누구에게도 주목을 받지 못했다. 이미 위로 두 분 형님들이 건재했기 때문에 임금이 될 확률은 0%였다. 하지만 그는 포기하지 않았다. 태종 이방원의 집무실에 있던 책을 가져다가 열심히 읽었고, 중국 사신들이 올 때마다 그들을 컨트롤 할 수 있는 제안을 부왕 이방원에게 곧잘 하곤 했다. 처음에는 이방원도 그런 충녕대군을 부담스럽게 생각했다. 하지만 맏아들 양녕대군의 비행非行과 추문이 계속되자 이에 실망한 태종은 조선의 미래를 위해 충녕대군을 차기 임금으로 선정했다. 그는 부왕의 뜻이 무엇인지를 냉철하게 인식한 후 경연을 통한 지식경영과 인재발굴을 통해 새로운 정치혁명을 단행했다. 그리고 훈민정음 창제, 해시계와 측우기를 비롯한 각종 과학기기 발명, 향악 정리, 4군6진 개척을 통한 조선 국토의 경계 확정 등 수많은 업적을 남겼다. 또 언어학자였던 그는 조선 최초로 적장자(문종)에게 왕위를 물려준 임금으로 역사에 기록되었다. 사가史家들은 뛰어난 창의력을 바탕으로 시인발정施仁發政의 애민사상을 실천하며 조선 초기의 르네상스 시대를 열어나갔던 그를 위대한 군주로 평가하는 데 조금도 주저하지 않는다.

이순신 제독의 창의력 또한 세종대왕에 결코 뒤지지 않았다. 그는 포상제도를 활용해서 왜적에 대한 정보를 실시간으로 입수했고, 조정의 자금지원이 끊기자 해로통행첩을 발행해 수군 재건에 필요한 자금을 자체적으로 조달하는 데 성공했다. 또 청어잡기, 둔전운영, 소금을 굽거나 질그릇을 만든 다음, 그것을 시장에 내다팔아 조성한 자금으로 부하들을 먹이고 입히고 재우는 데 사용했다. 게다가 아군과 왜적의 전력을 검토해서 비슷할 경우에는 넓은 바다로 왜적을 유인해서 학익진으로 왜적을 섬멸하고, 열세한 경우에는 울돌목과 같은 좁은 해협에서 일자진으로 전장戰場을 지배했다. 이순신 제독의 불패신화는 그렇게 해서 탄생했다. 이순신 제독의 창의력이 가장 빛을 발한 부분은 거북선 건조다. 거북선에 대해서는 이미 제1부 제5항의 '통찰의 달인이 되기 위한 비법'에서 상세하게 언급한 바 있다. 거북선은 그의 관계론적 사고思考가 달인의 경지에 올랐음을 말해준다. 전투는 항상 상대방이 존재하기 마련이다. 따라서 자신의 전술은 상대방의 전술이 어떠한가에 따라 가변적으로 달라져야만 승리를 쟁취할 수 있다. 왜구의 주특기였던 등선육박전술을 왜적이 그대로 답습했다는 사실을 인식한 이순신 제독은 그것을 무력화시키기 위한 거북선 개발에 전력을 집중했다. 그리고 거북선을 창안해서 왜적의 수군 장수가 탄 기함을 깨부수는 돌격선으로 십분 활용해서 전장戰場의 주도권을 확보하는 데 성공했다. 수군 장수를 잃은 왜적은 우왕좌왕하다가 그가 이끄는 조선 함대의 함포사격과 불화살 공격에 무릎을 꿇고 말았다. 그의 불패신화는 독창적인 관계론적 사고와 심오한 통찰에서 비롯된 것이다. '생각의 빈곤'에서 탈출하지 못하는 우리의 정치 리더들이 가장 본받아야 할 대목이다.

오늘날 삼성이 세계 초일류기업으로 발돋움한 것은 전적으로 이건희 회장의 창의력 덕분이다. 그가 두 분 형님(맹희, 창희)을 제치고 부친 이병철 회장으로부터 경영 대권을 물려받은 것은 1987년 12월 1일이었다. 그는 기업 경영에 성공해 형들에게 자신의 존재감을 확인시켜 주고 싶었을 것이다. 이후 그는 삼성맨들에게 위기의식을 일깨우며 '업業경영'을 줄기차게 주문했다. 그것은 품질과 디자인 혁명을 통해 세계 1등 제품만을 생산해야 한다는 요구였다. 이를 위해 그는 헤드헌터들을 통해 외부로부터 최첨단 기술자와 디자이너들을 수혈받아가며 조직 내 경영혁신 어젠다를 끊임없이 제시했다. 그런데도 이류 제품들이 생산되자 그는 극단의 방법까지 동원해 삼성맨들에게 경각심을 일깨웠다. 1995년 3월 9일, 그는 삼성전자 구미사업장 앞마당에서 약 15만 대에 이르는 무선전화기, 팩시밀리, 컴퓨터 키판을 불도저로 박살낸 후 화형식을 거행했다. 시가 500억원어치의 제품들이 한순간에 연기 속으로 사라져갔다. 그 이후로 삼성맨들의 눈빛이 달라지기 시작했고 그들이 생산·판매하는 신제품들이 세계 시장의 소비자들로부터 호평을 받기 시작했다.

이건희 회장, 그는 원래 주변 인사들과 잘 어울렸던 인물이 아니다. 말도 어눌하고, 과묵하며 혼자 있는 것을 좋아하는 은둔형 CEO였다. 집안에 자신만의 창조적인 공간을 만들어놓고 고독을 즐기면서 사물이나 현상의 본질을 꿰뚫어보는 데 많은 시간을 할애했다. 그것은 어린 시절 일본에 유학하면서 몸에 밴 습관이기도 했다. 그는 자신만의 은밀한 공간 속에서 생선초밥 서너 개로 하루를 버티며 정글 속의 야수나 검투사들의 혈투를 그린 비디오를 보거나 각종 전자기기와 기계를 통째로 분해 · 조립하는 것을 즐겼다고 한다. '애니콜' 신화 역시 문제의 본질을 파고드는 이건희 회장의 창의력에서 비롯되었다는 게 삼성맨들의 공통된 주장이다.

13. 조선의 합리적인 인재 발탁 방법

많은 사람들이 '멸망한 조선에서 뭘 배울 게 있냐?' 고 말한다. 하지만 망해버린 조선에서도 우리가 배울 것이 적지 않다. 우리는 그것을 제대로 연구해서 후대 사람들에게 올바로 가르쳐줘야 할 의무가 있다. 그 대표적인 예가 조선의 인사관리제도다. 조선이 국가를 경영하는 관료를 선발했던 방식은 지금의 관점에서 바라봐도 매우 합리적이고 과학적이다. 어쩌면 지금의 인재관리시스템보다 훨씬 더 낫다는 생각마저 든다. 이번에는 그 문제에 대해서 살펴보도록 하자.

가. 죽음을 앞둔 영조 임금의 3가지 고민거리

『영조실록』 1775년 11월 20일자를 보면 영조가 죽은 사도세자의 아들이자 세손인 정조에게 대리청정을 시키기로 결심하고 그에 대한 염려를 신하들에게 말하는 장면이 나온다. 우리는 영조의 짧은 얘기를 통해 여러 가지 사실을 유추해 볼 수 있다.

> "신기神氣가 더욱 피곤하니 비록 한 가지의 공사公事를 펼치더라도 진실로 수응酬應하기 어렵다. 이와 같은데도 어찌 만기萬幾를 수행하겠느냐?

> 국사國事를 생각하느라고 밤에 잠을 이루지 못한 지가 오래 되었다. 어린 세손이 노론老論을 알겠는가? 소론少論을 알겠는가? 남인南人을 알겠는가? 소북少北을 알겠는가? 국사를 알겠는가? 조사朝事를 알겠는가? 병조판서를 누가 할 만한가를 알겠으며, 이조판서를 누가 할 만한가를 알겠는가? 이런 형편이니 종사宗社를 어디에 두겠는가? 나는 어린 세손으로 하여금 그것들을 알게 하고 싶으며, 나는 그것을 보고 싶다. 옛날 나의 황형皇兄 경종은 '세제世弟가 가可한가? 좌우左右가 가한가?' 라는 하교를 내리셨는데, 지금 시기는 황형이 계실 때에 비해 백 배가 더할 뿐이 아니다. 전선傳禪한다는 두 자를 하교하고자 하나, 어린 세손의 마음을 상하게 할까 두려우므로 말하지 않겠다. 그러나 청정聽政하는 일에 이르러서는 본래부터 국조國朝의 고사故事가 있는데, 경 등의 생각은 어떠한가?" 하니, 홍인한이 말하기를, "동궁은 노론이나 소론을 알 필요가 없고, 이조판서나 병조판서를 알 필요도 없습니다. 더욱이 조사朝事까지도 알 필요가 없습니다."

첫째로 임금의 역할을 제대로 수행하기 위해서는 사색당파의 구조와 나라살림에 대한 이해, 능력 있는 문무 관료를 선발할 수 있는 안목을 지녀야 한다는 점이다. 특히 영조가 영의정, 좌의정, 우의정과 같은 삼정승을 거론하지 않고 이조판서와 병조판서를 언급한 것은 그들이 문관과 무관의 인사권을 쥐고 있었기 때문이다. 그만큼 조선시대에도 인사문제는 국가의 주요 현안사항이었다. 둘째로 사도세자를 뒤주 속에서 죽게 만든 노론 계열이 자파自派인 홍인한을 앞세워 영조의 세손인 이산의 왕위 계승을 결사적으로 반대했다는 사실이다. 결국 이산의 작은 외조부였던 홍인한은 이때의 일로 정조 취임 후 죽음을 당하고 만다.

나. 이조와 병조의 인사권과 임금의 반격권

조선시대 문관에 대한 인사권은 이조판서가, 무관에 대한 인사권은 병조판서가 행사했다. 하지만 간쟁권諫爭權을 지닌 사헌부, 사간원, 홍문관 등 삼사의 대간들에 대한 인사권은 이조판서가 아니라 이조의 정5품인 이조정랑과 정6품인 이조좌랑에게 주었다.[19] 게다가 이조정랑에게는 본인이 다른 자리로 떠날 때 후임자를 추천하고 갈 수 있는 자천제自薦制를 보장했다.[20] 이는 이조판서나 병조판서를 비롯한 대신들이 대간의 인사에 관여할 수 없도록 하기 위함이었다. 여기서 간쟁권은 임금과 대신들은 물론 국정현안 전반에 대해 시시비비를 따질 수 있는 권한을 지칭한다. 한편, 조선시대 이조와 병조의 인사권은 주망注望 또는 의망擬望이라고 불렀다. 이는 주의注擬와 삼망三望의 줄임말로 전자는 적절한 후보자를 물색하는 것이고, 후자는 임금에게 세 명의 후보자를 천거하는 것을 뜻한다. 삼망에 올랐다고 해도 다 같은 게 아니었다. 거기에도 엄연한 순서가 있었다. 삼망은 수首, 부副, 말末로 구분되는데, 이는 요즘 말로 1순위, 2순위, 3순위를 뜻한다. 또 세 명의 후보자 가운데 최소한 1명은 신통新通을 물색해서 추천해야 했다. 신통이란 그동안 후보자로 천거된 적이 없는 새로운 인물을 말한다. 이는 젊은 선비에게는 관료로서의 취업기회를 제공하고, 조정은 신선한 피를 외부로부터 수혈받기 위한 조치였다. 세 명의 후보자 가운데 누구를 결정할 것인가는 전적으로 임금의 고유 권한이다. 임금이 1순위와 2순위 후보자를 제쳐두고 3

---

19. 이조전랑은 이조정랑과 이조좌랑을 함께 이르는 말이다.

20. 이러한 제도 때문에 동인과 서인 간의 붕당이 발생하게 되었음도 잊지 말아야 한다.

순위로 천거된 신통을 발탁하는 경우가 있었는데, 사람들은 그것을 '깜짝 인사'라고 불렀다. 참고로 임금이 후보자를 선택하는 것을 낙점落點이라고 했다. 여기까지는 이조나 병조가 문관과 무관의 후보자를 정상적으로 주의해서 삼망에 올린 경우다. 그런데 현실은 그렇게 하지 않은 경우도 꽤 있었다. 특정 세력이나 정파政派, 가령 노론이 자신들의 정치적 파워를 믿고 세 명의 후보자를 모두 노론 출신으로 채워 넣거나 후보자 순서도 정하지 않고 모두 1순위로 올리는 경우가 그런 예다.[21] 이는 임금의 인사권에 대한 정면 도전이었다. 임금에게는 이와 같은 비정상적인 상황에 대처할 수 있는 강력한 반격권이 보장되었다. 가망加望과 중비中批가 그것이다. 가망은 세 명의 후보자 가운데 임금이 기대하는 인물이 들어 있지 않을 경우 임금이 평소 눈여겨 본 인물을 세 명의 후보자에다 추가시켜 선발하도록 했던 제도다. 가망의 대표적 사례는 숙종이 발탁한 김석주의 경우

출처 : 위키피디아

▲ 김석주의 초상

21. 대표적인 사례로는 『영조실록』 1772년 3월 7일자에 등장하는 노론의 청명당 사건을 들 수 있다. 당시 이조판서 정존겸과 이조참의 이명식이 삼망(3명의 후보자)으로 조정, 김종수, 서명천을 추천했는데 이들 모두가 노론의 청명당 소속이었다. 더 큰 문제는 이들 3명을 1순위, 2순위, 3순위로 올렸어야 했는데 모두 1순위로 올렸다는 사실이다. 임금의 인사권이 침해받았다고 판단한 영조는 사건의 주모자인 정존겸과 이명식은 물론 노론 청명당의 좌장이던 김치인까지 유배를 보냈다.

다. 숙종은 모후인 명성왕후의 사촌오빠인 김석주가 3명의 후보자에 들지 못하자 부왕인 현종의 유지遺旨를 들먹이면서 가망 카드를 사용해 그를 발탁했다. 중비는 가망보다 임금의 반격권이 한층 더 강화된 형태로 첨서낙점添書落點이나 특배特配라고도 불렸다.[22] 중비는 이조와 병조가 추천한 3명의 후보자들이 모두 마음에 들지 않을 경우 임금이 그것을 무시하고 자신이 원하는 인물을 직접 선발할 수 있는 제도적 장치다. 중비의 대표적 사례는 정조 때의 채제공이다. 정조는 중비를 통해 채제공을 우의정에 전격 발탁해서 정치사회개혁의 중책을 맡겼다. 그 결과는 대성공이었다. 1788년에 우의정에 임명된 채제공은 1789년에 좌의정이 되었고, 그 후 3년 동안 영의정과 우의정이 부재한 상황에서 독상獨相으로 활동하며 노론세력과 결탁한 관상官商들의 상업독점권인 금난전권禁難廛權을 폐지하고 사상私商들의 자유로운 영업활동을 보장하는 신해통공辛亥通共을 주도해 조선의 상업 발전과 일자리 창출에 혁혁한 업적을 남겼다.

▲ 채제공의 초상

출처 : 위키백과

임금에게 가망이나 중비와 같은 반격권을 보장한 것은 이조와 병조의 판서나 정랑들의 인사 전횡을 사전에 차단시키기 위한 포석이었다.

22. 첨서낙점은 임금이 직접 후보자의 이름을 써서 임명한 데 따른 데서 비롯된 것이며, 특배는 특별히 배려해서 선발했다는 의미다.

이는 지금 생각해 봐도 무척 매력적인 제도임이 분명하다.

다. 대통령이 조선 임금한테서 배워야 할 사항들

예나 지금이나 장차관 인사는 국민들의 관심사항이다. 하지만 그들이 누구의 추천을 받아 그 자리에 올랐는지 아는 사람은 별로 없다. 오로지 대통령과의 사적 인연이나 최측근의 비밀 천거에 의해 임명되는 경우가 다반사다. 그런 탓에 대선기간만 되면 각 후보의 선거캠프에는 폴리페서polifessor들로 대만원을 이룬다. 선거과정에서 알량한 지식을 제공한 후 그것을 토대로 추후 정부요직을 꿰차겠다는 의도에서다. 이때 대통령은 그들의 개인적 역량을 중요시하지 않는다. 자신과 얼마만큼 이념적 코드가 잘 맞는지가 더 중요한 고려사항이다. 그런 탓에 인사청문회를 통과하지 못한 사람들도 꽤 많았다. 그런데도 대통령은 국회의 인사청문회 결과를 무시하고 함량 미달의 인사를 고위공직자로 임명하곤 했다. 그런 사람들의 말로는 어떠했을까? 뒤돌아보건대 오욕으로 점철되었을 뿐이다. 그런 점에서 지금의 고위공직자 선발 시스템은 조선시대에도 미치지 못한다. 역대 대통령들의 인사는 대부분 '회전문인사', '밀실인사', '깜깜이 인사', '측근인사' 등으로 국민들의 호된 질책을 받아왔다. 그런데도 역대 대통령들은 개선의 기미를 보이지 않았다. 한마디로 화장실에 들어가기 전과 나온 후의 모습이 너무나도 달랐던 것이다.

과거 세종대왕이 내린 책문策問 : 시험문제 가운데 '좋은 인재를 얻기 위한 비법을 적으라!'는 게 있었다. 당시 장원급제한 사람은 강희맹이었는데, 그가 쓴 답은 '不知 · 不切 · 不合'과 '不通 · 不敬 · 不合'이었다. 이 여섯 단어에 인사정책의 핵심이 다 포함되어 있다. 우선 부지不知는 누가 인재인지를 모르는 경우다. 부절不切은 누가 인재인지를 알았더라도 인사권자가 그를 얻기 위해 삼고초려三顧草廬와 같은 절실한 노력을 기울이지 않는 것을 말한다. 불합不合은 임금과 신하의 뜻(이념, 철학)이 다를 때, 임금이 신하의 뜻을 함부로 무시하지 말라는 경고다. 또 불통不通은 임금이 인재들과 소통하지 않는 것을 지칭한다. 불경不敬은 임금이 폭정이나 도덕적 문란으로 인재들로부터 존경을 받지 못하는 경우다. 불합不合이 두 번 등장하는 이유는 인사권자인 임금에게 절대덕목이 소통임을 강조하기 위함이다. 이때의 불합은 임금이 백성들의 여론을 무시해서는 안 된다는 것까지 포함한다. 세종대왕은 이 답을 쓴 강희맹을 장원급제자로 선정했다. 그런데 강희맹이 누구인가? 그는 세종대왕의 아내인 소헌왕후 심씨의 친조카였다. 즉, 강희맹의 이모부가 세종대왕이었던 것이다. 그러나 세종대왕은 주변의 시선에 아랑곳하지 않고 강희맹에게 장원급제의 교지를 내렸다. 주변에선 시샘이나 의혹의 눈초리를 보낼 수 있는 상황이었지만 서슬 퍼런 대간大諫들 가운데 어느 누구도 이의를 제기하지 않았다. 답이 타인과 비교할 수 없을 만큼 출중했기 때문이다. 이런 것이 우리가 추구해야 할 인사의 공정성이다.

대통령도 조선의 임금처럼 고위공직자들의 인사에 직접 개입하지 않았으면 한다. 국무총리와 청와대 인사수석실의 긴밀한 협의 하에 주의와 삼망이 이루어지는 게 정상이다. 다만, 대통령은 최종 선발 단계에서 삼망에서 뽑을지, 아니면 가망과 중비 카드를 쓸지만 고민하면 된다. 그러면 고위공직자의 임명에 대한 대통령의 심적 부담은 크게 줄어들

것이다. 또 야당과의 긴밀한 협치를 위해 주의와 삼망 과정에 야당 측이 추천하는 후보자까지 넣는다면 인재 풀은 그만큼 넓어질 것이고 유능한 고위공직자가 발탁될 확률도 높아지게 된다. 게다가 대통령이 주의와 삼망에 야당이 추천한 후보까지 넣도록 한다면 인사청문회에서 후보자들의 자질검증 문제를 놓고 여야 의원들이 볼썽사납게 다투는 장면도 사라지게 될 것이다. 왜 이런 문제들을 우리나라 대통령은 생각하지 못하는지? 갑갑하기만 하다.

14. 화천산천어축제가 대박을 터트린 비결

화천산천어축제는 2013년부터 2017년까지 5년 연속 대한민국을 대표하는 겨울축제로 선정되었을 정도로 인기가 높다. 또 일본 삿포로 눈 축제, 중국 하얼빈 빙등 축제, 캐나다 퀘벡 윈터winter 카니발과 함께 세계 4대 겨울축제로 인정받는 명품 축제다. 2018년의 화천산천어축제는 지난 1월 6일부터 1월 28일까지 개최되었다. 1월 12일 오후 속초에서 초청강연을 마친 나는 그곳에서 1박한 후, 화천산천어축제를 둘러볼 요량으로 화천지역을 찾았다. 토요일이어서 그런지 아침 일찍 출발했는데도 행사장까지는 평소보다 두 배 가까운 시간이 소요되었다. 나는 최전방 지역에 위치한 작은 산골 마을에 겨울철

출처 : 화천군청 홈페이지

▲ 화천산천어축제 홍보 포스터

관광객들이 구름떼처럼 몰려오는 모습을 보고 무척 놀랐다. 그동안 국내 여러 축제장에 가보았지만 이렇게 활기 넘치는 축제는 생전 처음이었다. 기존 축제들과는 다른 것이 많을 것 같다는 생각에서 축제장을 구석구석 돌아보며 통찰의 관점에서 화천산천어축제의 성공비밀을 파헤쳐보기로 했다.

가. 축제의 메인이벤트가 선물한 3가지 맛 : 손맛, 눈맛, 입맛

화천산천어축제의 메인이벤트인 산천어낚시부터 해보기로 했다. 12,000원짜리 입장권을 사니 5,000원짜리 농촌사랑 상품권을 주었다. 그러니까 순純입장료는 7,000원인 셈이다. 많은 사람들이 여러 행렬로 줄을 지어 기다렸다가 진행요원들의 입장신호와 함께 50,000평의 산천어 낚시터로 물밀듯이 들어갔다. 약 20,000개의 얼음구멍이 우리들을 맞이해 주었다.[23] 나는 맨 오른쪽에 구석진 곳의 얼음구멍 하나를 차지했다. 아무래도 중앙부의 얼음구멍은 많은 사람들의 발자국과 소음으로 인해 낚시가 될 것 같지 않았기 때문이다. 준비해 간 줄자로 얼음 두께를 측정해 보았다. 얼음 두께는 약 40cm로 안전상의 문제는 없었다. 또 얼음 밑의 물은 맑고 투명해서 회유하는 산천어들과 강바닥 자갈까

23. 2018년 화천산천어축제에서는 76만 마리의 산천어를 행사장에 방류할 계획이라고 한다. 관광객들이 예상보다 많이 들어올 경우에는 14만 마리를 추가 방류할 계획을 세우고 있었다. 또 화천군은 산천어에 바이러스성 문제가 발생할 경우를 대비해 산천어의 공급원을 화천, 단양, 영월, 양양 지역으로 다변화시켰고, 현재 화천군의 어가들은 축제 때 소비할 산천어의 15% 정도만 양식하고 있었다. 또 산천어는 화천군의 위생시험소에서 검사 후 합격된 것만을 사용하기에 안전하게 먹을 수 있다고 한다.

지 선명하게 보였다. 축제 주최 측에서는 수질오염을 막기 위해 인조 미끼만을 사용하도록 제한했다. 그동안 다양한 낚시를 해봤지만 산천어 낚시는 처음이라서 일단 미끼를 얼음구멍에 넣은 다음 산천어들의 회유 위치와 반응을 살폈다. 산천어들은 강바닥으로부터 30~50cm 뜬 상태로 회유했고 움직이는 미끼에만 공격성향을 보였다. 이런 경우 최선의 낚시전략은 미끼를 바닥으로부터 30cm 정도 띄운 후 아래위로 고패질을 계속 해주는 것이다. 미끼를 위로 댕길 때는 약간 빠르게 하고, 내릴 때는 천천히 해주자 성미 급한 산천어들이 덜컥덜컥 물어주었다. 25cm 안팎의 산천어들이 낚싯대에 전해 주는 당찬 손맛은 다른 지역의 겨울축제에서 잡아본 빙어와는 비교가 되지 않았다. 순식간에 포획 한계치인 3마리를 낚아냈다.[24] 그러자 옆에 있던 어느 아이와 아빠가 내게 낚시를 잘할 수 있는 비결을 물어왔다. 친절하게 산천어 낚시법을 설명해 주자 이번에는 그 아이가 아빠보다 먼저 산천어를 잡아냈다. 부들부들 떨리는 손으로 산천어를 낚은 그 아이는 내년에도 아빠를 졸라 이곳에 올 것이 분명했다. 약 1시간가량 낚시터를 돌며 산천어를 못 잡고 울상인 아이들만 골라서 산천어를 잡을 수 있도록 도와준 다음 그곳을 빠져나왔다. 자신이 잡은 산천어를 전리품처럼 치켜들며 만면에 희색喜色이 가득했던 아이들의 모습이 눈에 선하다. 내게는 그것이 최고의 눈맛이었다. 또 축제 주최 측은 관광객들이 잡은 산천어를 구내식당에서 회,

---

24. 진행요원에 따르면 화천군에 납품하는 산천어 1마리당 평균 무게는 250~300g이며 1kg당 단가는 15,000원이라고 한다. 약 4마리가 1kg이므로 산천어 1마리당 단가는 7,500원이다. 따라서 축제가 끝날 때까지 많은 관광객들이 손맛을 보아야 하기 때문에 1인당 3마리 이상을 잡지 못하도록 했는데, 이 규정을 어기는 분들도 여럿 있었다. 그리 좋은 모습은 아니었다.

구이, 매운탕으로 시식할 수 있도록 배려했다. 나는 구이로 점심식사를 했는데, 현장에서 직접 잡은 싱싱한 고기라서 그런지 맛이 괜찮았다. 산천어 회를 먹는 옆 테이블의 가족들과 젊은 연인들은 연신 엄지 척을 하면서 인증 샷을 찍느라 여념이 없었다. 일부에서는 산천어축제가 산천어를 괴롭히고 죽이면서 즐기는 축제라고 비난한다. 나는 그런 분을 볼 때마다 마음이 불편해진다. 산천어가 무슨 반려견이라도 되는지 모르겠다. 축제는 먹는 즐거움이 있어야 성공한다. 잡지 못하고 먹지 못하는 축제가 과연 성공을 거둘 수 있을까? 나는 그런 비판론자들의 주장에 선뜻 동의하기 어렵다.

나. 화천산천어축제의 보조 메뉴들 : 겨울철 종합선물세트였다!

축제, 음식점, 영화 등이 대박을 터트리기 위해서는 반드시 필요한 게 있다. 바로 조연들의 빛나는 역할이다. 화천산천어축제를 빛내주는 조연들은 맨손으로 산천어 잡기, 얼음썰매, 눈썰매, 얼음축구, 스케이트, 봅슬레이, 실내얼음조각광장, 2,700개의 산천어 등燈 감상, 하늘가르기, 산타우체국 개설, 외국인 관광객을 위한 면세점 등이었다. 이들은 약 60여 가지가 넘는 다양한 프로그램들로서 관광객들의 오감五感을 사로잡고 있었다. 내게는 마치 겨울철에 맛볼 수 있는 종합선물세트와도 같았다. 하루 일정으로 홀로 갔기에 화천산천어축제의 모든 프로그램을 직접 체험한다는 것은 무리였다. 그래서 어린 시절 시골에서 즐겼던 천렵川獵을 연상시키는 '맨손으로 산천어 잡기'와 얼음썰매타기만 시도해 보았다. 영하 15도의 강추위에 차가운 물속에 뛰어들어 맨손으로 산천어를 잡는다는 게 그리 쉽지 않았다. 하지만 옛날 천렵의 경험 때문인지 다른 참가자보다 꽤 많이 잡을 수 있었다. 얼음썰매 역시 옛날 시골에서 손수 만들어 탔던 썰매와는 큰 차이가 있었다. 나는 옛날에는 두 개의 굵은 철선으로 썰매를 만들어 탔다. 그런데 축제장 썰매는 두 개의 칼날을 이용해 제작된 것이었다. 썰매의 속도는 얼음 지면과 마찰이 적은 칼날 썰매가 빨랐지만 회전을 할 경우 스릴은 옛날의 철선 썰매가 훨씬 더 컸다. 왜냐하면 철선 썰매가 회전을 할 때 칼날 썰매보다 옆으로 더 잘 미끄러졌기 때문이다. 비록 옛날의 썰매 맛은 아니었지만 60세가 다 된 중년의 나이에 칼날 썰매를 타고 얼음치기를 했다는 자체가 낭만이자 즐거움이었다. 나중에 손자 손녀가 생기면 다시 이곳을 찾아와서 할아버지의 옛 추억을 꼭 느끼게 해주고 싶었다. 나와 함께 두 개의 프로그램에 참가했던 관광객들의 모습을 보니 하나같이 즐겁고 신나는 표정들이었다. 전국이 꽁꽁 얼어붙은 동장군의 계절에 온가족, 연인, 친구, 선후배, 동료들이 대거 몰려와 온몸으로 겨울축제를 즐긴다는 자체가 신기했다. 몇 년 전 미국의 CNN 방송도 화천산천어축제를 세계 7대 불가사의로 선정했다고 한다. CNN 방송의 선정 이유는 간단했다. '꽁꽁 언 얼음판 위에서 오래 있다 보면 추위로 인해 온몸이 힘들 텐데, 관광객들의 표정은 너무나 밝고 행복해 보이는 것이 참으로 신기하다'는 것이었다. 전용튜브썰매를 타고 140m를 내려오는 눈썰매, 피겨스케이트, 눈雪으로 만든 트랙에서 전용튜브썰매를 타고 쏜살같이 내려오는 쿵닥쿵닥 봅슬레이, 로프 하나에 몸을 싣고 산천어타워와 얼곰이타워로부터 농특산물 판매장까지 공중을 날면서 축제현장을 내려다볼 수 있는 하늘가르기 또한 매력적인 아이템이었다. 그것들을 즐기고 나오는 관광객들의 얼굴은 온통 웃음천지였다. 세상을 살면서 직장, 가정, 사회에서 받았던 온갖 스트레스를 한방에 날려 보내는 것 같은 인상을 받았다. 각종 얼음조각과 수많은 산천어 등을 감상하는 것도 즐거운 추억이었고, 핀란드에서 출장 나온 진짜 산타 할배를 만나볼 수 있는 산타 우체국과 외국인을 배려한 면세점까지 신설한 것을 보니 행사 주최 측의 준비가 세심했다는 생각마저 들었다. 그래서 그런지 내가 토요일 하루 동안 축제장에서 만난 외국인만 하더라도 셀 수 없이 많았다.

다. 화천산천어축제는 하나의 거대한 산업이었다!

화천산천어축제는 27,000여 명이 모여 사는 산골 도시를 150만 명 가까운 국내외 관광객으로 가득 채웠다. 이는 기적에 가까운 일이다. 이제 화천산천어축제는 단순한 축제가 아니라 성공한 제3산업으로 입

출처 : 화천군청

▲ 화천산천어축제를 즐기기 위해서 몰려든 인파

지를 굳혀가고 있다. 그렇게 된 데는 정갑철 전 화천군수의 리더십이 한몫했다. 그가 화천군수로 취임했을 당시 화천군은 매년마다 낭천얼음축제를 개최했다. 빙어낚시가 메인이벤트였던 그 축제에는 외부 관광객들이 찾아오지 않았다. 그는 발상의 전환을 시도했다. 이런저런 어종을 물속에 집어넣고 낚시를 해보니까 산천어의 입질이 가장 활발했다. 현장에서 그것을 확인한 그는 '산천어축제로 터닝하자'는 아이디어를 냈다. 처음엔 공무원들과 시민들까지 "우리 지역에서 서식하지도 않는 산천어로 무슨 놈의 축제를 하냐? 이제 정 군수가 사기까지 치려고 한다"면서 반발했다. 2003년 제1회 화천산천어축제를 개최할 때만 해도 축제장에 입점할 식당과 낚시점을 모집하는 데 애를 많이 먹었다. 화천군민들이 산천어축제의 성공 가능성을 낮게 보았기 때문이다. 화천군 적십자봉사단이 나서서 먹거리 장터를 운영했고, 정 군수가 자신과 친분이 있던 낚시점 사장들을 설득해서 겨우 구색을 맞췄다. 하지만 처음 개최한 화천산천어축제에 22만 명의 외지 관광객들이 몰려오면서 먹거리 장터와 낚시점들이 대박을 터트렸다. 그것을 지켜본 화천군민들과 공무원들의 생각이 180도 달라졌다. 제15회 화천산천어축제를 1달 앞둔 2017년 12월 초, 최문순 현 화천군수는 한 TV방송에 출연해 이렇게 말했다. "외부 관광객들은 3주 동안 재미있게 놀다 가시지만 저희 화천군민들은 화천산천어축제를 위해 1년을 준비합니다. 어가漁家들은 산천어축제 때 쓰일 산천어를 양식하고, 농민들은 그때 판매할 농특산물을 정성껏 키웁니다. 마을 어르신들은 2,700개의 산천어 등燈을 일일이 유지·보수하는 작업을 하시고, 숙박업소나 상가들은 외부 관광객을 맞이하기 위한 준비를 합니다. 그런 과정을 통해 화천산천어축제는 2,300명의 일자리와 1,000억원대의 부가가치를 창출하는 지역경제 활성화의 일등 공신으로 자리매김하고 있습니다."

화천산천어축제의 두 번째 성공비결은 축제의 타겟 층을 기막히게 선점하고 틈새시장전략을 효율적으로 구사했다는 점이다. 화천산천어축제의 주된 타겟 층은 어린이다. 요즘에는 어린이 고객이 시장의 왕이다. 부모세대는 책을 읽지 않아도 자녀들을 위한 독서라면 과감한 투자를 아끼지 않는다. 화천산천어축제의 모든 프로그램도 어린이들의 놀이에 특화된 것이 많다. 또 이들 놀이는 어른들에게도 옛 추억이나 향수를 자극하는 특성이 있다. 화천산천어축제에 유독 부모를 대동한 어린이 고객들이 많은 것도 이 때문이다. 어린 자녀들이 놀러가자는데 그것을 외면할 부모는 없다. 또 화천군은 봄, 여름, 가을철에 축제를 열지 않고 겨울철 축제에 올인했다. 사실 국내에서 매년 1,000개에 가까운 축제들이 열리는데 대부분의 축제는 봄, 여름, 가을철에 집중되어 있다. 그러다 보니 축제들 간에 경쟁도 치열하고 웬만해서는 관광객들의 시선집중을 받기가 무척 어렵다. 그야말로 레드오션인 셈이다. 하지만 겨울철 축제는 그리 많지 않다. 조금만 신경 써서 잘해도 관광객들의 시선집중을 받기도 쉽고 마땅히 즐길 만한 축제도 없는 상황에서 한 번 유명세를 타고 지역민들도 신경 써서 축제준비를 잘하니까 계속해서 대박을 터트리는 것이다. 그런 의미에서 화천산천어축제는 틈새전략을 활용한 대표적 블루오션으로 볼 수 있다.

세 번째 비결은 화천산천어축제가 전문 이벤트사에 의존하는 기획력 부재의 축제가 아니라는 사실이다. 화천산천어축제는 화천지역이 갖고 있는 색깔과 지역민들의 정서를 녹여내고 화천지역의 독창성을 축제에 잘 담아냈기에 성공할 수 있었다. 화천지역의 브랜드는 누구도 흉내 내기 힘든 청정 자연이다. 깡촌의 개념을 청정으로 바꾸니까, 경쟁력이 생긴 것이다. 화천군은 당일치기를 하고 가는 관광객들의 발길을 잡기 위해 1박 2일 이벤트를 준비했다. 하룻밤을 화천군에서 체류하면 밤낚시를 무료로 할 수 있는 특전을 주었고, 2,700개의 산천어 등불이 제공하는 환상적인 빛의 향연도 선사했다. 또 인근의 조경철 천문대와 연계해서 청정지역의 밤하늘을 통해 우주를 조망할 수 있는 기회까지 제공했다. 이 또한 미래 우주과학자를 꿈꾸는 어린이들에게 매력 포인트였다. 게다가 5,000원짜리 농촌사랑 상품권은 축제기간 내내 화천군의 지역화폐로서 식당, 주유소, 숙박업체에서 현금처럼 사용할 수 있도록 했다. 다른 축제와 차별되는 독특한 점이다. 내가 주목한 또 한 가지는 축제장 내의 농산물판매장에서 시판하는 농특산물들이 다양하고 깨끗하다는 점이었다. 더욱이 농산물마다 생산자의 이름, 주소, 전화번호 등이 적혀 있어서 집에 돌아와서 인터넷으로 추가주문을 할 수 있도록 배려했다. 이는 자신들이 생산한 농특산물에 대한 자신감의 발로였다. 단호박 찐빵과 오리농법을 이용한 토고미 쌀은 지금도 우리 가족이 애용하는 화천군의 특산물이다. 아무쪼록 많은 국민들의 사랑과 관심을 갖고 있는 화천산천어축제가 국내의 명품 축제를 넘어 세계적인 축제로 그 명성을 계속해서 이어가길 응원한다.

15. 바퀴가 인류 최고의 발명품으로 손꼽히는 이유

우리 주위를 둘러보면 한방을 노리는 분들이 적지 않다. 매주 로또 복권을 구입하는 사람, 해킹을 비롯한 여러 위험요인들이 잠재되어 있는 비트코인 투자에 올인하는 사람들도 그런 부류에 속한다. 부와 권력의 편중 현상이 개선되지 않고 개천에서 용으로 변신할 수 있는 기회가 차단되면 될수록 사람들은 점점 더 한방에 몰두할 수밖에 없다. 그러나 세상을 긍정적으로 변화시키고 자기 성장을 도모하는 것은 한방이 아니라 꾸준하고 지속적인 작은 노력이다. 특히 그 노력들이 타인의 수고로움을 줄여주고, 타인을 즐겁게 해주는 배려로 이어진다면 위대한 성공으로 이어질 가능성이 크다. 며칠 전 외출하려고 롱코트를 입다가 단추가 떨어져나간 것을 발견했다. 예비 단추를 찾아볼 요량으로 코트 주머니를 뒤져보았지만 찾을 수 없었다. 결국 단추 하나 때문에 요즘 유행인 롱코트를 입지 못했다. 그때 내 뇌리를 스치고 지나간 것은 사라진 단추에 대한 분노가 아니라 '누가 단추를 동그랗게 만들었을까?' 였다. 그 이유는 얼마 전 바퀴에 관한 기사를 재미있게 읽었기 때문이다. 바퀴와 단추의 모양은 모두 동그랗다. '왜 그렇게 생겼을까? 또 어떤 것이 먼저 발명되었을까?, 만약 바퀴가 없었다면 지금 우리 삶은 어땠을까?' 가 궁금해졌다.

가. 바퀴의 유래와 역사

인류 최초로 바퀴가 출현한 연대와 발명한 사람에 대해서는 정확한 자료가 없고 여러 설만 난무한다. 다만, 이집트 문명이 피라미드를 건설할 때 무거운 돌을 운반하기 위해 사용했던 원통형 통나무 굴림대를 바퀴의 시초로 보는 사람들이 많다. 그러다가 기원전 5,000년경 통나무를 세로로 잘라 만든 원판의 중간에 구멍을 뚫어 바퀴로 사용했다. 하지만

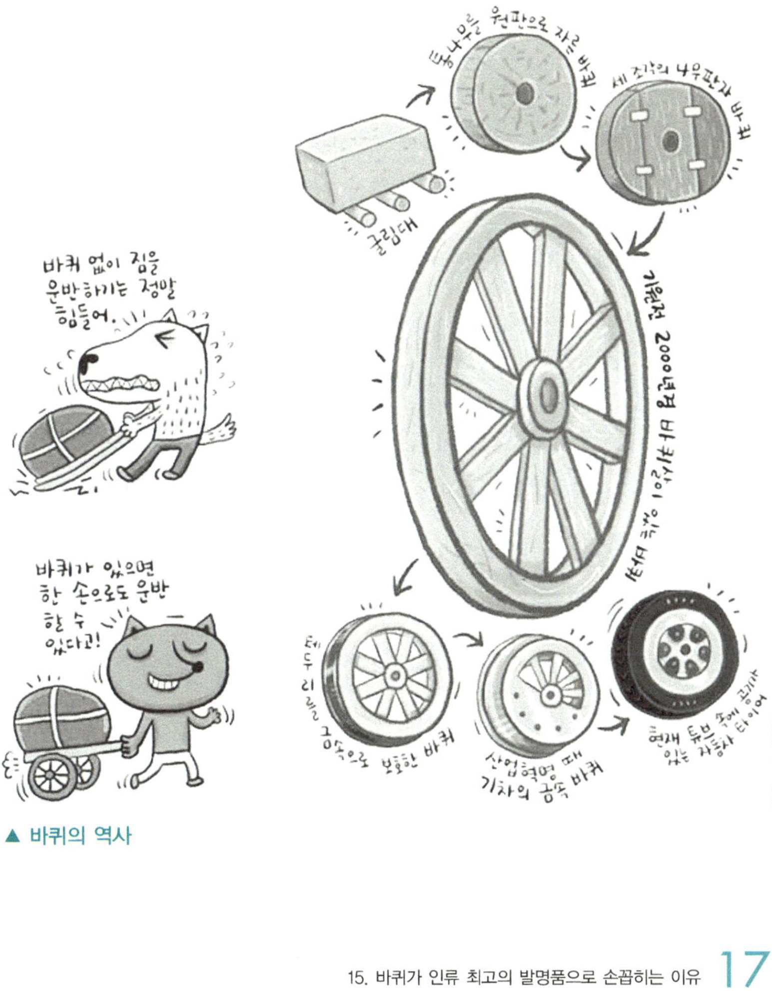

출처 : 조선일보

▲ 바퀴의 역사

이런 형태의 바퀴는 나뭇결에 따라 강도가 달랐기 때문에 약한 부분이 쉽게 쪼개지는 문제가 발생했다. 기원전 3,500년경 메소포타미아 문명의 수메르인들은 나뭇결 강도가 비슷한 세 조각의 두꺼운 나무판을 철판과 구리 못으로 연결한 바퀴를 만들었다. 그리고 이 바퀴를 이용해 이륜수레를 만들었다. 그것의 등장으로 사람들은 이전보다 많은 짐을 손쉽게 운반할 수 있었다. 그렇지만 이륜바퀴에도 문제는 있었다. 바퀴의 무게 때문에 빨리 달릴 수 없었고 방향 조정도 쉽지 않았다. 그래서 등장한 것이 바퀴살이 있는 바퀴다. 이것의 최초 개발자는 기원전 2,000년경쯤 시리아 북부지역에 살았던 히타이트족이다. 그것은 가볍다는 장점이 있지만 자갈길 같은 곳에서는 쉽게 부서졌고 바퀴 테두리가 빨리 마모되는 문제가 있었다. 결국 얇은 철판으로 바퀴 테두리를 감싸주는 보완조치들이 잇따라 행해졌다. 이 바퀴는 군사용 전차[25]와 한층 진화된 수레를 만드는 데 사용되었다.

말이 끄는 전차와 수레는 고대 제국의 흥망을 좌우하는 강력한 군사무기였다. 로마인들은 전차와 수레를 활용하기 위해 도로를 건설했고, 전차의 뛰어난 스피드와 놀랄 만한 파워, 수레의 엄청난 수송능력은 로마제국의 번영을 뒷받침했다. 기원전 100년경에는 튼튼한 철판으로 바퀴 테두리를 감싼 바퀴와 가느다란 쇠로 만든 바퀴살이 등장했다. 산업혁명을 계기로 증기기관차가 탄생하면서 철길을 달리는 쇠바퀴가 선을 보였다. 현대식 기차바퀴는 바퀴살이 없지만 증기기관차의 쇠바퀴에는 쇠로 만든 바퀴살이 있었다. 또 기존의 쇠바퀴는 자전거와 자동차의 잇

25. 1959년 개봉한 20세기 최고의 종교 영화인 '벤허(Ben-Hur)'에서 유다 벤허와 멧살라가 운명의 한판을 벌인 대전차경주에 등장했던 전차가 바로 그것이다.

따른 개발을 계기로 고무로 된 바퀴[26]에서 공기를 넣는 타이어[27]로 진보되었다. 최근에는 공기 없는 타이어를 장착하는 군사작전용 특수차량[28]까지 선보일 정도로 바퀴의 진화는 계속되고 있다.

나. 바퀴가 제공한 인간 삶의 변화

인간은 평생 바퀴와 떼려야 뗄 수 없는 불가분의 관계를 맺고 있다. 분만실에서 어린아이가 태어나면 바퀴 달린 아기 침대를 타고 신생아실로 향한다. 어린 시절에는 유모차와 세발자전거를 타고, 청소년기부터는 자전거, 지하철, 버스로 등하교를 한다. 직장인이 되면 바퀴 달린 의자에 앉아 근무하고 자가용으로 출퇴근을 한다. 또 주말에는 카트에 몸을 싣고 동료나 친구들과 골프를 친다. 나이가 들어 노환으로 입원하면

26. 1865년 쇠로 만든 바퀴의 테두리에 생고무를 두른 고무바퀴를 최초로 개발한 사람은 스코틀랜드의 발명가였던 로버트 톰슨이다. 고무바퀴의 장점은 쇠바퀴에 비해 미끄러지지 않고 외부충격을 완화시켜준다는 점이다. 1888년 고무바퀴를 공기 튜브가 들어간 자전거 바퀴로 발전시킨 사람은 아일랜드의 수의사였던 존 던롭이다.

27. 1895년 자전거용 튜브 타이어를 발전시켜 고무로 만든 타이어에 직접 에어를 주입하는 자동차용 타이어를 세계 최초로 고안해낸 사람은 프랑스의 미슐렝 형제다.

28. 이라크나 아프가니스탄에서 활동하고 있는 미군들은 주로 험비를 비롯한 특수차량을 타고 작전을 전개한다. 그런데 이들 나라의 반정부세력은 미군이 타고 이동하는 차량에 집중적인 공격을 가한다. 도로에 폭탄을 설치해서 지나가는 미군 차량을 폭파시키거나 그 안에 타고 있는 미군에게 사격을 가하기도 한다. 그들의 1차 타겟은 미군 차량을 움직일 수 없도록 하는 것이다. 그래서 그들은 미군 차량의 타이어에 1차 총격을 가한 후 그 안에 있는 미군들을 향해 2차 총격을 가한다. 이 때문에 많은 미군들이 희생을 당했다. 그에 대한 충격과 고민 속에 탄생한 것이 '공기 없는 타이어'다. 공기 없는 타이어는 총알이 박혀도 터지는 현상이 일어나지 않고 굴러갈 수 있기 때문이다. '필요가 발명의 어머니'라는 말도 이런 경우를 두고 하는 말일 것 같다.

바퀴 달린 병원 침대 위에서 의사 진료를 받는다. 사망해서 시신 안치실로 향할 때에도 바퀴 달린 병원 침대의 도움을 받는다. 이처럼 바퀴가 없으면 우리 인간은 하루도 살 수 없다. 그만큼 바퀴는 우리에게 고마운 존재지만 누구도 그런 사실을 인식하지 못하고 생을 마감한다. 그런 의미에서 필자는 바퀴를 인간이 만든 가장 위대한 발명품이라고 믿는다. 바퀴의 역할은 미끄럼 마찰력을 굴림 마찰력으로 전환시켜주는 것이다. 물건의 마찰력은 밀 때보다 굴릴 때가 훨씬 적다. 바퀴를 사용하면 무거운 물건도 손쉽게 옮길 수 있는 것도 이 때문이다. 바퀴가 삼각형이나 사각형의 형태를 띠지 않고 동그랗게 설계된 것도 지면과 맞닿는 부분을 최소화시키기 위함이다. 지면과 많이 닿으면 닿을수록 마찰력이 커져서 끌거나 미는 데 많은 힘이 소요되기 때문이다.

바퀴의 발명이 인간의 삶에 미친 효과는 대단히 크다. 첫째, 바퀴는 인간 삶의 속도를 매우 빠르게 했다. 걷는 것보다는 말 타는 게 빠르고, 말보다는 자동차나 항공기가 더 빠르다. 빠른 속도는 이동시간을 대폭 절약해 주었고, 인간은 더 많은 일과 휴식에 집중할 수 있게 되었다. 둘째, 바퀴는 삶의 영역을 자기 고향에서 국내와 세계로 넓혀주는 원동력이었다. 항공기와 선박을 통해 국가 간 무역규모가 비약적으로 증가했고, 노동, 금융, 에너지, 환경, 안보, 여행 등의 분야에서 글로벌 비즈니스가 가능해졌다. 이 모두 바퀴의 발명 덕분이다. 셋째, 바퀴의 발명은 사회간접자본SOC의 핵심 축인 도로 건설을 필요로 했다. 따라서 이를 통해 수많은 일자리를 창출했다. 이는 내수 진작으로 이어져 높은 경제성장률을 기록하며 국부 증진에도 크게 기여했다. 하지만 바퀴가 항상 인간의 삶에 행복만 제공한 것은 아니다. 특정 국가는 바퀴를 활용한 강력한 무기를 제작해 다른 국가를 식민지로 만들거나 선량한 주민을 살해했다. 그에 따른 인권 탄압과 경제적 착취는 사람들의 행복한 삶을 통째로 빼앗아 버리기도 했다. 또 바퀴의 발명은 항공기나 자동차를 비롯한 여러 운송수단에서 피치 못할 대형 사고를 유발해 한꺼번에 많은 사람들을 죽거나 다치게 했다. 조물주가 우리 인간에게 빛과 그림자를 선사했듯이 바퀴의 발명에도 빛과 그림자가 존재하고 있음을 잊지 말아야 한다.

다. 바퀴에서 파생된 다른 발명품들은?

발명품은 그 자체로 끝나지 않고 그것을 활용한 파생상품의 개발로 이어지는 경우가 대부분이다. 그것을 주도하는 힘은 경제적 이익을 추구하는 인간의 이기적 욕망이다. 바퀴에서 파생된 상품 역시 한두 가지가 아니다. 둥근 속성을 지닌 것은 모두 다 바퀴의 파생상품으로 볼 수 있다. 단추, 동전, 반지, 지구본, 나침반, 빵, 목걸이, 병마개, 고무 바킹, 여성용 손거울, 원형 시계, 원형 안경알, 원형 돋보기, 볼펜 볼, 골프공, 테니스공, 축구공, 농구공, 야구공 등등 이루 헤아릴 수 없을 만큼 많다. 내가 롱코트에서 떨어져나간 단추를 찾으면서 바퀴를 연상했던 것도 그와 무관하지 않다.

최근 우리들의 시선을 사로잡는 것은 퍼스널 모빌리티 제품이다. 미세먼지가 사회문제로 대두되면서 휘발유나 경유를 사용하지 않는 전기차나 수소차에 대한 사회적 니드가 크게 늘고 있다. 그 틈새시장에서 사람들의 간편한 1인용 운송수단으로 등장한 것이 퍼스널 모빌리티다.

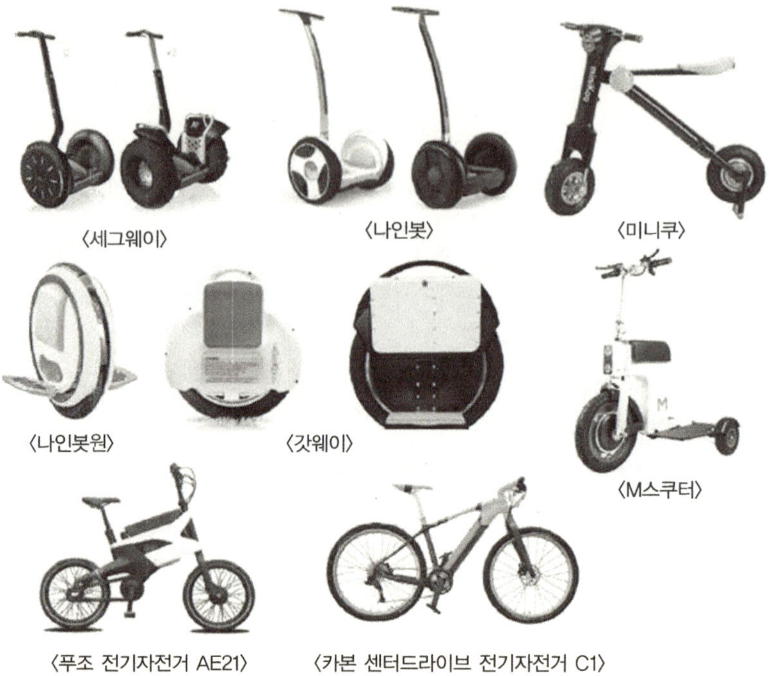

출처 : CNB뉴스

▲ 퍼스널 모빌리티의 종류

최초의 퍼스널 모빌리티는 1999년 미국인 발명가 딘 케이멘Dean Kamen이 개발한 세그웨이segway다. 2011년 1인용 스쿠터로 첫선을 보인 세그웨이는 발판에 두 개의 바퀴가 붙어 있고 손잡이까지 달려 있었다. 처음엔 재미와 편리성을 갖춘 신제품으로 소비자들의 시선을 모았지만 약 1,000만원대에 이르는 높은 가격과 약 50kg의 중량 때문에 그 인기가 시들해졌다. 그래서 등장한 것이 나인봇원, 갓웨이와 같은 전동 휠, 전동킥보드, 전기자전거다. 그 가운데 전동 휠에 대한 소비자들의 반응이 높아지고 있다. 일단 가격과 중량 모두 초기형인 세그웨이보다 한층 개선되었기 때문이다. 다만 안전규정을 비롯한 관계법령이나 도로여건 등이 완비되지 못한 관계로 수요가 주춤한 실정이다. 그러나 여가 활용이나 간편한 출퇴근 수단으로 널리 활용될 수 있는 여지가 큰 만큼 잘만 하면 조만간 드론 못지않게 소비자들의 사랑을 받을 개연성도 크다. 그것 또한 기존의 둥근 바퀴를 그대로 활용하고 있다는 점에서 바퀴의 중요성은 4차 산업혁명의 시대에도 여전히 맹위를 떨칠 것으로 예상된다.

“

1. 관찰의 치명적 매력

2. 주유기와 상도

3. 병사들을 춤추게 하라!

4. 초등학생에게 KO패 당한 대학교수

5. 대학교재를 무료로 나눠줬던 사연

6. ‘디자인’은 제5의 생산요소다!

7. 하늘의 구축함 : AC-130 건십(gunship)

8. 미일(美日) 공중전에서 배우는 통찰의 지혜

9. ‘스시’에서 통찰의 지혜를 얻다!

10. 이분법의 지혜

11. ‘끼리끼리의 횡포’를 풀어줄 비밀 코드

12. 대박을 터트린 시골 식당의 경쟁력

13. 왜 붕어빵 속엔 붕어가 없을까?

14. ‘깎아주기 코너’의 매력 포인트

15. B우유와 화장실

”

3부

저자들의 통찰 경험 공유하기

1. 관찰의 치명적 매력

통찰의 전제조건은 관찰이다. 관찰은 '사물이나 현상을 주의 깊게 살펴보는 것' 으로 정의된다. 위대한 과학적 발견이나 발명도 작은 관찰에서 비롯된 경우가 적지 않다. 또 관찰에 집중하다 보면 과거에는 보이지 않았던 것이 새롭게 보이는 경우도 많다. 따라서 관찰은 통찰을 위해 꼭 필요하며 '생각의 빈곤' 에서 탈출할 수 있도록 도와주는 묘약이다. 그런데 관찰은 목적의식이 있어야만 성공할 수 있다. 관찰은 분명한 의도와 목표를 갖고 주도면밀하게 살펴볼 때 그 효과가 배가된다. 나는 그런 관찰을 의도된 관찰이라고 정의한다. 관찰의 효과는 다양하게 나타날 수 있다. 경제적 이익을 제공해 주기도 하고 사고나 재앙을 예방해 주기도 한다. 평생을 전투조종사로 살아온 내가 의도적 관찰을 통해 대형 비행참사를 미연에 방지했던 지난 시절의 얘기를 소개하고자 한다.

가. 의도적 관찰의 중요성

2005년 6월 초, 나는 청주기지에서 전투비행대대장직을 수행하고 있었다. 대대장에 취임한 지도 6개월이 지났기 때문에 비행관리 임무에도 어느 정도 익숙해진 상황이었다. 그날도 평소처럼 활주로 옆에 세워진 런웨이 컨트롤센터비행지휘소[1]에 앉아 부하 전투조종사들의 비행훈련 모습을 모니터링하고 있었다. 그때 내 임무는 부하 전투조종사들의 이륙과 착륙 과정을 감시하면서 비상시 그들에게 필요한 조언을 해주는 것이었다. 그날도 주主활주로 끝에는 2대의 F-4E 팬텀기가 이륙을 준비하고 있었다. #1기, #2기 조종사가 관제탑의 관제사에게 "알파1 Ready!, 알파2 Ready!" 라고 말하는 교신내용이 내 귓가에 들려 왔다. 그것은 '이륙 준비가 끝났다' 는 신호였다. 관제사는 "알파 Clear Take Off!" 는 말로 이륙 허가를 지시했다. 곧이어 리더기인 #1기 조종사의 수신호에 따라 2대의 팬텀기가 편대이륙을 실시했다. 편대이륙은 2대의 전투기가 동시에 이륙하는 것으로 숙련된 조종기술을 필요로 했다. 왜냐하면 #1기 조종사의 수신호에 따라 요기인 #2기 조종사도 사전에 약속한 대로 동일한 계기조작을 해야 하는데, 이를 위해선 고도의 팀워크를 발휘해야 하기 때문이다. 2대의 팬텀기가 이륙하면서 내뿜는 굉음은 천지를 진동했다. 방음장치가 어느 정도 되어 있는 런웨이 컨트롤센터 안에서도 고막이 울릴 정도였다. 나는 동료 전투비행대대장들과

출처 : 공군

▲ 기지를 박차고 창공을 향해 이륙하는 F-4E 팬텀기

1. 전투비행대대장을 포함한 교관급 베테랑 조종사들이 후배 전투조종사들의 원활한 임무수행을 위해 감독 및 조언을 해주는 장소를 지칭한다.

함께 굉음을 남기며 이륙하는 2대의 팬텀기를 주시하고 있었다. 긴장의 3~4초가 흐른 순간, 나는 #2기 조종사에게 이륙 포기를 긴급 지시했다. "알파 2, Abort, Abort!" 곧이어 내 눈앞에는 믿기 힘든 놀라운 광경이 펼쳐졌다. #2기가 엔진배기구에 화염이 발생한 채로 활주로 끝을 향해 내달리고 있었다. 마치 영화 속에서 불붙은 차량이 고속으로 질주하는 것과 같은 모습이었다. #2기는 그렇게 1,000여 미터를 달렸고, 엔진배기구 쪽의 화염도 자연스럽게 사라져서 희미하게 보였다. 나는 #2기 조종사에게 "알파 2, 엔진 이상 없는가?" 라고 물었다. 그러자 그는 "네. 아무런 이상 없습니다" 라고 대답했다. 가슴을 쓸어내린 나는 "엔진 점검을 확실하게 해보고, 속도처리를 잘 해라" 하고 격려해 주었다. 그에게 더 이상의 추가 조언은 아무런 의미가 없었다. 이륙 여부에 대한 최종 판단은 전적으로 전투조종사 개인의 몫이기 때문이다. 함께 팬텀기의 이륙과정을 지켜봤던 동료 전투비행대대장들은 의아한 표정으로 나를 쳐다봤다. 그들은 마치 내게 "왜 이륙 포기를 지시했어?" 라고 묻는 것 같았다. 그 자리에 동석했던 비행단장님도 내가 내린 지시에 대해 어이없다는 표정이었다. 하지만 나는 분명 그 무엇을 보았다. 지금까지 런웨이 컨트롤센터에서 부하 전투조종사들의 이착륙 활동을 모니터링하면서 무수히 보아왔던 불꽃의 빛깔과 미세하게 다른 불꽃을 보았던 것이다.

나는 런웨이 컨트롤센터에서 이륙 준비를 하는 전투기를 관찰할 때 두 가지 사항에 집중했다. 첫째, 혹시 활주로 상에 정대整待해 있는 전투기의 기체 외부에서 누수漏水되는 것이 있는가? 따라서 내 눈은 항상 기체 밑의 활주로 표면을 바라보고 있었다. 항공유를 비롯한 무언가가 누수漏水되었다면 활주로가 젖어 있을 것이기 때문이다. 둘째, 전투기가 이륙하는 순간에는 기체의 엔진배기구에서 뿜어 나오는 불꽃을 주의 깊게 관찰했다. 그것은 전투비행대대장의 직책을 수행하는 내내 하나의 습관처럼 고착화되었다. 내가 조종했던 팬텀기는 이륙할 때 최대한의 파워를 얻기 위해 애프터버너After Burner를 사용한다. 이때 거대한 불기둥이 엔진배기구 쪽에서 발생한다. 그것을 구성하는 불꽃은 팬텀기 엔진이 정상적으로 작동하고 있음을 나타내주는 증거다. 그래서 나는 그것을 세밀하게 관찰했던 것이다. 그날도 오랫동안 실천해 온 의도적 관찰 덕분에 #2기의 엔진배기구에서 평소와는 미세하게 다른 불꽃을 발견할 수 있었던 것이다. 참고로 일기가 쾌청한 대낮에는 이륙하는 전투기의 엔진 불꽃이 눈에 잘 들어오지 않는다. 유심히 관찰해야 볼 수 있을 정도다. 그날도 쾌청한 날씨여서 엔진배기구에서 방출되는 불꽃이 잘 보이지 않았음에도 평소와 다른 불빛을 볼 수 있었다. 그리고 나의 동물적 직관을 믿고 과감하게 이륙 포기를 지시했던 것이다. 정비부서는 #2기에 대한 정밀 엔진점검을 실시했고 결국 내 판단이 옳았음을 입증해주었다. 엔진과 연결되는 연료관 안에 있던 작은 링이 떨어져 나가는 바람에 항공유가 누수되었고 그쪽에서 푸른 불꽃의 화염이 발생했던 것이다. 만약 그것을 발견하지 못한 상태에서 전투기가 이륙했다면 어떤 일이 벌어졌을까? 상상만 해도 끔찍한 비행참사가 발생했을 것이다. 의도적 관찰을 해왔던 내 작은 습관이 수백억의 국가 재산을 지키고 귀중한 안보자산인 전투조종사의 목숨까지 구할 수 있었던 것이다.

나. 관찰은 전투조종사의 숙명!

전투조종사들은 자신이 타는 전투기를 애기愛機라고 칭한다. 애기라는 말 속에는 전투기를 애인처럼 소중히 다룬다는 기인동체機人同體의 뜻이 내재되어 있다. 전투조종사는 정비사가 격납고 안에서 정비[2]를 끝낸 전투기에 곧바로 탑승하지 않는다. 그는 비행 30분 전 비행 장구를 착용하고 격납고에 도착한다. 그리고 정비사와 가볍게 인사를 나눈 후 기체점검 매뉴얼에 따라 전투기 외관을 자신의 두 눈으로 직접 확인하고 체크한다. 그 과정에서 전투조종사는 전투기를 연인처럼 어루만지며 '오늘도 함께 비행을 잘해 보자'는 마음속 멘트와 하트를 쇳덩어리에게 날린다. 그런 다음 정비사가 건네준 정비기록작업부에 친필로 서명[3]하고 전투기에 탑승해서 시동을 건다. 이때부터 전투조종사와 정비사는 전투기 엔진의 굉음 속에서 헤드셋을 통해 상호 교신하며 엔진, 항공유, 조종면, 기체 제어 및 유압시스템 계통에 대해 철저하게 체크한다. 모든 게 정상이면 "올 클리어all clear"를 복창한다. 그것은 전투기에 아무런 문제가 없다는 그들만의 언어다. 이제 전투기는 격납고를 빠져나와 이륙 직전 기체를 마지막으로 점검하는 라스트찬스에어리어Last Chance Area로 이동한다. 그곳에서 별도의 정비사들로부터 10분 동안 기체에서 항공유의 누수는 없는지, 미사일을 비롯한 무기 장착 및 덮개는

---

2. 정비사들의 기체 정비항목도 전투기의 생산연도(연령), 비행 횟수나 정도(당일 임무종료, 추가비행 등)에 따라 제각기 다르다. 모든 것은 시스템화·매뉴얼화되어 있기 때문에 특정 개인이 자기 마음대로 수정하거나 바꿀 수 없다.
3. 전투조종사가 정비기록작업부에 서명한다는 것은 곧 이제부터 항공기 및 비행에 관한 모든 책임은 전투조종사에게 있다는 것을 의미한다.

제대로 벗겨져 있는지, 바퀴의 공기압은 정상적인지, 뒷날개와 꼬리날개의 작동에 이상은 없는지? 등 10여 개 항목에 대한 최종 기회점검을 받는다. 아무런 이상이 없으면 선임 정비사는 전투조종사를 향해 엄지손가락을 치켜든다. '기체가 완벽하다'는 신호다. 전투조종사도 엄지척으로 화답한 후 최종 이륙대기선에 정렬해서 관제탑의 이륙허가를 기다린다. 그리고 관제사의 이륙허가가 떨어지자마자 전투기는 순식간에 3차원 공간으로 치솟은 후 자신의 임무공역을 향해 쏜살같이 날아간다. 이처럼 전투조종사들은 매일 안전한 비행을 위해 의도적 관찰을 생활화한다. 전투조종사들에게 있어 관찰은 생명을 지키기 위한 최소한의 조치다. 전투조종사 출신인 내가 일반인보다 관찰력이 조금 더 있다고 자부하는 것은 생사生死가 교차되는 냉혹한 삶의 현실에서 30여 년 동안 초음속 팬텀기를 타고 창공을 누볐기 때문이다.

다. 의도적 관찰로부터 배우는 지혜

전투조종사의 관찰은 비행 사고를 차단함으로써 국가 자원의 낭비를 막고 자신의 목숨을 지키는 데 요긴하게 활용된다. 만약 모든 국민들이 전투조종사들처럼 관찰과 안전의무를 철저하게 준수한다면 사고의 80~90%는 충분히 예방할 수 있을 것이다. 하지만 우리 사회는 관찰과 안전의식에 너무나도 취약하다. 이를 개선하기 위해서는 어릴 적부터 주변을 세밀하게 관찰하는 방법과 안전의식을 가르쳐줘야 하는데, 현행 교육시스템은 좋은 대학에 갈 수 있는 비법만을 전수하고 있으니 참으로 안타깝기 그지없다. 내 주위에 중풍을 앓고 있는 지인이 한 분 있다.

그는 평소에 테니스, 골프, 수영, 조깅을 즐길 만큼 만능 스포츠맨이었다. 집안 내력으로 혈압은 좀 있었지만 그렇다고 약을 복용할 정도는 아니었다. 그런데 어느 날 갑자기 집안에서 넘어진 후 지금까지 수년째 한쪽 수족을 쓰지 못하고 있다. 중풍은 반드시 전조현상을 수반한다. 즉, 의사들은 한쪽 팔다리에 힘이 없거나 감각이 둔해질 경우, 발음이 어눌해지고 말하기 힘들어질 경우, 보행 시 비틀거리거나 두통이 심해질 경우, 사물이 두 개로 보일 경우에는 곧바로 전문의사의 정밀진단을 받으라고 조언한다. 그 지인도 전조현상이 왔었는데, 그것을 대수롭지 않게 여겼다가 낭패를 당한 것이다. 나이가 들수록 건강하고 행복한 삶을 영위하려면 자신의 몸에 대한 관찰을 게을리하지 말아야 한다. 이뿐만이 아니다. 지진이나 쓰나미를 비롯한 자연재해 앞에서도 동물의 이상한 행태[4]를 관찰해서 대비하면 소중한 목숨을 지킬 수 있다. 일례로 중국의 쓰촨성 지진 때는 두꺼비들의 대이동이 전조현상으로 나타났고, 인도 남부 타밀나두 주에서는 영양들이 떼를 지어 해변에서 언덕으로 올라간 후 지진해일이 들이닥쳤다고 한다. 그 밖에도 인터넷 검색[5]을 해보면 뱀, 쥐, 까치, 까마귀들이 기상이변이나 자연재해와 관련해서 전조현상을 보였다는 얘기들로 넘쳐난다. 지금은 미물인 동물들의 행태에 대해서도 주의 깊게 관찰해야만 자신의 생명과 재산권을 지킬 수 있는 불확실성의 시기다. 참고로 한비자는 생전에 이런 얘기를 남겼다. "현

4. 동물들이 지진이나 기후변화를 미리 감지하는 능력을 가졌다는 것은 익히 알려진 사실이다. 자연재해가 아니더라도 이른 아침에 새벽안개가 자욱하거나 처마 밑의 거미가 거미줄을 잔뜩 쳐놓으면 그날 기상은 맑고, 제비가 지상 가까이 날면서 먹이를 잡고 개미떼의 긴 행렬이 나타나거나 청개구리들이 울면 여지없이 비가 온다는 것은 널리 알려진 사실이다.
5. 뉴스한국, '대재앙, 전조와 경고를 무시하지 마라!', 2008년 6월 5일자 기사 외 다수.

재에 일어나는 일을 허투루 보아 넘기지 않고 예민하게 집중하면 미래를 예측할 수 있다." 관찰의 본질을 간파한 명언이라고 생각된다.

2. 주유기와 상도

약 10여 년 전의 일이다. 당시 SUV 차량을 몰던 나는 경유를 넣기 위해 1주일에 한 번 정도 단골주유소를 방문하곤 했다. 그때마다 주유소의 외벽에 내걸은 기다란 플랜카드가 나를 맞이주었다. 거기에는 '정품'과 '정량'을 판다는 글귀가 적혀 있었다. 나는 뭐가 정품이고, 정량인지 궁금했다. 고객인 내가 그것의 진위 여부를 판단할 정보나 지식이 없었기 때문이다. '주유소 사장은 오로지 이윤만을 남기려는 장사꾼에 불과한데 그의 얘기를 어떻게 믿지?'라는 생각만이 내 뇌리를 지배했다. 세상에는 3대 거짓말이 있는데 그 중 하나가 '밑지고 판다'는 것이다. 물론 모든 장사꾼이 사기꾼인 것은 아니다. 그들 가운데는 상도商道를 실천하며 '장사의 도'를 실천하는 분들도 꽤 있을 것이다. 또 그런 상인이 큰돈을 모았다면 그는 청부淸富의 표상으로 존경받아 마땅하다. 여기서는 발상의 전환을 통한 통찰로 고객의 신뢰를 이끌어내며 청부가 되고자 노력했던 어느 주유소 사장의 얘기를 소개하고자 한다.

가. 상도의 본질 : 신뢰

작고한 소설가 최인호는 『상도』라는 소설에서 '이윤을 남기는 게 아니라 사람을 남기는 것’을 상도라고 정의했다. 이윤을 남기려는 장사꾼은 고객에게 돌아갈 이익을 자기 몫으로 돌려놓는 사람이다. 그러면 고객들은 자신이 누려야 할 이익이 줄어들거나 손해가 났음을 직시하고 그런 장사꾼과의 거래를 끊게 된다. 고객을 잃은 장사꾼은 시장에서 살아남기 힘들다. 반면 이윤이 아니라 사람을 남기는 장사꾼은 고객에게 조금이라도 더 좋은 가치나 이익을 제공해 주려고 노력한다. 고객들은 그런 장사꾼에 환호하며 1·3·9법칙을 기꺼이 작동시킨다. 1·3·9 법칙은 한 상인이 특정 고객에게 즐거움이나 감동을 선사하면 그는 자기 주변에 있는 3명의 신규 고객을 데려오고, 불만이나 불쾌감을 갖게 되면 온갖 악선전을 하며 9명의 기존 고객을 빼앗아간다는 것을 의미한다. 따라서 장사로 큰돈을 벌고 싶은 상인이 있다면 그는 이윤보다 사람을 남기는 상도商道에 목숨을 걸어야 한다.

10여 년 전에 그런 상도를 전국에서 최초로 실시한 주유소 사장이 있었다. 그 주인공은 충남 공주에 위치한 장암주유소의 K사장이었다. 지금은 현대오일뱅크가 직영하는 주유소로 탈바꿈했지만 주유기만큼은 당시 개발했던 것을 그대로 사용하고 있다. 그것의 개발은 K사장과 고객인 나 사이에 오갔던 짧은 대화로부터 탄생한 것임을 밝혀둔다.

나 : 사장님! 이렇게 플랜카드에다 ‘우리 주유소에서는 정품, 정량을 팝니다’라고 써 붙이면 어떡합니까? 내가 무엇이 정품이고, 정량인지를 알 수 없는데……

K사장 : 저는 양심적인 사람입니다. 진심을 판다는 생각으로 정품, 정량 판매를 실천하려고 노력하고 있습니다. 제 얘기를 100% 믿어주셔도

좋습니다.

나 : 아니, 우리나라의 3대 거짓말 가운데 하나가 '장사꾼이 손해 보고 판다'는 것이잖아요. 어느 누가 사장님의 말씀을 믿을까요? 나부터 사장님을 믿지 않는데……

K사장 : 그럼, 제가 어떻게 해야 믿겠습니까? 그냥 제 배를 갈라서 모든 것을 꺼내 보일 수도 없고……

나 : 왜 배를 가르십니까? 그런다고 해결이 됩니까? 해답은 아주 간단합니다. 머리를 쓰면 고객의 신뢰를 한몸에 받을 수 있는 비법을 찾아낼 수 있습니다.

K사장 : 그게 뭡니까?

▲ 공주 장암주유소가 최초로 설치했던 주유기 모습

나 : 한 번 보세요. 주유기 노즐이 시꺼멓죠. 그러니까 내가 그 속을 들여다볼 수 없습니다. 당연히 내 차에 들어가는 경유가 진짜 경유인지, 가짜 경유인지 내가 알 수 없는 겁니다. 내가 잡은 노즐 위에 '경유'란 글자가 붙어 있기 때문에 그것이 주입되고 있음을 대충 알 따름입니다.

K사장 : 그럼, 제가 어떻게 하는 게 좋겠습니까? 한 번 조언을 해주시죠.

나 : 주유기의 노즐 부위를 약 30cm 정도 자른 후 투명한 아크릴 관으로 연결해 보세요. 그러면 사람들이 자기 차에 들어가는 기름을 직접 두 눈으로 확인할 수 있을 겁니다. 또 주유기 옆에 정품 휘발유와 경유의 사진을 붙여놓으세요. 그러면 고객들은 사진 속 휘발유와 경유 색

깔과 아크릴 관을 통해 내 차로 들어가는 기름 색깔을 비교해 보면서 그것의 정품 여부를 판단할 겁니다.

K사장 : 아, 그거 좋은 아이디어네요. 큰돈 들이지 않고도 쉽게 만들 수 있을 것 같습니다. 빠른 시일 내로 만들어서 설치하겠습니다.

나 : 모르긴 해도 새 차를 구입한 운전자들은 이곳으로 몰려올 겁니다. 대개 새 차를 타는 분들은 기름값이 조금 비싸도 진짜 휘발유나 경유를 넣으려고 하기 때문입니다.

K사장 : 고객님 말씀대로 주유기 혁신으로 장사가 지금보다 잘되었으면 좋겠습니다.

그로부터 정확하게 일주일 후 장암주유소에는 신형 주유기가 설치되었다. 그곳에서는 다른 주유소와 달리 자신이 직접 휘발유와 경유의 진품 여부를 확인하면서 주유를 할 수 있었다. 기름값은 다른 주유소들보다 리터당 10~20원 정도 비쌌지만 많은 운전자들이 그곳에 와서 기름을 넣었다. 나도 그들 가운데 한 사람이었다. 그곳 주유소가 제공하는 '신뢰'의 가치가 최소한 20원 이상이라고 판단했기 때문이다. 그 후로도 그곳의 영업은 꽤 잘되었다. 하지만 몇 년 전 장암주유소 사장은 다른 사업을 하기 위해 자신의 주유소를 SK사에 매각하고 주유소 영업을 접었다. 지금은 현대오일뱅크가 SK사로부터 주유소를 인수한 후 직영체제로 운영하고 있다. 나는 주유기 개발을 완료한 시점부터 기업인들과 학생들 대상의 혁신강의를 하면서 장암주유소의 성공사례를 소개했다. 그 탓인지는 몰라도 지금은 전국의 주유소에 가보면 내가 최초로 개발했던 주유기와 비슷한 주유기들이 많이 설치되어 있음을 확인할 수 있다. 주유기 개발로 내가 돈을 번 것은 아니지만 그래도 우리 사회에 긍정적인 영향을 미쳤다는 점에서 남모를 자부심을 갖고 있다.

나. '정량' 보증과 시민정신

각 주유소가 판매하는 휘발유와 경유의 정품, 정량 여부를 공식적으로 점검하고 규제하는 조직은 한국석유관리원이다. 그들은 가짜 휘발유와 경유를 판매하거나 양을 속여 파는 주유소를 적발해서 면허정지와 같은 행정처분을 비롯한 법적 제재까지 내릴 수 있다. 문제는 제한된 인력을 가진 이들 기관이 전국에 산재되어 있는 수많은 주유소들을 어떻게 관리 · 감독할 수 있는가?라는 점이다. 고도로 지능화된 악덕 주유소의 비리를 적발하는 것도 힘들고, 설사 적발된다 하더라도 그들이 돈으로 한국석유관리원의 검사관을 매수할 가능성도 있다. 그런 의미에서 장암주유소 사장이 개발한 주유기는 주유소를 관리 · 감독해야 할 한국석유관리원의 부담을 크게 줄여줄 수 있다는 장점이 있다. 물론 몇 가지 사항에 대한 보완작업이 이루어져야 한다. 우선 한국석유관리원은 전국의 모든 주유소에 장암주유소가 개발한 것과 같은 주유기의 설치를 의무화시켰으면 한다. 또 진짜 휘발유와 경유의 색깔을 해당 주유기 옆에 부착시켜 고객 스스로 휘발유와 경유의 정품 여부를 체크할 수 있도록 하면 그만이다. 최고로 좋은 관리 · 감독은 이해당사자들이 서로를 감시하도록 하는 것이다. 그것을 보장하는 게 시스템적 사고요, 발상의 전환이다. 그럼에도 불구하고 하나의 문제는 여전히 남아 있다. 그것은 주유소가 공급하는 휘발유나 경유의 정량까지 보증할 방법이 마땅치 않다는 사실이다. 그 이유는 주유소 사장들이 맘만 먹으면 얼마든지 주유기의 계기판을 조작할 수 있기 때문이다. 그렇다고 매일 같이 한국석유관리원의 검사 인력들이 전국의 주유소를 돌면서 주유기의 계기판만 관리 · 감독할 수 있는 상황도 아니다. 뭐든지 최고로 좋은 방법은 이해당사자들이 직접 나서는 것이다. 그래야만 감시활동이 확실하게 이루어지기 때문이다. 나는 운전자들이 자동차 운행기록일지를 작성해 볼 것을 강력하게 권유한다. 단골 주유소를 정해 놓고 그곳에서 구입한 휘발유나 경유의 연비를 직접 체크해 보면 그곳이 기름의 정량을 제대로 지키면서 영업하는지 여부를 확인할 수 있다. 그리고 문제가 있다고 판단되면 즉시 한국석유관리원에 고발해서 그들이 주유소 현장을 급습해서 조사하면 된다. 그런 것이 진정한 민주시민의 고발정신이다. 그러면 국내 주유소들의 정품과 정량 문제는 자연스럽게 해결될 것이다.

3. 병사들을 춤추게 하라!

2017년 3월 2일자 이데일리 신문에 "군대 돈가스 왜 맛없나 했더니…… '짬짜미'[6]로 병사 울린 군납업체들" 이라는 기사가 실렸다. 당시 현역 장교였던 나는 그런 기사를 접할 때마다 마음이 불편했다. 기사 내용을 요약하면 대충 이렇다. '식자재 입찰경쟁에서 군납 급식업체들끼리 나눠먹기식으로 낙찰 받아 시행했고, 일부 업체는 들러리로 참여해서 입찰가격을 낮추는 방식을 취했다' 는 것이다. 이들 업체는 짬짜미를 통해 수십 년간 엄청난 규모의 부당이익을 챙겼고, 그로 인해 장병들의 먹거리가 허술해졌다는 것이다. 국가의 부름으로 신성한 병역의무를 수행하고 있는 장병들의 먹거리가 일부 악덕업체들의 장난으로 부실화되는 현실은 군에 자식을 맡긴 부모님들의 공분公憤을 자아내기에 충분했다. 향후 이런 문제가 재발될 경우 국내법이 허용할 수 있는 최고 수준의 징벌을 내려야 마땅하다. 하지만 이와 같은 문제도 통찰만 제대로 하면 얼마든지 해결할 수 있다. 내 경험담을 소개하고자 한다.

---

6. 남모르게 자기들끼리만 짜고 하는 약속이나 수작을 의미한다.

가. BX와 병사식당에서 얻은 아이디어!

2010년 12월 하순, 나는 F-15K전투기를 운영하는 공군 제11 전투비행단(이하 11전투비행단)의 기지전대장으로 취임했다. 그로부터 며칠 후 병사들이 애용하는 BX[7]를 둘러보고 깜짝 놀랐다. BX의 냉장고를 비롯한 상품진열대 물건들이 텅 비어 있었기 때문이다. 내가 방문했던 그 순간에도 많은 병사들이 빙 둘러앉아 무언가를 맛있게 먹고 있었다. 점심시간이 끝난 지 얼마 지나지도 않았는데 그들이 BX에서 또 다른 무언가를 먹는다는 게 이해되지 않았다. 그것을 계기로 병사들의 급식문제에 대해 관심을 갖기 시작했다. "왜 병사들은 식사가 끝나기 무섭게 BX로 달려가는 것일까? 11전투비행단이 제공하는 밥의 양이 적다는 말인가? 젊은 혈기에 먹고 돌아서면 배가 고프단 얘기인가? 그것이 아니라면 식단이 부실하다는 얘기인가?" 온갖 의문이 머리를 짓눌렀다. 그렇다고 누구와 이 문제를 터놓고 논의할 입장도 아니었다. 하지만 그 의문이 풀리는 데는 오랜 시간이 걸리지 않았다. 내가 직접 병사식당에서 밥을 먹어보니까, 왜 그들이 식사 후에 BX로 달려가서 다른 것으로 배를 채우는지 이해가 되었다. 병사들의 식단이 그렇게 부실하고 맛이 없는 줄은 미처 몰랐다. 고기국물이라고 하는데 고기는 보이지 않았다. 반찬의 질도 형편없었다. 지휘관으로서 병사들에게 낯이 뜨거울 정도였다. 그동안 장교식당만을 이용했던 나로서는 병사들이 무슨 음식을 어떻게 먹고 있는지 알지 못했고 알려고 하지도 않았다. 그나마 다행스

7. BX는 Base Exchange의 약자로 공군기지의 매점을 의미한다.

러웠던 것은 직속상관인 비행단장님(☆)께서도 병사들의 급식문제에 대해 고민하고 있었다는 사실이다. 내가 BX와 병사식당을 살펴보고 고안해낸 아이디어를 보고하자 무척 흡족해 하셨다. 그리고 내게 병사들의 급식체계 개선을 지시하셨다.

나. 아름다운 도전

나는 국방부에 '반 위탁 급식체계를 조속히 시행해 달라' 는 건의문을 보냈다. 그것은 큰 용기와 발상의 전환을 필요로 하는 사항이었다. 그때까지만 해도 공군의 모든 식자재는 육군에서 수령했는데 그것은 오래된 관행이었다. 하지만 이제부터 쌀과 장류를 제외한 나머지 식자재는 11전투비행단이 직접 현금으로 구입해서 조리할 수 있도록 허용해 달라는 것이었다. 쌀과 고추장, 된장, 간장은 국방부 차원에서 일괄구매한 후 전군에 나눠주기 때문에 그것마저 현금으로 지급해달라고 요구하는 것은 무리였다. 국방부와 11전투비행단 사이에 이견 해소를 위한 시소게임이 진행되었고 마침내 국방개혁실로부터 허가 지시가 떨어졌다. 그렇게 해서 11전투비행단은 식자재값을 현금으로 받아와서 '반 위탁 급식체계' 로 병사식당을 운영하는 전군 최초의 부대가 될 수 있었다. 반 위탁 급식체계란 11전투비행단이 입찰을 통해 선정한 외부

출처 : 공군

▲ 11전투비행단 로고

전문기관에게 식자재 예산을 지급하고 식단을 짜게 한 다음, 부대 심의를 거쳐 최종 식단을 확정 및 운영하는 제도다. 여러 전문기관이 입찰에 참여했지만 11전투비행단은 엄정한 내부 심사를 거쳐 삼성 에버랜드(주)를 최종 선발했다. 그렇게 시작된 급식체계는 병사들의 엄청난 반향을 불러일으켰다. 에버랜드(주)가 계획한 식당 메뉴는 병사들의 입맛을 사로잡았다. 식품의 안전성 측면에서도 단연 최고였다. 에버랜드(주)는 식자재 공급자를 식품안전관리인증HACCP을 받은 업체로 엄격히 제한했다. 병사들의 급식체계를 개선하고 두 달여쯤 지났을 때, 나는 지원대대 주임원사로부터 뜻밖의 얘기를 들었다. 그는 어느 병사 아버지가 자신에게 했던 전화내용을 내게 전했다. "우리 아들이 휴가 나와서 반찬투정을 했습니다. 제 아내가 해주는 반찬이 부대 식당의 반찬보다 맛이 없다고 하는데 어떻게 된 겁니까?" 또 시설대대의 군무원 한 분이 내게 이런 말을 했다. "이전에는 병사들이 작업시간 지체로 점심 먹을 타이밍을 놓치면 라면으로 끼니를 때우곤 했습니다. 요즘에는 병사들이 꼭 점심을 먹어야 한다면서 작업시간을 엄수합니다." 한쪽에서는 볼멘소리도 들려왔다. 그것은 부대 잔반을 수거해 가던 아저씨의 푸념이었다. "이렇게 잔반이 적게 나오면 수거하러 오기가 힘듭니다." 그의 얘기는 결코 빈말이 아니었다. 급식체계 개선 전에는 약 23%의 잔반이 남았는데, 개선 후 8개월이 지난 시점에는 7.5% 정도로 대폭 줄어들었기 때문이다. 병사들의 74%가 새로운 급식체계에 대해 만족을 표시했고, 'BX 이용횟수가 월 3회 이상 줄었다' 고 밝힌 병사 수도 전체 병사의 65%에 육박할 정도로 '반 위탁 급식체계' 는 대성공을 거두었다. 나는 또 다른 도전에 나섰다. 식단 예산은 병사들의 휴가나 외출 · 외박을 고려해서 전체 병사 수의 90% 수준으로 산정하는 게 관례였다. 그러다 보니 남는 예산이 발생했다. 나는 비행단장님께 "절약된 예산으로 전부대원들이 '삼겹살을 먹는 날'을 실행하면 좋겠습니다"라고 보고했다. 그러자 "시행하라"는 지시가 떨어졌다. 그것을 계기로 '삼겹살 데이'가 전군 최초로 탄생했다. 11전투비행단의 각 부서별로 병사 1인당 삼겹살 400g씩 책정하여 부서장 주관 하에 회식할 수 있도록 했다. 그 전까지만 해도 부서장이 주관해서 병사들까지 회식한다는 것은 불가능했다. 부서장의 직무수행비가 그리 많지 않았기 때문이다. 그런데

출처 : 국방일보

▲ 장병들의 삼겹살 데이

11전투비행단 차원에서 공식적으로 '삼겹살 데이'를 운영하게 되었으니 부서장은 부서장대로 병사들은 병사대로 좋아할 수밖에 없었던 것이다. 예하 부서의 반응은 엄청났다. 물론 부서 주임원사들은 삼겹살을 굽기 위한 불판을 준비하느라 애를 먹었을 것이다. 그렇지만 그들의 얼굴을 살펴보니 만족스런 표정이 역력했다. 11전투비행단은 1년 동안 '삼겹살 데이'를 5번 실시했다. 공군 병사들의 커뮤니티는 언제나 11전투비행단의 급식 얘기로 가득 찼다. "11전투비행단의 병사 급식은 이제 장교식당보다 더 맛있다", "나도 11전투비행단에서 근무하고 싶다", "왜 우리 비행단은 식단 개선을 안 하는지 모르겠다!" 등등. 그 덕

분에 11전투비행단의 식단개선 노력이 2011년 9월 28일자 한국경제신문에 '짬밥의 화려한 변신' 이라는 제목으로 기사화되는 행운을 얻었다. 또 그해 공군본부가 주관하는 정책심의에서 11전투비행단의 '반 위탁 급식체계 개선' 이 정책대상政策大賞을 차지했고, 그런 분위기는 우리 전투비행단이 2011년도 공군부대 전투태세검열에서 최우수 비행단으로 선정되는 영광으로 이어졌다. 비행단장님을 비롯한 참모들은 그런 영광에 큰 의미를 두지 않았다. 다만 젊은 병사들에게 맛있고, 영양가 높은 식사를 제공함으로써 그들에게 먹는 즐거움을 제공해 주었다는 점에서 보람을 느꼈을 따름이다. 2012년 초, 나는 11전투비행단 기지전대장의 임무를 마치고 국방정보본부 중국과장으로 자리를 옮겼다. 2월 초에 내 근무지로 뜻밖의 손님이 찾아왔다. 그들은 11전투비행단에서 나와 함께 근무했던 부하 사병들이었다. 그들은 "제대하기 전 전대장님 덕분에 잘 먹고 행복하게 지낼 수 있었습니다" 라며 고마움을 표했다.

다. 항산항심恒産恒心과 강한 전투력

내가 11전투비행단을 떠나고 얼마 지나지 않아서 좋지 않은 소식이 들려왔다. 11전투비행단의 모든 사람들이 좋아했던 '반 위탁 급식체계' 가 국방부 지시로 전면 중단되었다는 것이다. 그 말을 듣는 순간 나는 내 자식을 잃는 것 같은 아픔을 느꼈다. 군문에 들어와 청춘을 다 바치고 이제 전역한 군인으로서 그렇게 된 이유를 다 까발릴 수 없는 현실이 너무나도 안타깝다. 하지만 군에 식자재를 납품하는 기득권 세력들이 "병사들의 식자재 조달마저 대기업이 시행해서 되겠느냐?" 는 논리로 국방부를 집요하게 공격하는 바람에 '반 위탁 급식체계'가 사장死藏된 것만큼은 분명하다. 나는 개인적으로 이와 같은 기득권 세력을 적폐청산의 대상으로 간주한다. 『맹자孟子』에 '항산항심恒産恒心'이라는 말이 있다. 이는 '생활이 안정되지 않으면 바른 마음을 갖기 힘들다'는 얘기다. 즉, '백성들이 배가 부르고 등이 따뜻해야 비로소 윤리와 도덕이 생긴다'는 뜻이다. 부대 장병들도 마찬가지다. 그들이 잘 먹고 배가 따뜻해야 국가에 대한 충성심과 상관에 대한 복종심이 생기고 나아가 강한 전투력이 만들어질 수 있는 것이다. 나는 가까운 장래에 국방부가 전군을 상대로 '반 위탁 급식체계'를 재추진해 주길 바라는 마음이 간절하다. 국방부는 병사들을 잘 먹이고 입히고 재울 수만 있다면 대기업과 중소기업 간의 이념 문제를 과감하게 극복해야 한다. 물론, 중소기업에 대한 국가적 지원과 배려가 필요한 것은 분명하다. 그러나 우리 국가 안보의 최후의 보루인 병사들의 복지후생을 희생시키면서까지 언제까지 중소기업에 대한 보호논리에 사로잡힐 것인가?라는 점에서 나는 무척 아쉽게 생각한다. 통찰을 통한 기업의 내부 혁신에 적극 나서지 않는 중소기업은 더 이상 보호해줄 가치가 없다. 나는 그것을 사회적 정의라고 단언한다. 지금도 이따금씩 '반 위탁 급식체계 개선'을 위해 열심히 뛰어다녔던 당시의 일들을 회상해본다. 비록 1년이라는 짧은 기간 동안 실행되다가 폐지된 정책이지만 그것은 장군부터 말단 병사까지 모두가 좋아했던 멋진 정책이었다. BX와 병사식당에서 행한 나의 관찰과 통찰을 기초로 병사들의 내면에 잠재해 있던 결핍요소를 찾아내어 '반 위탁 급식체계'로 말끔하게 해결했던 옛 추억이 지금도 가슴 떨리는 감동으로 내 뇌리를 맴돌고 있다.

4. 초등학생에게 KO패 당한 대학교수

대전광역시에 위치한 A초등학교 5학년 교실에 일일교사로 참여했다가 어느 초등학생에게 봉변(?)을 당했던 사연을 소개할까 한다. 그 사건의 발단은 일일교사로 참여하기 2달 전 우리 집에서 일어났다. 어느 일요일 오후 초등학교에 다니던 막내가 고등학교 1학년인 형에게 이런 질문을 했다. "형, 운동화 상표는 우리나라 건데 밑창에는 Made in China라고 적혀 있거든. 이거 한국제야, 중국제야?" 그러자 큰 녀석이 이렇게 대답했다. "그건 국산이야. 너는 아직도 그걸 모르냐? 한국 사람이 우리 상표를 갖고 중국에 가서 만들었으니 당연히 국산품이지." 막내는 공부 잘하는 형의 포스에 눌려 반박도 하지 못한 채, "그래도 중국에서 만들었는데……" 라고 혼자 중얼거렸다. 그때처럼 두 아들이 대견했던 적은 없었다. 늘 철부지 노릇만 하던 녀석들이 그날 처음으로 내 앞에서 꽤 근사한 대화를 나눴기 때문이다. 하지만 그날 대화는 막내의 현문賢問에 큰 아들의 우답愚答으로 싱겁게 끝나고 말았다. 큰 녀석에게는 비밀로 했다. 혹시라도 마음의 상처를 받지 않을까 염려되었기 때문이다.

가. 국산품의 진정한 의미는?

그 일이 있고 나서 얼마 후 대전의 A초등학교에서 일일교사를 해달라는 부탁이 들어왔다. 나는 아이들에게 우리 막내가 고민했던 '국산품'에 대해 설명해 주기로 마음먹었다. 여름방학을 눈앞에 둔 어느 날 나는 5학년 교실에서 '세계화와 국산품'을 주제로 경제교육을 했다. 주제가 재미있었는지 졸거나 딴짓을 하는 아이들은 그리 많지 않았다. 내가 세계화와 국산품을 간단명료하게 설명하기 위해 사용한 학습도구는 동해 바다에서 잡힌 오징어 두 마리였다. 아이들에게 질문을 던졌다. "여러분, 여기 오징어 두 마리가 있는데, 이들은 원래 형제였어요. 그런데 1980년대 말까지만 해도 이들 오징어 형제가 동해 바다에서 헤엄치며 놀다 한국 어선에 잡히면 국산 오징어가 되고, 일본 어선에 잡히면 일본산 오징어가 되었어요. 만약 오징어 형제가 1마리씩 한국 어선과 일본 어선에 잡힌다면 그들 오징어는 국적國籍까지 달라져요. 그러나 1990년대에 들어오면서 이들 오징어 형제에게는 희한한 일이 벌어졌어요. 한국 어선에 잡힌 오징어가 이제는 국산 오징어인지 판단하기가 어려워졌어요. 그 이유가 뭘까요? 혹시 아는 학생이 있으면 손 한번 들어볼까요?" 잠시 동안 아이들의 침묵이 이어졌다. 한 3~4분이 흘렀을까, 한 녀석이 씩씩하게 손을 번쩍 들었다. "배타적 경제수역이 아닌 공해상에서 잡았기 때문입니다." 그 아이의 목소리에는 자신감이 묻어 있었다. 초등학생이 '배타적 경제수역'이란 용어를 사용하는 것을 보니 꽤 똑똑한 녀석이었다. 하지만 내가 듣길 원하는 정답은 아니었다. 그 이후에도 몇 명의 아이들이 손을 들고 대답했지만 본질과 다른 얘기들이 전부였다. 나는 정답을 바로 얘기해 주지 않고 좀 뜸을 들였다. 아이들에게 고민할 시간을 주기 위해서였다. 그리고 다음과 같은 말로 대화를 이어나갔다. "여러분, 1990년대 초부터 우리나라에 개방화, 국제화, 세계화의 광풍이 불었던 거 알고 있지요. 그 바람은 국내 어업분야에서도 마찬가지였어요. 특히 먼 바다로 나가 고기잡이를 하는 큰 배의 경우 그 바람은 더욱 거셌습니다. 일례로 1980년대에는 한국 어선의 선주船主, 선장, 선원은 모두 한국인이었습니다. 그런데 세계화 바람으로 오징어 시장이 개방되고 값싼 외국산 오징어가 대거 수입되자 한국 어선도 생산비용을 낮춰야만 생존할 수 있게 되었어요. 그래서 한국 선주는 인건비 절감을 위해 중대한 결단을 내립니다. 즉, 선장은 한국인 대신에 인건비가 싼 중국인을, 선원 역시 중국인보다 인건비가 더 저렴한 동남아국가 사람들을 고용했습니다. 그러다 보니 오징어를 잡은 한국 어선의 정체성이 1980년대와 비교해서 매우 모호해진 겁니다. 오징어 1마리를 잡는 데도 한국인, 중국인, 동남아국가 사람들이 상호 협력했기 때문입니다. 그럼에도 불구하고 한국 어선이 잡은 오징어는 국산 오징어입니다. 그 이유는 오징어를 최종적으로 잡은 어선이 한국 국적의 선박이기 때문입니다. 그리고 한국 어선이 잡은 오징어에다 원산지 표시인 'Made in Korea'를 붙여주는 겁니다." 아이들은 짝꿍의 얼굴을 바라보며 매우 신기하다는 표정을 지었다. 거기까지는 그런대로 괜찮았다. 문제는 그 다음에 터지고 말았다.

나. 운전사도 수출하나요?

국산품에 대한 설명을 마치고 다른 주제로 넘어가려는 순간 한 아이가 내게 질문을 했다. "오늘 말씀이 무척 재미있네요. 그런데 제가 정말로 궁금한 게 하나 있습니다. 울산 앞바다에 정박해 있는 큰 화물선에 수출용 국산자동차가 끊임없이 들어가는데 배 밖으로 나오는 운전사는 안 보입니다. 그러면 운전사도 자동차와 함께 수출하나요?" 순간 나는 당황할 수밖에 없었다. 나도 TV뉴스 시간에 그 장면을 보긴 했지만 지금 질문하는 아이와 같은 의문을 갖지 않았기 때문이다. 당연히 운전자는 화물선 밖으로 빠져나왔을 것이다. 이런 상식을 저 아이에게 어떻게 설명해야 할지 참으로 난감했다. 나의 궁색한 변명이 이어졌다. "학생의 관찰력이 대단하네요. 분명히 말씀드릴 수 있는 건, 운전사는 수출 대상이 아니라는 점입니다. 다만, 수출용 차량을 몰고 화물선으로 들어간 운전사가 어떤 방식으로 빠져나오는지는 내가 정확히 알지 못합니다. 그것은 관련 회사에 문의해서 확인한 후 학생에게 이-메일로 알려주면 어떨까요?" 방금 전까지만 해도 국산품을 설명하면서 얻은 신뢰와 인기가 한순간에 물거품이 되고 말았다. 아이들도 웅성거렸고, 그런 상황에서 더 이상의 경제교육은 별다른 의미가 없었다. 약 40분에 걸친 일일교사의 역할을 마무리하고 학교를 빠져나왔다. 담임선생님께서 내게 해준 말이 계속해서 머리를 맴돌았다. "교수님, 저 아이는 평소에도 엉뚱한 질문을 많이 해서 저를 난처하게 만든 적이 한두 번이 아닙니다. 너무 신경 쓰지 마세요." 그러나 내 생각은 달랐다. 그 아이는 대단한 통찰력을 갖고 있었다. 그래서 나는 그 아이의 궁금증을 꼭 풀어주고 싶었다. 학교에서 나오자마자 곧바로 현대자동차(주) 홍보팀에 전화했다. 그리고 홍보책임자에게 자초지종을 설명했더니 20분 후에 다시 연락하라면서 전화를 끊었다. 아마 그도 처음엔 잘 몰랐던 것 같다. 내가 다시 전화를 걸자 그분은 아주 자세하고 친절하게 설명해 주었다. "화물선에 수출용 자동차를 선적하는 전문 운전기사들이 여럿 있습니다. 이들은 6명을 단위로 움직입니다. 6명이 차례대로 수출용 자동차를 몰고 화물선 안으로 들어가면 빈 승합차 1대가 그 뒤를 따라

출처 : 뉴시스

▲ 수출용 자동차의 선적 장면

갑니다. 6명의 운전기사들은 화물선에 수출용 자동차를 주차시키고 난 후 승합차를 타고 빠져나옵니다. 그리고 다시 수출용 자동차를 타고 화물선 안으로 들어가는 선적 작업을 계속합니다. 그런데 교수님께 질문한 아이는 그 사실을 모르고 전문 운전기사까지 자동차와 함께 수출하는 것으로 착각한 것 같습니다. 아마도 뉴스 시간에 6대의 수출용 자동차가 화물선에 오르면 그 뒤를 빈 승합차가 따라가는 장면이 나오지 않았기 때문에 벌어진 해프닝 같습니다." 충분히 이해되는 설명이었다. 나는 그 아이에게 건네받은 이-메일 주소로 현대자동차(주) 홍보팀에서 들은 얘기를 그대로 전달해 주고 격려의 메시지를 남겼다. "학생의 관찰력은 대단히 훌륭합니다. 장차 과학자가 된다면 노벨상도 받을 수 있을 것 같습니다. 지금처럼 매사에 궁금증을 갖고 그것을 풀기 위해서

치열하게 노력해 주길 바랍니다." 그랬더니 그 아이도 내게 이런 짤막한 감사의 글을 보내왔다. "저와의 약속을 이렇게 빨리 지켜주셔서 고맙습니다. 저의 아빠는 KAIST 교수로 근무하는 과학자입니다. 저도 아빠 같은 훌륭한 과학자가 되고 싶습니다. 지켜봐주세요."

다. 방송사 사장님들께 써 보낸 손 편지

그 일이 있은 후 나는 KBS, MBC, SBS 사장님들께 편지를 썼다. 나는 그들에게 대전의 한 초등학교에서 겪은 일을 자세히 소개했다. 또 향후 화물선에 수출용 자동차의 선적 과정을 방영할 때 반드시 수출용 자동차 뒤로 빈 승합차가 따라 들어가서 운전기사를 실어 나르는 모습을 방영해달라고 부탁했다. 얼마 후 한 방송에서 수출용 자동차의 선적 장면을 보여주었다. 옛날 생각이 나서 '화물선과 수출용 자동차의 선적' 이라는 키워드로 인터넷 검색을 해보니 YTN이었다. 메인 방송 3사는 그때까지도 요지부동이었다. 어린이의 눈은 단순해 보이지만 그 안에는 어른 못지않은 통찰과 그들만의 파워풀한 세계가 자리 잡고 있다. 따라서 어린이들에게 잘못된 이념을 주입시키거나 왜곡된 정보를 제공하는 것은 그 자체로 범죄행위에 가깝다고 생각한다. 왜냐하면 어른들의 이기심과 그릇된 행동이 해맑은 아이들의 순수한 영혼을 망가트릴 수 있기 때문이다. 과거 인기드라마 '모래시계' 의 주인공으로 출연한 탤런트 P씨가 A기업이 만든 침대를 홍보하면서 "침대는 과학입니다!" 라는 멘트를 했던 적이 있다. 그로부터 한참이 흐른 후 초등학교에서 '다음 중 과학이 아닌 것은?' 을 묻는 시험문제가 출제되었다고 한다. 그때

침대를 과학이라고 생각한 아이들이 적지 않았다는 후문後聞이다. 또 1997년 12월 3일에 갑자기 들이닥친 IMF 금융위기 때 국내의 유명 학용품 생산업체인 M사가 부도를 맞았다. 그런데 M사가 부도를 맞게 된 이유가 너무나도 기가 막혔다. 본래 M사는 자사 제품에 영어를 사용했는데 초등학생들이 그만 그것을 외국산 제품으로 오인하고 상품 구매를 하지 않았던 것이다. 그 때문인지는 몰라도 지금 M사 제품을 보면 영어를 일체 쓰지 않고 한글만을 고집한다. 그것도 대문짝만하게 말이다. 만약 그 당시 초등학교 선생님들이 국산품에 대한 올바른 정의를 내려주고 M사 제품이 국산품임을 제대로 설명해 주었다면 그들이 부도를 맞는 비극은 일어나지 않았을 것이다. 나는 지금도 당돌한 질문을 했던 그 아이를 또렷하게 기억한다. 또 그 아이가 선생님이나 친구들로부터 왕따 당하지 않고 어린 시절에 가졌던 통찰력을 잘 보존해서 훌륭한 과학자의 꿈을 꼭 이루길 기대한다. 혹시 누가 아는가? 그 아이가 나중에 한국인 최초로 노벨 과학상을 수상한 후 A초등학교 5학년 때 일일교사로 참여했던 어느 교수님의 격려 때문에 이 자리에 설 수 있었다고 인사할지? 사람의 미래는 아무도 모르는 법이다. 오늘따라 그 아이가 갑자기 보고 싶어진다. 지금쯤 멋진 대학생이 되었을 텐데. 어느 대학에서 어떤 전공을 선택해서 어떻게 공부하고 있는지? 자못 궁금하다.

5. 대학교재를 무료로 나눠줬던 사연

여러분은 혹시 학창시절에 교수로부터 책을 공짜로 선물 받아본 적이 있나요? 아마 없을 것이다. 쉬운 일이 아니기 때문이다. 하지만 나는 기업들의 광고협찬을 받아 대학생들에게 대학 교양교재를 2012년 2학기 때부터 2016년 1학기 때까지 약 3년 반 동안 무료로 나눠준 일이 있다. 어떻게 그런 일이 가능했을까? 그것 역시 작은 통찰이 만들어낸 기적이었다. 그렇지만 현재는 안타깝게도 기업들의 광고협찬이 예전처럼 이루어지지 않아 잠시 숨을 고르고 있는 중이다. 이번에는 그 얘기를 소개할까 한다. 2012년도 2학기가 시작되던 때의 일이다. 나는 도서출판 와이북스의 이승주 사장과 의기투합해 대학 교양강의에 사용될 『파워리더십』 책을 학생들에게 공짜로 나눠주는 행사를 교내에서 실시했다. 물론 내가 쓴 책을 교재로 사용하는 타 대학의 학생들에게도 무료로 나눠줬다. 정가 3,5000원짜리 올 컬러판 『파워리더십』 책을 무료로 나눠주니 학생들도 무척 좋아했다. 내 강의를 듣고자 희망하는 학생들의 숫자도 400명 수준에서 두 배 이상으로 급증했다. 그때 내가 느낀 것은 '사제지간에도 공짜 현물이 오고가야 정이 싹튼다'는 사실이었다. 그러나 내가 이렇게 변신한 데는 남모를 심적 고통이 있었다는 사실을 아는 사람은 아무도 없었다.

▲ 학생들에게 책을 무료로 배부하는 모습

▲ 파워리더십 책표지

가. 번민 속에서 쏘아올린 작은 희망!

나는 이론경제학을 전공한 경제학자다. 또 오랫동안 조선시대와 근현대사에 대한 책을 열심히 읽어온 역사연구가이기도 하다. 자연히 과거 임금이나 역대 대통령들에 대한 공부를 하게 되었고 나름대로 역사 속 인물의 리더십에 대한 자료와 지식을 상당 부분 축적할 수 있었다. 그래서 큰마음을 먹고 2009년도부터 '파워리더십' 이라는 교양과목을 개설해 학생들을 가르치기 시작했다. 원활한 강의진행을 위해 만든 첫 번째 교재가 도서출판 지인북스가 출간한 『파워리더십』이었다. 교수라면 누구든 자기 강의를 듣는 수강생들이 교재를 구입해서 공부하기를 기대한다. 책이 전쟁터에서 자신의 목숨을 지켜주는 창이나 칼과 같은 존재이기 때문이다. 하지만 학생들은 예나 지금이나 책 구입은 하지 않고 적당히 때우려고만 한다. 선배한테 빌려보거나 중고 알뜰시장에서 싼값에 책을 구입해서 공부하는 학생은 그나마 괜찮은 젊은이다. 한 번은 책도 안사고 늘 빈 몸으로 강의를 듣는 학생들에게 이런 사항을 공지

한 적이 있다. "담당교수는 여러분이 책을 구입한 다음 열심히 학습해 주기를 간절히 희망합니다. 만약에 책을 구입한 학생들은 책 뒷부분에 있는 저자 인지를 뗀 후 기말고사 답안지의 하단에 붙여서 제출해 주십시오. 추후 성적을 산출할 때 동점자 처리 문제가 발생하면 그 학생부터 우선적으로 올려주도록 하겠습니다." 그것이 화근이었다. 나에게 불만을 품은 어느 학생이 그 내용을 국가인권위원회에 제소했고, 나는 결국 그들의 서면조사를 받아야만 했다. 모멸감을 느끼고 부화가 머리끝까지 치밀어 올랐지만 조사관에겐 내 행위가 책을 강매한 것이 아니었음을 논리정연하게 피력했다. 그리고 국가인권위원회로부터 '문제 없음'이라는 최종 통지를 받았다. 그 이후로도 한동안 심적 갈등과 번민이 이어졌다. 그러던 차에 구세주 한 분이 나타났다. 2012년 5월 말경 미국 출판업계에서 근무하다 귀국해 출판 사업을 막 시작하려는 와이북스의 이승주 사장이 내 연구실을 찾아온 것이다. 그는 내게 『파워리더십』 책을 출간한 지인북스 사장과 잘 아는 사이라며 자신을 소개했다. 그러면서 내게 이런 말을 했다. "지인북스 사장이 개인 사정으로 출판업을 접으려고 합니다. 혹시 저희 출판사에서 『파워리더십』 책을 다시 출간할 의향이 없으신지요. 만약 교수님께서 허락해 주시면 나머지 부차적 문제는 제가 지인북스 사장과 깔끔하게 정리하겠습니다. 또한 책은 기업의 광고협찬을 받은 후 올 컬러로 제작해 전국 대학생들에게 무료로 나눠주도록 하겠습니다. 인세는 6개월 단위로 지급해 드리겠습니다." 나로서는 반대할 이유가 하나도 없었다. 책은 학생들에게 공짜로 나눠주고 인세는 6개월 단위로 지급하겠다니…… 나에게는 그것보다 더 좋은 조건이 없었다. 곧바로 이승주 사장과의 의기투합이 이루어졌다.

나. 여성 잡지처럼 산뜻하게 만든 『파워리더십』 책

2012년 6월 초 우리 두 사람은 출판계약서에 사인한 후 『파워리더십』 책의 개정작업에 본격적으로 돌입했다. 나는 1개월 동안 기존 원고를 대대적으로 보완하며 새로 넣을 사진과 이미지 개선 작업에 임했고 이승주 사장은 기업체를 방문하며 책 제작비용을 후원해줄 스폰서를 열심히 찾아다녔다. 처음에는 불가능한 일처럼 보였다. 그렇지만 두 사람의 열정에 적지 않은 기업들과 공공기관이 제작비용을 후원해 주었다. 그 주인공은 외교통상부, 중앙일보, BM, 제주 설록차를 비롯한 21개 기관들이다. 지금 생각해 봐도 참으로 고마운 사람들이다.

그들 기관의 적극적인 지원과 우리 두 사람의 피나는 노력은 알찬 교재의 출간으로 이어졌다. 이승주 사장은 『파워리더십』의 출판비용을 아끼지 않고 과감하게 투자했다. 모든 사진과 글은 올 컬러로 제작했고 종이 또한 가장 좋은 것으로 선택해서 다른 교재들과 차별화를 시도했다. 책의 외관도 여성 잡지처럼 화려하게 디자인했고 21개 기관의 홍보도 지원 금액에 따라 책의 앞면, 뒷면, 그리고 책 속의 간지에다 적절히 배치해 학생들에게 노출시켰다. 그런 다음 매 학기당 5,000여 부를 발간해 내 책을 교양교재로 선택한 전국의 대학을 돌면서 학생들에게 무료로 나눠주는 퍼포먼스를 실시했다. 책을 공짜로 나눠준다는 소문이 돌자 수많은 학생들이 내 교양과목인 『파워리더십』으로 몰려들기 시작했다. 순식간에 나는 교양강의에서 학생들로부터 인기를 얻는 교수가 되었고 이승주 사장의 와이북스도 출판업계에서 주목을 받았다. 특히 여러 출판인들이 그의 독특한 출판경영에 대해 많은 관심을 보였다. 하지만 이승주 사장과 나의 인연은 3년 반 만에 한계에 부딪치고 말았다. 예전처럼 책 제작에 필요한 출판비용을 스폰해 주겠다고 나서는 기업이나 공공기관이 확 줄었기 때문이다. 그동안 적극적인 자세로 후원해 주던 기업들이 경영사정 악화로 후원대열에서 빠지는 경우가 많은 데다 새로운 지원 기관을 확보하는 데 애로가 많았기 때문이다. 안타깝고 아쉬운 일이었지만 나는 "앞으로 책 출간이 힘들겠다"는 이승주 사장의 얘기를 수용할 수밖에 없었다. 매 학기마다 『파워리더십』 책을 무료로 나눠주던 행사를 하지 못하게 되자 그 과목의 수강 학생들 숫자도 하나 둘씩 줄어들기 시작했다. 그 또한 어쩔 수 없는 일이었다. 그로부터 1년 동안 나는 출판시장의 동향을 주시하며 다각도로 후원기관들을 개인적으로 물색해 보았지만 결코 쉽지 않았다. 그렇다고 무작정 앉아 있을 수만은 없었다. 그래서 약 6개월 동안 전체 내용의 1/2을 걷어내고 새로운 원고로 교체하는 대대적인 개정작업을 진행했다. 그리고 2017년 3월 초에 대학교재 분야에서 오랜 기간 명성을 쌓아온 도서출판 박영사에서 『블랙벨트 리더십』 책을 출간해 학생들에게 유료有料로 제공하고 있다.

다. 스티븐 스필버그 감독과 이승주 사장의 공통점

얼마 전 트위터twitter의 공동창업주인 비즈 스톤Biz Stone이 쓴 책 『나는 어떻게 일하는가』를 읽어볼 기회가 있었다. 얼리 어댑터 독자들의 평점은 10점 만점에 6.67로 그리 높지 않았지만 나는 그 책에서 신선한 감동을 받았다. 특히 1975년에 제작된 영화 '죠스'를 언급하며 "제약이 창의성을 불러일으킨다"는 그의 지적에 매료되었다. 그의 말에 따르면 스티븐 스필버그 감독이 영화 '죠스'를 만들 때 제작비용이 크게 부족했다고 한다. 예산상의 제약에 직면한 스필버그 감독은 다른 방법으로 돌파구를 마련했다. 그것은 촬영 카메라를 상어의 눈으로 활용하는 것이었다. 즉, 상어의 모습을 보여주는 게 아니라 그 녀석한테 무자비한 공격을 당하는 사람들을 보여주는 데 초점을 맞춘 것이다. 왜냐하면 상어를 정교하게 구현하는 데는 매우 큰돈이 들어가기 때문이다. 이승주 사장이 바로 스티븐 스필버그 감독과 같은 분이다. 미국에서 귀국해 와이북스 출판사를 차린 후 자신이 출간하는 모든 책들은 후원사들의 광고로 제작해서 무료로 나눠주겠다는 게 그의 야심찬 계획이었다. 처음에는 주변 사람들로부터 '봉이 김선달'과 같은 사람이라는 얘기도 들었다고 한다. 비록 내 책의 경우에는 초반에는 성공했다가 결말은 안 좋게 끝났지만 다른 책에서는 크게 성공해서 전국의 수많은 독자들에게 양질의 다양한 책을 무료로 나눠줄 수 있기를 고대한다. 그렇게 해서라도 스마트폰에 눈과 귀를 빼앗겨버린 독자들이 다시금 독서열풍에 빠지도록 해주었으면 하는 바람이 간절하다.

6. '디자인'은 제5의 생산요소다!

경제학은 노동, 자본, 토지를 대표적인 생산요소로 간주한다. 하지만 기업의 경영혁신이 중시되면서 어느 때부터인가 '경영'을 4대 생산요소로 꼽는 사람들이 많아졌다. 그런데 최근에는 디자인을 5대 생산요소라고 주장하는 분들도 생겨났다. 삼성그룹 이건희 회장이 주인공이다. 그는 디자인에 깊은 관심을 갖고 기업경영에 적극 반영시킨 사람이다. "디자인은 기업의 소중한 경영자산이며 21세기 기업경영의 최후 승부처가 될 것이다"라는 그의 얘기는 '생각의 빈곤'을 느끼는 많은 이들에게 신선한 충격을 준 바 있다. 삼성이 오늘날 세계 초일류기업의 반열에 오를 수 있었던 비결도 다른 기업보다 한발 앞서 디자인 중심의 기술혁신에 성공했기 때문이다.

가. 디자인이 중요시되는 이유

과거 먹고사는 것 자체가 힘들었던 시기에 디자인을 강조했다면 핀잔을 듣거나 정신 나간 사람으로 무시를 당했을 것이다. 소품종 대량생산의 시대에는 디자인이 크게 중요하지 않았다. 아니 디자인에 신경 쓸 필요가 없었다. 상품 자체가 늘 부족했기 때문에 무엇이든 생산만 하면 잘 팔렸기 때문이다. 그러나 '차이가 동질을 앞선다'는 포스트모더니즘 사회에서는 기업 간 경쟁이 치열해지고 소비자도 자신의 소비정체성을 찾고자 하는 욕구가 날로 커진다. 소비정체성의 핵심은 디자인이다. 요즘에는 대통령과 서울시장까지 직접 나서서 '디자인 코리아', '디자인 서울'을 외치는 실정이다. 디자인의 중요성은 세 가지 측면에서 언급된다. 첫째, 디자인과 명품은 찰떡궁합을 이룬다. 즉, 1등 브랜드의 결정은 디자인에 의해 판가름난다. 지금은 상품 과잉의 시대다. 소비자들이 넘쳐나는 상품들 가운데 무엇을 어떻게 소비해야 좋을지를 고민하는 시대다. 둘째, 마케팅 전략의 핵심도 품질에서 디자인으로 급격하게 터닝하고 있다. 기업이 판매촉진을 위해 벌이는 가격할인 방식은 경쟁기업과 상호 출혈경쟁을 유발하는 레드오션 전략에 불과하다. 디자인은 경쟁기업을 자극하지 않으면서 조용히 제압할 수 있는 최상의 블루오션 전략이다. 셋째, 디자인은 기업문화를 창의적으로 변모시키고 기업 가치를 크게 격상시키는 일등 공신이다. 애플사가 단적인 사례다. 1976년 4월 1일 애플사의 창립 이래 최대 위기상황에 직면했을 때 스티브 잡스가 CEO로 복귀해 최초로 시도한 것이 디자인 혁명이었다. 그는 당시 핵심 역량으로 인식되었던 운영체제Operating System ; OS에 대한 집착을 과감히 포기하고 디자인 혁신에 기업의 역량을 집중했다. 그리하여 소비자의 이목을 집중시킨 누드컴퓨터, 아이맥, 아이팟, 아이폰을 출시했으며, 이를 통해 기업을 회생시켰다.

나. 다이슨 청소기, 브롬턴 자전거의 매력

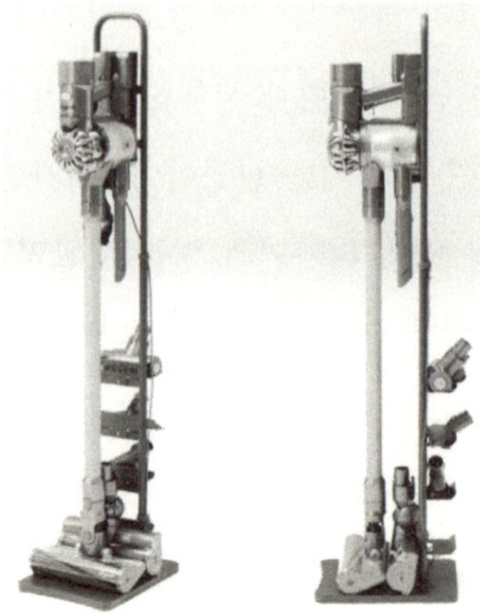

출처 : 하이마트

▲ 다이슨 청소기

한참 전에 아내한테서 들은 얘기다. 한동안 우리나라 가정주부들의 최대 희망사항은 영국 가전기업인 '다이슨dyson'이 만든 청소기를 구입하는 것이라고 했다. 그런 탓에 다이슨 청소기에 대한 예약이 폭주했다는 것이다. 그래서 지금 주문한다 해도 1달 후에나 그것을 손에 넣을 수 있다고 한다. 이것은 상품 과잉의 시대에서 대단한 인기가 아닐 수 없다. 이미 영국의 다이슨사는 날개 없는 선풍기와 한가운데가 뻥 뚫려 있는 헤어드라이어로 우리에게 친숙한 가전기업이다. 일부에서는 다이슨사의 제품을 '비틀즈 이후 가장 성공한 영국 상품', 다이슨사를 '영국의 애플사'라는 찬사까지 보낸다. 또 가전업계 관계자들 사이에서는 다이슨사의 CEO인 제임스 다이슨[8]이 '영국의 스티브 잡스'로 통한다. 처음엔 나도 다이슨 청소기에 대한 주

8. 최근 그가 쓴 『제임스 다이슨의 자서전』을 읽었다. 이 책에서 가장 인상 깊었던 대목은 "종이봉투가 필요 없는 사이클론 진공청소기를 개발하기 위해 4년간 시제품을 5,127개 만들었다"는 그의 얘기였다. 독종에 가까운 오기와 끈질긴 인내심 없이는 불가능한 일이다. 그의 발명공간은 자신의 작은 마구간이었다. 열악한 작업환경 속에서도 그는 숱한 실패로 인한 공포감과 절망감을 극복하며 자신이 생각하고 믿는 것이 언제나 성공하리라는 확신을 갖고 힘겨운 통찰의 시간을 보냈다. 그러한 노력이 세상의 가정주부들을 열광시킬 수 있었다고 생각한다. 제 아무리 창의적인 생각을 갖고 있더라도 인내와 친구하지 않으면 세상 빛을 보기 힘들다는 것도 우리가 제임스 다이슨을 통해 본 통찰의 매력이 아닌가 싶다.

부들의 관심과 환호가 이해되지 않았다. 청소기는 가전제품의 한 부류이고, 우리나라 삼성전자나 LG전자가 세계적인 가전기업인데 어떻게 이런 역전현상이 일어났을까? 궁금했다. 그래서 한 번은 아내를 따라 다이슨 청소기를 판매하는 매장을 방문해 내 눈으로 다이슨 청소기의 이모저모를 샅샅이 살펴보았다. 거기에는 우리 주부들이 다이슨 청소기에 열광할 수밖에 없는 요소들이 여러 개 있었다. 그것은 대부분 삼성전자나 LG전자의 엔지니어들이 방관하거나 무시했던 사항들이다. 고객의 불편사항에 조금만 관심을 기울이고 디자인에 신경 썼더라면 우리도 충분히 해낼 수 있었던 내용이었다.

다이슨 청소기의 강점은 ① 무선에다 종이로 만든 먼지봉투를 제거시켰다는 점, ② 벽걸이 거치형으로 멋지게 설계된 점, ③ 모터의 강력한 흡입력, ④ 투명한 먼지 통, ⑤ 가벼운 무게감, ⑥ 어디서든 청소가 가능한 서브-디렉토리(완구용품 트랜스포머를 연상시키는 다양한 조립부품)의 완벽한 구성에 있었다. 이는 국산 청소기들과 완전히 대비되는 사항이었다. 물론 다이슨 청소기 역시 완전무결한 제품은 아니었다. 몇 가지 문제점이 있었다. ① 배터리의 사용시간이 짧고, ② 여전히 존재하

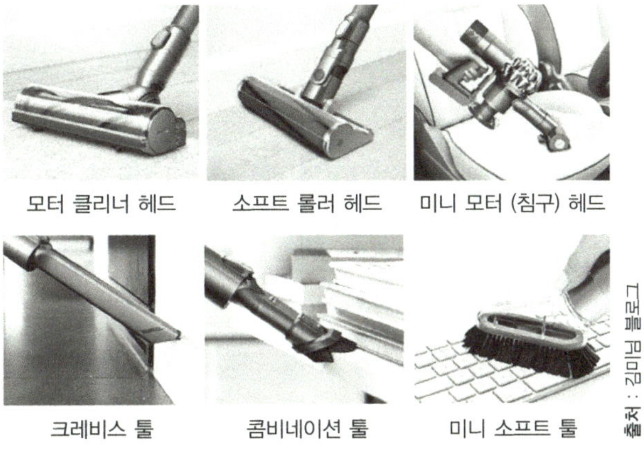

▲ 다이슨 청소기의 주요 구성품

는 소음, ③ 80～90만원대의 비싼 가격이 흠이었다. 하지만 우리 부부는 즉석에서 다이슨 청소기를 구매하기로 결정했다. 그것은 많은 주부들이 좋아한다기에 무작정 따라한 구매행위가 아니었다. 비싼 가격을 지불하고서라도 구입할 만한 가치가 있다고 판단되었기 때문이다. 특히 우리 부부를 매료시킨 디자인이 구입욕구에 불을 당겼다.

브롬턴BROMPTON이 제작한 '접이식 자전거'를 처음 접한 것은 몇 년 전의 일이다. 동네에서 친구들과 모임을 가졌는데 한 친구가 그것을 타고 나온 것이다. 평소 자전거에 별다른 관심이 없었지만 그것을 보니 앙증맞고 귀여워서 갖고 싶은 생각이 들었다. 제작회사와 가격대를 물어보고 크게 놀랐다. 자전거 1대 가격이 300만원에 가까웠다. 제조사는 영국의 브롬턴이었다. 접이식 자전거의 원조격인 그 기업을 인터넷에서 검색해 보니 영국 케임브리지대 공학부를 졸업한 앤드루 리치Andrew Ritch가 1976년에 설립한 벤처기업일명 스타트업이었다. 브롬턴의 역사는 접이식 자전거와 궤를 같이 한다. 40여 년 전에 이런 재미난 자전거를 개발했다는 사실이 흥미롭다.

▲ 픽토그램 로고

출처 : 라크베다위키

한 번은 친구에게 그 자전거를 타보자고 제안했다. 동네 산책로에서 자전거를 접었다 폈다 하면서 천천히 그것의 장단점을 살펴보았다. 자전거는 3단계로 접히는데, 마지막엔 네모반듯하게 접혔다. 일단 접으면 작은 사이즈로 변하기 때문에 그것을 갖고 대중교통수단을 이용하는 것도 가능했다. 심지어는 그것을 갖고 해외여행을 갈 수도 있었다. 그

출처 : 멧스토리

▲ 브롬턴 자전거가 접혀지는 과정

것이 가능한 것은 자전거 바퀴를 직경 50.8cm로 작게 설계한 덕분이다. 또 좌석의 높낮이 조절도 가능하기 때문에 남녀노소 누구나 탈 수 있도록 제작된 것도 매력이었다. 전문 바이킹 의류보다 구두와 양복을 입고 타는 게 더 잘 어울릴 것 같은 클래식한 디자인이었다. 게다가 노르웨이 출신 디자이너인 토머스 몬센Thomas Monsen이 만들었다는 브롬턴의 픽토그램pictogram : 그림문자 로고 역시 남심男心을 유혹하기에 충분했다. 특히 그것은 브롬턴 자전거의 특징인 접이식을 부각시켜주는 독특한 로고였다. 브롬턴 자전거가 소비자들의 호평을 얻게 되자 국내외 여러 기업들이 그것을 모방한 접이식 자전거와 전기자전거를 잇따라 출시했다. 국내에서는 '티엔애스모터스'라는 기업이 전기자전거인 모야 시리즈(1, 2, 3)를 생산해 국내는 물론 해외수출까지 하고 있다는 소식이다. 환영받을 일임에 분명하고 접이식 자전거를 뛰어넘어 전기자전거로 발전시킨 공로는 아무리 칭찬해도 지나치지 않을 것 같다. 그런데 만약 어느 누가 나에게 "자전거를 꼭 1대 구입하고 싶은데 어느 회사 제품이 좋을 것 같냐?"로 조언을 구해 온다면 나는 비록 매국노라는 비판을 감수하고서라도 브롬턴 자전거를 추천해 주고 싶다. 그 이유는 브롬턴 자전거에 내 마음을 빼앗겼기 때문이다.

다. 디자인은 무주지선점無主地先占이 가능한 기회의 땅이다!

디자인을 중시했던 경제경영학자나 CEO들은 많다. 하지만 디자인의 본질을 정확히 직시하고 자사 제품에 그것을 적용시켜 세계 초일류 제품을 만드는 데 성공한 최고의 CEO는 스티브 잡스였다. 그는 디자인에 대한 숱한 명언을 남겼다.

다음은 블로거 멀리라이터 님이 작성한 '디자인에 대한 스티브 잡스 명언 베스트 10'에 실려 있는 글 가운데 일부를 각색한 것이다.

신형 제품 아이맥 G4를 만들 때 스티브 잡스는 디자인이 마음에 들지 않았다. 그래서 조너선 아이브Jonathan Ive를 집으로 초대해 자기 부인이 가꾸던 텃밭을 함께 산책했다. 그는 아이브에게 "Each element has to be true to Itself!"라고 말하면서 정원의 꽃처럼 아이맥에는 불필요한 군더더기가 전혀 없어야 한다고 강조했다. 컴퓨터가 해바라기처럼 보였으면 좋겠다고 하자 아이브는 그의 말에 영감을 얻고 해바라기 모양의 아이맥 G4를 완성하게 된다. 그 후에도 두 사람은 회사에서 하루 한 번씩 꼭 대화를 나누었다고 한다. 애플에서는 잡스와 아이브를 일컫는 자이브Jive라는 신조어가 생겨났을 정도다. 뛰어난 디자이너가 있다고 해서 제품 디자인이 훌륭해지는 것은 아니다. 디자인의 중요성을 인식한 잡스가 전폭적으로 후원했기 때문에 아이브의 디자인이 빛을 볼 수 있었던 것이다. 아이브의 디자인은 하드웨어 개발팀에 의해 번번이 거부되었지만 그때마다 잡스는 아이브의 손을 들어주었다. 엔진니어 책임자였던 존 루비스타인과 아이브는 논쟁을 넘어 몸싸움까지 벌일 정도로 사이가 좋지 않았다. 그러나 잡스가 아이브의 편을 들어주는 바람에 결국 루비스타인이 회사를 그만두게 되었다고 한다. 일반적으로 회사에서는 엔지니어의 영향력이 디자이너보다 훨씬 크다. 즉, 하드웨어 개발이 끝난 뒤에야 껍데기를 만든다는 개념이다. 하지만 잡스는 디자인을 먼저 결정하고 난 뒤 엔진니어가 그것에 맞춰 제품을 완성하도록 했다. 엔지니어들은 자신들의 모든 능력과 열정을 쏟아 정해진 디자인의 기준을 충족시켜야 했다. 이와 같은 시스템이 구축될 수 있었던 것은 잡스가 디자인에 특별한 의지를 갖고 아이브에게 절대 권력을 주었기 때문에 가능한 일이었다.

이 글은 왜 애플사가 세계적인 초일류 상품을 계속해서 생산해내는지에 대한 비밀을 밝혀준다. 다이슨 청소기와 브롬턴 자전거를 생산한 다이슨과 브롬턴의 CEO 역시 스티브 잡스와 비슷한 철학을 가진 사람이다. 엔지니어 부문은 다 고만고만한 경쟁력을 갖고 있기 때문에 두각을 나타내기가 쉽지 않다. 그렇지만 디자인 영역은 무주지선점無主地先占 : 주인 없는 땅을 먼저 차지하는 것이 가능한 기회의 땅이다. 누구든 먼저 보고 먼저 달려가서 쟁취하는 쪽이 승자가 될 수 있다. 우리나라 CEO들도 디자인을 중시했던 스티브 잡스의 경영철학을 공유하며 경영의 신천지를 새롭게 개척해 나가길 기대한다. 그러려면 무엇보다도 기막힌 통찰력으로 '생각의 빈곤'을 타파시켜 나갈 수 있어야 한다. 지금은 병석에 누워 생명을 연장하고 있는 이건희 회장의 뒤를 이어 디자인 코리아를 진두지휘할 새로운 CEO의 등장이 간절하게 요구되는 시기이다.

7. 하늘의 구축함 : AC-130 건십gunship

대한민국 공군이 운용하는 군용항공기는 F-15K, KF-16, F-16, RF-16, F-5E/F, FA-50, KA-1, C-130H, C-130U, T-50, T-50B, HH-47, HH-60 등이다. 미 공군기로는 북핵문제와 관련해 남북 간 긴장국면이 조성될 때마다 한반도 상공에 종종 출현했던 F-22, F-35A, F-35B, B-1, B-2 항공기가 있다. 또 오산기지에 주둔하고 있는 미 공군은 F-16 전투기와 A-10기, U-2 정찰기 등을 운용하고 있다. 일반인들 가운데는 이들 항공기에 표기된 영문자가 어떤 의미인지 잘 모르는 분도 꽤 있을 것이다. 그런데 항공기 이름에 표기된 영문자 알파벳은 나름대로 일정한 규칙이 있다. 군용항공기가 전투(폭)기Fighter인 경우는 F자를 붙인다. 공격기Attacker는 A, 폭격기Bomber는 B, 정찰기Reconnasissance는 R, 수송기Cargo는 C, 훈련기Trainer는 T, 헬리콥터Helicopter는 H, 정보획득을 비롯한 다목적기Utility는 U자를 붙인다. 또 F-15K, KF-16, KA-1기에 들어 있는 K는 대한민국Korea이 면허 생산을 했거나 한국 공군에 특화된 전투기라는 뜻이다. 헬리콥터도 육군이 운용하는 것은 UH-60과 CH-47이지만 공군은 같은 기종의 헬기를 HH-60과 HH-47이라고 부른다. 공군이 이 헬기를 탐색 및 구조search and rescue에 활용하기 때문이다. 또 RF-16기는 F-16 전투기를 대북 정보Reconnasissance 획득에 적합하도록 개조한 항공기를 말한다. 즉, 전투와 정보획득이 동시에 가능한 전천후 전투기라는 의미다. 그렇다면 방송이나 신문지상에서 자주 언급되는 FX와 KFX의 의미는 무엇일까? FX사업은 차세대 전투기 사업, KFX사업은 앞으로 한국이 생산하는 차세대 전투기 사업을 말한다. 여기서 K는 대한민국, X는 실험기eXperoment라는 뜻이다. 군용항공기의 숫자 뒤에 붙은 영문자는 기체의 개량부호라고 하는데, 모든 것이 다 그런 것은 아니다. 일례로 F-35A, F-35B, F-35C는 F-35 전투기를 미 공군, 미 해병대, 미 해군에 맞도록 개조한 것이고, C-130H와 C-130U는 성능버전을 뜻한다. C-130U는 C-130H의 개량모델이다.

가. 미국이 보유한 특수 목적 수송기

미군이 보유한 수송기 가운데 AC-130H스펙터(specter)와 AC-130U스푸키(spooki)가 있다. 이는 세계에서 유일하게 미 공군만이 운용 중인 특수목적의 수송기다. C를 보면 수송기가 분명한데, 이것은 일반 수송기가 아니다. AC에서 A는 적군을 공격할 수 있는 공격기임을 뜻한다. 그래서 AC는 적을 공격할 수 있는 특수 목적의 수송기를 의미한다. 이들 수송기의 기체는 록히트마틴사가 제작했고, 무기운용체계는 보잉사가 개발했다. 미 공군이 그것을 운용하는 주된 이유는 근접항공지원close air support, 항공차단air interdiction, 부대방호force protection 작전을 수행하기 위해서다.[9] 일반적으로 건십gunship은 지상군을 근접거리에서 작전지원을 하는

9. 참고로 근접항공지원이란 말 그대로 공중 공습을 통해 지상군의 군사작전을 돕는 역할을 말한다. 흔히 전쟁영화에서 볼 수 있는 장면, 즉 육군 지휘관이 협조요청을 한 지역에다

무장 헬리콥터를 말한다. 그러나 미 공군은 AC-130H와 AC-130U에도 건십이란 명칭을 부여했다. 사실 이들 수송기는 세계 최고 수준의 공격용 헬리콥터인 아파치AH-64보다도 공격능력이 강력한 항공기이다. 건십의 최신 버전인 AC-130U의 무장상태를 살펴보자. 무장은 모두 기체 좌측에 배치되도록 설계되었다. 무장의 기본 구성은 기체 앞부분부터 6개 총구를 가진 25mm GAU-12/U 개틀링 기관포 1문, 40mm 보포스 기관포 1문, 105mm 유탄포 1문이다.[10] 또 AC-130U는 다른 미 공군의

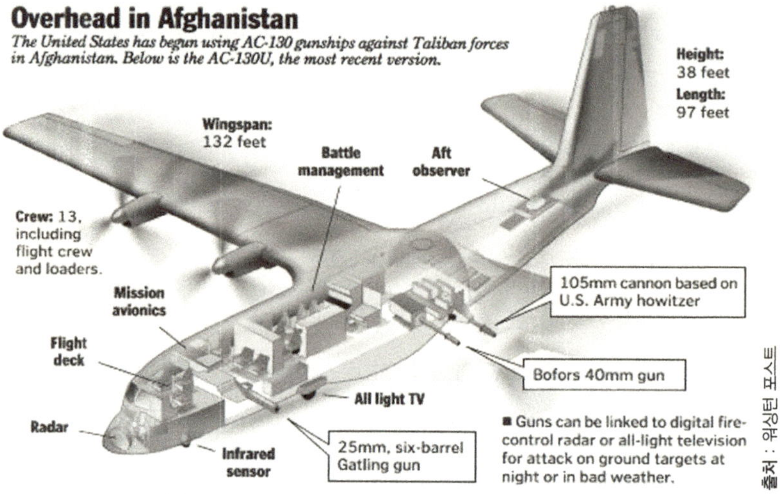

▲ C-130U 스푸키의 조감도

공중폭격을 퍼부어 해당 지상전투에서 승리할 수 있도록 돕는 전술을 지칭한다. 항공차단은 전장(戰場)에서 적의 전력을 사전에 교란 · 지연해 파괴하거나 적 전력의 증원, 재보급 및 기동성을 제한시키는 전술이다. 부대방호는 항공기지나 다른 시설물 및 군사장비를 적의 공격으로부터 보호하는 전술을 말한다.

10 그 밖에도 APG-70을 개조한 APG-180 레이더, AAQ-17FEIR, ALLTV 등의 화력지원 시스템, 기체를 자체적으로 보호하기 위한 세라믹제 장갑판, ALE-40 채프/플레어 발사기 장착, ALQ-172 재머, ALR-56M, AAR-44 IR 경보장치, QRC-84-02 IRCM, APR-46 회피시스템, INS, GPS 등의 항법시스템, 복수 목표물도 공격이 가능한 조종석의 목시

공격기보다 화력이 막강하고 체공시간도 길다. 게다가 네이비 실Navy SEAL이나 그린베레와 같은 특수부대와 같은 최정예 소수병력이 다수의 적군과 대치해서 전투를 벌일 경우 AC-130U 건십은 하늘에서 가뭄 속의 단비와 같은 역할을 담당한다. 이런 탓에 오래전부터 군 관계자들은 A-130U에 '하늘의 구축함', '죽음의 천사' 라는 닉네임을 붙여주었다.

나. AC-130 건십의 유래와 미래 운명은?

건십의 유래는 19C 중반으로 거슬러 올라간다. 당시 미국과 영국 해군은 하천이나 연안 지역에서 군사작전을 전개하는 특수 목적의 군함을 건보트Gunboat라고 명명했다. 이후 건십이 탄생한 것은 제2차 세계대전과 6.25 남침전쟁, 베트남전쟁을 통해서다. 일본의 진주만 기습을 계기로 미국이 대일對日전쟁을 선포한 이후 미군은 12.7mm 기관포를 여러 정 장착한 B-25 중中폭격기로 일본군의 수송선단을 공격해서 큰 전과戰果를 거두었다. 그것을 계기로 한층 무장능력이 보강된 B-26 중中폭격기가 탄생되었고, 이는 6.25 남침전쟁 기간에 중공군과 북한군의 보급로와 보급차량 공격에 혁혁한 전공을 세웠다. 어쩌면 한국군과 UN군이 지상작전을 성공적으로 완수할 수 있었던 것은 적 보급품을 차단시킴으로써 그들의 전쟁의지를 말살했던 폭격기 조종사들의 희생과 헌신 덕분이다. 새로운 개념의 건십이 등장한 것은 1964년 8월 7일 통킹만 사건을 계기로 미국이 베트남전쟁에 참전하면서부터다. 베트남전쟁이 시작되던 1960년대에 어느 미 공군장교가 국방성에 새로운 아이디

조준용 HUD 장착은 물론 MIL-STD-1553B 데이터 버스로 상호 연계되어 있다.

어를 제시했다. 그는 수송기의 한쪽 측면에 여러 정의 기관포와 기관총을 장착한 건십을 제안했다. 처음에 미 국방성은 그의 제안을 회의적 시각으로 바라봤다. 그러나 내부 논의를 거친 후 수차례의 실험과정을 통해 기체 정면보다는 측면에 기관포와 기관총을 장착해 운용할 경우 명중률을 높일 수 있다는 사실에 주목했다. 그것을 계기로 미 국방성은 새로운 건십 제작에 팔을 걷어부치고 나섰다. 한 젊은 장교의 남다른 통찰력이 새로운 건십의 탄생을 촉발시킨 것이다.

베트남전쟁에서 첫 선을 보인 건십은 C-47D 수송기 측면에다 3대의 7.62mm 미니건Minigun을 장착한 FC-47D 건십이었다. 이는 나중에 AC-47D로 명칭이 바뀌었으며, 7정의 7.62mm 미니건이 추가로 장착되었다. 총 50여 대가 생산된 AC-47D는 1965년부터 베트남에 실전 배치되었다. 미니건의 최대 발사속도는 1분당 약 6,000발 정도다. 3정의 미니건이 동시에 작동하면 1분당 18,000발, 10정의 미니건이 동시에 발사하면 60,000발의 강철비가 적의 머리 위에 떨어졌다. 주야간 공격이 가능했던 전천후 AC-47D 건십의 등장으로 호치민루트를 오가던 1만 여대의 월맹군 보급트럭들은 궤멸 수준의 타격을 입었다. 이에 뒤질세라 월맹군은 대공포로 맞서기 시작했다. 그 과정에서 19대의 AC-47D 건십이 월맹군의 대공 포화에 격추당했다. 원인분석에 들어간 미군은 AC-47D 건십의 단점으로 기동성 제한과 저속을 꼽았다. 1966년 미군은 AC-130 건십 개발을 제안했다. 1967년 5월에 개발된 초기 모델은 AC-130A 건십이었다. 그것의 무장능력은 4정의 7.62mm 미니건과 20mm 벌컨포 4문이었다. 거기에다 조종사를 비롯한 승무원 11명의 생존성을 높이기 위한 장갑판과 적의 대공 미사일에 대응하기 위한 플레어 장착, 한층 업그레이드된 무장능력, 전자 감시 장비를 강화시켰다. 그리고 1967년 9월 남베트남의 나트랑 공군기지에 배치해서 90일간의 전투 테스트를 거친 후 전력화했다. 이후 AC-130A 건십의 개량작업이 꾸준히 이루어지면서 베트남전 말기까지 AC-130E와 AC-130H 건십이 생산되었다. 물론 그 과정에서 야간작전을 보다 원활하게 수행하기 위한 첨단야시장비와 무장능력이 대폭 강화되었다. 특히 기체 좌측 후미에 각각 1문씩 장착된 40mm 보포스 기관포와 105mm 유탄포는 AC-130H 건십이 '하늘의 구축함', '죽음의 천사' 라는 닉네임을 얻게 만든 장본인이다. 베트남전쟁이 끝난 후 다른 건십은 퇴역하고 AC-130H 건십만 남게 되었다. AC-130H 건십은 미국의 그레나다 침공(1983년)과 파나마 침공(1989년) 작전, 걸프전(1991년)에 참전해서 눈부신 전과를 거두었다. 미군은 걸프전 이후에 AC-130U 건십을 실전배치했다. 즉, 미 공군이 정밀타격이 요구되는 전장戰場의 수요에 적극 부응하기 위해 미 방위산업체인 록웰사에 AC-130U 건십 제작을 발주했고, 1994년 11월부터 제4특수전 비행대대에 실전배치하기 시작했다. 그것은 AC-130H 건십에 비해 성능이 한층 업그레이드된 기종이다. 20mm 벌컨포는 25mm 벌컨포로 대체되었고 최첨단 전자전 장비, 사격통제장비, 야시장비가 장착된 AC-130U 건십은 아프간 전쟁과 이라크 전쟁에서 맹활약했다. AC-130U 건십의 운용에 대해 전략적 성과를 확신한 미군은 현재 간이형 건십까지 배치시켰다. 미 해병대가 운용 중인 KC-130J 공중급유기에 헬파이어 대전차 미사일과 30mm 체인건Chain-gun을 장착한 하베스트 호크Harvest Hawk가 대표적인 사례다. 평시에는 공중급유기로 사용하지만 유사시에는 무장을 장착해 건십으로 활용하겠다는 취지에서다. 또 미 공군은 특수전기特殊戰機를 활용한 드래곤 스피어스Dragon Spears를 계획 중에 있다.

다. 작은 통찰이 위대한 결과를 낳는다!

샤프펜슬이 있다. 자세히 살펴보면 교체용 연필심과 지우개, 옷의 주머니에 꽂고 다닐 수 있는 구조가 기존의 연필과 큰 차이를 보였다. 문구시장의 주요 고객인 어린이들이 먼저 움직였다. 그 다음에 청소년, 대학생과 직장인들이 그것을 구입하기 시작했다. 소비가 폭발적으로 늘어나자 샤프펜슬의 가격도 올라갔고 그것을 만든 회사는 단기간에 큰 영업이익을 거두었다. 이처럼 두 개 이상의 기능이나 역할을 잘 엮어서 하나의 새로운 제품이나 서비스를 창출하는 것이 융합融合이다. 따지고 보면 융합은 그리 어렵거나 고차원적인 개념이 아니다. 기존의 지식 A와 B를 잘 연결해 새로운 지식 C를 만들어낼 수 있는 힘이 바로 융합이다. AC-130 건십도 기존 수송기에다 이미 알려진 무기체계를 융합시켜 적에 대한 공격과 수송이 가능한 특수 목적의 항공기를 개발한 것이다. 미 국방성에 건십을 처음으로 제안한 한 젊은 공군장교의 통찰력이 미 지상군을 전투에서 승리하게 만들고 미 공군의 전력을 한 차원 높이는 긍정적인 결과를 낳았던 것이다. 여기서 확인할 수 있듯이 통찰의 방법과 응용범위는 무궁무진하며 그것이 성공했을 경우에는 상상을 초월한 긍정적인 결과를 도출할 수 있다. 남다른 통찰로 '생각의 빈곤'에서 탈출하는 순간, 예상 외의 소득은 물론 행복과 즐거움까지 거머쥘 수 있다. 결국 조직의 운명은 통찰력을 지닌 인재를 얼마만큼 확보하느냐에 달려 있다.

8. 미일美日 공중전에서 배우는 통찰의 지혜

평생을 팬텀기 조종사로 살아온 나에게 있어 공중전空中戰 기술은 숙명과도 같은 문제였다. 늘 북한을 비롯한 가상의 적敵과 또 다른 내 안의 적敵을 염두에 두고 나름대로 치열하게 살았다. 평시에는 내 안의 적이 훨씬 더 무섭고 두려웠다. 나 자신을 제대로 컨트롤하지 못할 경우 대형 비행사고가 언제든지 일어날 수 있기 때문이다. 그래서 인내와 절제를 생활화하며 자중자애自重自愛하는 조심스런 삶을 살았다. 싸움의 본질은 그것이 전투든, 기업경영이든, 심지어 축구경기든 매한가지다. 다만 패배할 경우 내놓아야 할 대상이 다르다는 것뿐이다. 전투에서 패배할 경우에는 자기 목숨을 내놔야 하고, 기업경쟁에서 지면 파산을 각오해야 하며, 축구경기에서 패할 경우에는 우승컵을 포기해야 한다. 그 가운데에서 자기 목숨을 걸어야 하는 전투조종사의 싸움이 가장 극적劇的이다. 조종간을 내려놓은 지금, 나는 30여 년간 목에 둘렀던 빨간 마후라가 '붉은 피'를 상징했다는 생각에서 짠한 생각이 든다. 임무수행 중에 드높은 창공에서 산화한 선배, 동료, 후배들의 숭고한 희생과 헌신에 눈시울을 붉힌다.

가. 4가지 싸움기술

싸움에는 반드시 상대방이 있다. 또 누구든 강점과 약점을 동시에 갖고 있다. 우선 전투조종사로서 평소 생각했던 싸움기술은 크게 4가지였다. 싸움기술 1은 내 강점으로 상대방의 강점을 공격하는 것이고, 싸움기술 2는 내 강점으로 상대방의 약점을 공격하는 것이었다. 또 싸움기술 3은 상대방이 자신의 강점으로 내 강점을 공격하는 경우이고, 싸움기술 4는 상대방이 자신의 강점으로 내 약점을 공격하는 경우다. 이 가운데 싸움기술 1과 싸움기술 3은 가급적 피해야 할 전략이다. 이기기도 쉽지 않고 또 이긴다 해도 엄청난 피해와 손실을 감수해야 하기 때문이다. 따라서 싸움의 고수高手라면 싸움기술 2와 싸움기술 4를 놓고 주도권 경쟁을 벌일 것이다. 『손자병법』의 허실虛實 편에서 강조하는 피실격허避實擊虛도 이를 두고 하는 말이다. 참고로 피실격허는 '적의 방비가 견고한 곳은 피하고, 허술한 곳을 공격하라' 는 뜻이다. 전투조종사는 요기 조종사, 분대장, 편대장, 선임편대장, 비행대장, 전투비행대대장, 전대장으로 진급할 때마다 그에 준하는 연수교육을 철저하게 받는다. 그 과정에서 전투조종사는 제1, 2차 세계대전, 6.25 남침전쟁, 이라크 전쟁에 이르기까지 다양한 전쟁사를 학습한다. 내게는 공중전空中戰 강의가 제일 흥미 있었다. 비록 현대의 최첨단 전투기와 탑재무기는 과거에 비해 눈부시게 발전했지만 창공에서 적 항공기와 사투를 벌어야 하는 운명은 비슷했기에 그랬는지 모른다. 특히 내가 인상 깊게 들었던 강의는 1941년 12월 7일 일본의 진주만 기습을 계기로 미국이 참전한 후 미일美日 양국의 전투기들이 치열하게 벌였던 공중전 내용이었다. 그때

배운 교훈은 군사전략은 물론 기업경영에 이르기까지 다양하게 활용할 수 있다고 생각한다.

나. 상대방의 약점에 집중하라!

전쟁은 인류가 만들어낸 최대의 비극이다. 전쟁을 일으키는 핵심 인자는 인간의 파괴 본성을 일깨우는 물질적 탐욕이다. 땅이나 시장을 쟁탈하기 위해 벌이는 인간들의 전쟁은 암컷과의 짝짓기를 위해 벌이는 수컷들의 사투와 그 본질은 똑같다. 다만, 인간이 동물과 다른 점은 싸움에서 승리하기 위해 온갖 지혜와 정교한 기술을 총동원한다는 점이다. 역설적이지만 인류 역사는 전쟁을 통해 비약적으로 발전해왔다. 과학기술의 결정체인 전투기와 항공모함의 출현도 적과의 싸움에서 승리하기 위해서다. 그것을 극명하게 보여준 사건이 제2차 세계대전이다. 미국이 참전했던 1941년 12월부터 약 7~8개월 동안 태평양 지역은 하늘과 바다를 불문하고 일본군의 독무대였다. 그 중심에는 일본 해군의 함재기항공모함 탑재 전투기였던 제로센零戰이 있었다. 1939년 호리코시 지로堀越二郎가 설계하고 미쓰비시三菱중공업이 생산해서 1940년부터 실전 배치에 성공한 제로센의 초기 모델은 A6M Zero였다. 여기서 'A6M Zero'는 A(공격기), 6(6번째로 생산한 항공기), M(제조사인 미쓰비시 중공업), Zero(초기 모델)를 의미한다. 한편, 미군과의 공중전에 투입된 전투기는 A6M Zero보다 성능이 한층 개선된 A6M2와 A6M3였다. 미군은 P-40Warhawk와 F4FWild Cat와 같은 추적기를 투입해서 공중전을 시도했지만 제로센의 개량형인 A6M2와 A6M3의 적수가 되지 못했다. A6M2

와 A6M3는 뛰어난 기동성[11]과 상승속도,[12] 항속거리,[13] 고고도高高度 전투수행 능력에서 미군의 추적기인 P-40나 F4F보다 월등히 뛰어났다. 또 1937년에 발발한 중일전쟁을 통해 실전경험을 쌓았던 일본군 조종사들이 많았던 것도 미군에 불리하게 작용했다. 1942년 7월까지만 해도 일본은 남태평양 전역을 석권하고 호주까지 점령할 기세로 미군을 위협했다. 절체절명의 위기에 직면한 미군은 필사적인 반격작전을 준비했다. 반격지점은 솔로몬제도의 과달카날 섬이었다. 하지만 제공권과 제해권은 일본군이 주도하고 있었다. 1942년 8월 20일 미군은 특공대를 과달카날 섬에 상륙시켜 간이비행장을 접수하고 54대 규모의 '선인장 항공대Cactus Air Force'를 주둔시켰다. 42대의 전투기와 12대의 폭격기로 구성된 그들의 미션은 과달카날 기지를 사수하며 인근 해역을 지나는 일본군 수송선을 차단하고 미군의 해상작전을 지원하는 것이었다. 그러나 그것은 미군에게 무척 힘겨운 과제였다. 전투조종사의 숙련도와 항공기의 성능이 일본에 비해 열세였기 때문이다. 미군은 전전긍긍하면서도 전세를 역전시킬 묘안을 찾아야만 했다. 아니, 절박하게 찾

---

11. 기동성이 좋다는 것은 급선회 반경이 짧다는 얘기와 같다. 아래 사진에서 보는 바와 같이 파이팅 팰콘(F-16)전투기가 팬텀기(F-4)보다 급선회 반경이 짧다. 이런 경우 파이팅 팰콘 전투기는 팬텀기보다 기동성이 좋다고 말한다.

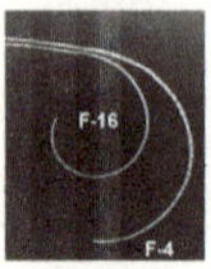

12. 상승속도는 얼마나 빠른 속도로 하늘을 향해 치솟는가를 나타내주는 개념이다.
13. 항속거리는 항공기가 주어진 조건에서 이륙 순간부터 탑재된 연료를 전부 사용할 때까지의 비행거리를 말한다.

을 수밖에 없었다. 그러던 차에 행운의 여신이 미군 쪽으로 손을 내밀었다. 그것은 한 일본군 조종사가 저지른 작은 실책에서 비롯되었다. 1942년 6월 일본은 미 해군 전력의 분산과 지휘부의 오판을 유도하기 위한 성동격서聲東擊西 전략의 일환으로 알래스카의 얄류샨 열도에 위치한 더치하버Dutch Harbor를 공격했다. 일종의 위장공격이었던 셈이다. 공격조로 참전한 일본 항공모함 류조龍驤 소속의 조종사 코가 타다요시라古賀忠義는 자신이 탄 제로센이 대공포에 피격되어 귀환이 불가능해지자 주변의 무인도 해변가에 불시착을 시도했다. 그곳은 늪지대였다. 제로센의 뒤 바퀴가 물과 맞닿으면서 생긴 저항으로 기체는 한차례 요동을 쳤고 조종사는 그 충격으로 사망했다. 다행스럽게도 기체는 늪지대의 완충작용으로 인해 크게 파손되지 않았다. 며칠 후 미 해군 정찰기가 그것을 발견했다. 미 정보국은 공병부대를 투입해 진입로를 만들면서 그것을 접수하고 수리까지 마친 후

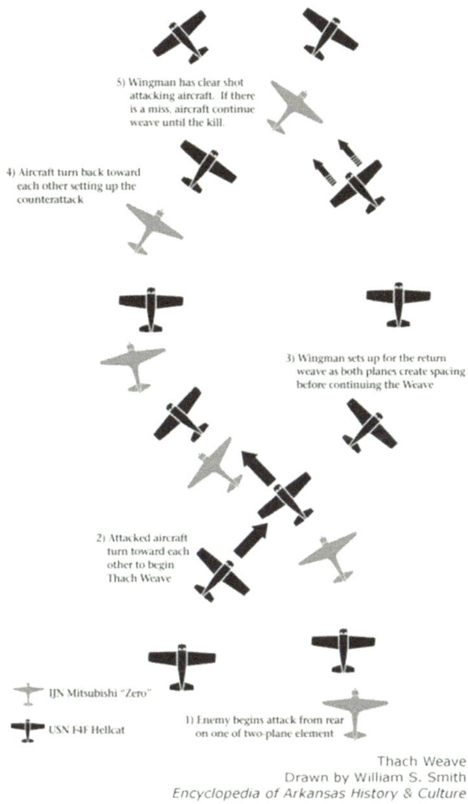

출처 : 대사님 블로그

▲ 태치위브의 전술도

비행을 시켜보았다. 제로센의 성능과 장단점을 파악하기 위함이었다. 그 결과 제로센에 내재된 치명적 한계점을 찾아냈다. 이는 미쓰비시 중공업이 기동성, 속도, 항속거리와 같은 일본 해군의 작전요구성능 Required Operational Capability ; ROC을 충족시키기 위해 제로센의 경량화를 추진하는 과정에서 생긴 문제였다. 제로센에는 조종사 보호용 장갑판과 연료차단장치가 없었다. 대공포는 고사하고 소총탄만 맞아도 조종사는 즉사하고 연료통은 폭발해버릴 정도였다. 미군은 출력이 낮은 925마력 엔진으로 F4F를 압도했던 비결을 밝혀내고 그것을 역이용할 비상대책을 강구했다. 태치위브Thach Weave 전술의 채택, 강력한 신예기 개발, 조종사 교대 제도의 확립이 그것이다.

다. 내 강점으로 상대방의 약점을 공격하라!

미 해군의 비행대대장이었던 존 태치John Thach 소령이 고안한 태치위브 전술은 미군 항공기 2대로 제로센 1대를 상대하는 전술이었다. 당시만 해도 미사일이 없는 시대였다. 기총사격이 전부인 1대 1 상황에서 조종사는 적기敵機의 꼬리를 쫓은 다음 기총사격으로 격추시키는 도그파이팅Dog Fighting이 주류였다. 당연히 도그 파이팅에서는 기동성이 뛰어난 제로센이 F4F보다 유리했다. 그런 싸움판을 태치 소령이 완전히 뒤바꿔놓은 것이다. 2대 1 전술로 전장戰場의 주도권을 쟁취한 것이다. 그것의 핵심은 앞의 그림에서 보는 바와 같이 미군 항공기의 꼬리를 물은 제로센의 측면이 다른 미군 항공기의 정면에 노출되도록 하는 데 있다. 그러면 제로센은 도그 파이팅을 수행하다 다른 미군 항공기의 측면

공격을 받고 격추될 수밖에 없다. 실제로 미군은 이 전술을 채택한 지 10일 만에 56대의 제로센을 격추함으로써 그간의 공포를 말끔히 씻어내고 공중전에 대한 자신감을 갖게 되었다. 물론 그 과정에서 미군도 11대의 항공기를 잃었다. 불가피한 희생이었다. 다음으로 미군이 채택한 것은 강력한 신예기 생산이었다. 제로센의 취약점을 간파한 미군은 제로센의 강점인 기동성에 집착하지 않았다. 그들은 그루먼Grumman사가 제작하는 신형 F6FHell Cat에 미 항공기의 장점을 특화하는 전략을 채택했다. 조종사와 연료통을 보호하기 위해서는 장갑능력을 한층 더 보강했다. 그 전제조건은 강력한 엔진을 기체에 장착하는 것이었다. 그루먼사는 2,000마력짜리 엔진을 달았다. 그것은 제로센보다 2배 이상 파워풀한 것이었다. 기체의 최대속도, 상승 및 하강 속도, 항속거리, 체공시간, 무장능력 등에서 제로센을 능가했고 강화된 장갑능력은 공중전에 임하는 조종사의 자신감 제고에 크게 기여했다. 제로센은 소총탄 1발만 맞아도 격추되기 쉬웠지만 F6F는 여러 발의 기관총탄을 맞고도 기지로 무사귀환 하는 경우가 많았다. 1943년 말부터 본격적으로 시작된 F6F의 전력화를 계기로 미군은 태평양을 비롯한 모든 전장戰場에서 제공권을 장악했다. 미군 전투조종사들에게 공포의 대상이었던 제로센은 이젠 과부寡婦제조기로 전락하고 말았다.

마지막으로 미군은 조종사들을 주기적으로 교대시키면서 교육훈련을 강화했다. 이는 현대의 우리 기업이 가장 귀담아들어야 할 대목이다. 조종사들은 하루하루를 고도의 집중력과 극한의 긴장감 속에서 보내야만 했다. 그런 만큼 그들이 매일 느끼는 전쟁 스트레스는 이루 말할 수 없었다. 적당한 휴식과 임무 교대는 그들이 동기부여와 재충천을 할 수 있는 최상의 정책이었다. 미군은 그것을 실행에 옮겼지만 정신무장을 중시했던 일본군은 그것을 무시해버렸다. 일본군 조종사 가운데는 사카이 사부로坂井三郎나 이와모토 데쓰조岩本徹三와 같은 에이스들이 많았다. 물론 이들은 제2차 세계대전에서 운 좋게 살아남았지만 대다수 일본군 에이스들은 연일 계속되는 전투에 참가했다가 유명을 달리했다. 일본은 에이스들까지 소모품으로 취급했다. 그들이 전쟁 막바지에 나이 어린 미숙련 조종사들을 가미카제神風특공대로 차출할 수밖에 없었던 것도 숙련된 조종사들이 대거 전사했기 때문이다. 반면, 미군은 조종사들의 목숨을 귀하게 여겼다. 그들은 적기 5대만 격추하면 에이스란 칭호를 부여했고, 본국으로 송환해 조종사 양성을 위한 비행교관이나 전술전기 개발 임무를 맡겼다. 또 신예기 개발과정에 자신들의 공중전 경험을 접목시킬 수 있도록 배려했다. 이는 결국 미군 조종사들의 사기 진작은 물론 후배 조종사들의 비행 기량을 높이는 데 크게 기여했다. 미 해군의 항공 전력이 제로센을 꺾으면서 일본 해군을 압도할 수 있었던 이면에는 이처럼 인간을 중시하는 인문학적 요소가 내재해 있었다는 사실을 잊지 말아야 한다.

출처 : 위키백과

▲ 사카이 사부로

출처 : 위키백과

▲ 이와모토 데쓰조

9. '스시' 에서 통찰의 지혜를 얻다!

자영업 가운데 가장 많은 비중을 차지하는 업종은 요식업이다. 요식업은 한식, 양식, 일식, 중식 등 장르도 다양하고 요즘에는 정체를 알 수 없는 퓨전음식들도 하루가 다르게 쏟아져 나온다. 또 요식업의 시장구조는 독점적 경쟁시장에 가깝다. 그런 만큼 요식업은 시장진입이나 퇴거가 다른 업종에 비해 자유롭고 수월하다. 문제는 경제적으로 코너에 몰린 분들이 마지막으로 선택하는 영역이 요식업이라는 점이다. 그 이유는 실직이나 정년퇴임을 한 분들이 소규모 자본으로 개인사업을 시작하기에 적합한 업종이기 때문이다. 하지만 요식업은 경쟁이 치열하기 때문에 개업해서 성공한다는 게 쉽지 않다. 실제로 내 지인들 가운데 요식업으로 큰돈을 번 사람은 거의 없다. 개업해서 5년 이내에 망한 사람이 절반을 넘는다. 특히 큰돈을 벌겠다는 욕심으로 처음부터 치밀한 준비 없이 대규모로 한정식당, 레스토랑, 갈비집 등을 차린 지인들은 거의 다 망했다. 음식 솜씨가 좋은 아내와 몇 명의 시간제 알바생을 데리고 소규모로 음식점을 차린 분들만 그럭저럭 현상유지를 하고 있을 뿐이다. 요즘에는 그들마저 최저임금제 도입으로 큰 어려움을 겪고 있다.

2004년도에 내가 경험한 얘기다. 업무차 국회를 방문했다가 아주 낯선 광경을 목격했다. 경찰추산으로 약 3만 명에 가까운 식당 주인들이 국회의사당 주위에 모여 대규모 시위를 하는 것이었다. 그들의 주장이 무엇인지 궁금해서 가까이 다가가 플랜카드에 적힌 내용과 연단 사회자 및 연설자들의 주장을 한동안 경청했다. 그들의 주장은 '300만 요식업체 사람들의 생존권을 보장하라!' 와 '요식업을 긴급재난업종으로 지정해 달라' 는 것이었다. 이는 지금이 불경기여서 식당 손님이 없으니까 국회가 나서서 경기회복이 이루어질 때까지 자신들에게 정부지원을 해달라는 요구였다. 그들의 절박한 심정은 이해가 되었지만 경제학자로서 이해할 수 없는 점도 있었다. 일반적으로 국내경기가 불황기에 접어들면 경제주체들은 미래에 대한 불안 심리로 소비부터 줄인다. 불황기 피해는 비단 요식업에 한정되지 않는다. 모든 산업분야가 피해자다. 어쩌면 불황기일수록 주머니 사정이 가벼운 사람들을 상대로 음식을 파는 분식집, 김밥집, 칼국수집, 떡볶기집이 더 잘 될 수도 있다. 게다가 요식업은 일단 '맛집' 으로 입소문이 나면 경기景氣와 무관하게 돈을 벌 수 있다. 그때 만약 집회 주체의 어느 담당자가 나에게 단상에서 연설할 기회를 주었다면 나는 맞아죽을 각오로 이런 말을 했을 것이다. "요식업 종사자 여러분! 우리가 이렇게 모여서 시위를 할 게 아니라 우리가 만들어 파는 음식이 얼마나 맛있고 건강에 좋은지 심각하게 고민해 봅시다. 그리고 장안의 제일가는 맛집이 되기 위해 노력합시다. 음식 맛이 없으면 경기가 좋아져도 돈을 벌 수 없습니다. 가난은 국가도 해결해 줄 수 없듯이 맛집이 아니면 국가지원정책도 우리에게 별다른 도움이 되지 못할 겁니다. 이제 흩어져서 자조自助합시다."

가. 밥알 한 톨에 숨겨진 초일류 경영철학

장사로 큰돈을 번다는 것은 쉬운 일이 아니다. 그렇다고 낙담하거나 비관적인 생각을 가질 필요는 없다. 적어도 큰돈을 버는 데는 자본주의 시장경제가 사회주의 경제보다 훨씬 더 낫기 때문이다. 독자들은 사회주의 계획경제에서 세계 최고의 갑부가 나왔다는 얘기를 들어본 적이 있는가? 자본주의 시장경제에서 큰돈을 번 사람들은 하나같이 고객과 시장의 흐름을 정확하게 읽고 그것에 탄력적으로 대응해서 성공했다는 공통점이 있다. 요식업과 관련해서 내가 첫 번째로 언급할 사람은 작고한 이병철 삼성그룹 회장이다. 생전에 그가 좋아했다는 스시すし는 우리말로 생선초밥 또는 초밥이라고 한다. 스시와 관련해서 이 회장은 유명한 일화를 남겼다. 그것은 이 회장의 책 『이병철처럼』에도 일부 소개되어 있다. 하루는 이 회장이 회사 중역들과 회의를 마치고 신라호텔 일식집에서 초밥을 먹었다. 조리부장이 직접 초밥을 갖고 나와 이 회장 일행을 맞이했다. 이 회장은 그의 접대 자세가 마음에 들었는지 이런 말을 던졌다. "이 군, 일본에 가서 스시 공부를 많이 했나?"[14] 그러자 그는 "회장님 염려 덕분에 이것저것 많이 배우고 돌아왔습니다"라는 인사와

---

14. 이 회장은 일본에서 내놓으라 하는 맛집을 많이 알고 있는 장안 제일의 식도락가였다. 일본 출장 중에 최고의 맛집이라고 생각되는 음식점을 찾아내면 신라호텔 임원과 조리부장을 일본 현지로 파견해 그 음식점이 제공하는 맛의 비결을 전수받고 돌아오도록 했다. 그의 경영 이면에는 언제나 세계 최고와 그것을 추구해야 할 인재 중시 경영이 항상 함께 했다. 조리부장 이병환도 도쿄 오쿠라호텔의 일식당을 비롯해 일본 최고의 복집, 우동집, 메밀국수집의 요리사로부터 여러 차례에 걸쳐 음식 장인들의 비법을 전수받은 바 있다.

함께 "초밥은 밥알 무게와 생선 무게를 15g으로 똑같게 해야 하고 온도는……" 라는 설명이 이어졌다. 그의 의기양양한 태도에 고개를 끄덕인 이 회장이 낮은 목소리로 물었다. "이 군, 초밥 한 점에 밥알은 몇 알이지?" 순간 그의 등골에서 식은땀이 흘렀다. 당황한 그는 이 회장의 면전에서 초밥 한 점을 풀은 다음 한 톨 한 톨 세어보였다. 320알이었다. 이 회장이 말문을 열었다. "이 군, 내가 한 수 알려주지. 점심에는 식사용으로 초밥을 먹으니까 한 점에 320알 정도가 좋고, 저녁에는 술을 곁들여 안주로 많이 먹으니까 280알 정도가 적당하다." 이 회장의 말에 그는 "회장님, 더 열심히 배우겠습니다" 하고 고개를 숙였다. 식사를 마친 후 밖으로 나가면서 이 회장이 그를 보고 이렇게 말했다. "이 군, 배움의 길에는 끝이 없다. 내 말 명심하거라." 그날 그는 일본에서 공부한 것을 믿고 자만했던 자신이 무척 부끄러웠다고 고백했다. 그 주인공은 1989년도에 신라 호텔 조리부장직을 사임하고 현재 서울 역삼역 근처에서 일식점 '에도긴江戸銀'을 운영하는 이병환 씨다.

출처 : 통클래스

▲ 에도긴 이병환 사장

나. 날생선의 대중화로 떼돈을 번 사나이

초밥과 관련해서 두 번째로 얘기할 분은 일본인 초밥왕 마쓰히사 노부유키松久信幸이다. 그는 초밥 하나로 세계적인 유명인사가 된 인물이다. 뉴욕에 있는 그의 일식 레스토랑인 '노부'는 이름만 대도

▲ 마쓰히사 노부유키

금방 알 수 있는 명사들이 자주 들러 초밥을 즐긴다. 빌 클린턴 전 미국 대통령, 영화감독 스티븐 스필버그, 가수 마돈나, 영화배우 브루스 윌리스와 기네스 펠트로, 디자이너 조르조 아르마니 같은 사람들도 그곳을 다녀갔을 정도다. 또 '노부' 레스토랑의 메인 메뉴는 초밥에만 한정되지 않는다. 캐비어를 얹은 참치뱃살 타르타르, 은대구 된장구이, 마늘소스의 오징어파스타, 할라피뇨를 곁들인 방어회, 노부 스타일 트라디토 등이 메인 매뉴다. 가격도 17달러에서 30달러까지 다양하다.

일식 요리 하나로 일본을 대표하는 소니SONY제국을 능가했다는 평을 듣는 마쓰히사 노부유키도 그 시작은 미미했다. 1949년 일본 사이타마현埼玉県에서 4형제 중 막내로 태어난 그의 어린 시절은 가난의 연속이었다. 11세 때 우연히 친형을 따라간 초밥 레스토랑에서 주방장의 모습에 매료된 그는 자신도 초밥 요리사가 되기로 결심한다. 그리고 다니던 고등학교를 중퇴하고 도쿄 신주쿠의 초밥 레스토랑인 '마쓰에스시'에서 종업원으로 일하면서 초밥을 만들기 시작한다. 그로부터 6년 후 결

혼까지 한 그는 20대 중반부터 남미 페루, 아르헨티나의 부에노스아이레스, 알래스카를 전전하며 초밥 레스토랑을 차렸지만 잇따른 사업실패로 인생의 쓴맛을 혹독하게 경험한다. 동업자와의 불화, 현지문화의 높은 장벽, 식자재 조달의 어려움, 갑작스런 화재발생 등이 주된 원인이었다. 나락의 구렁텅이에서 그를 구해 준 사람은 LA에서 레스토랑을 운영하는 친구와 할리우드의 유명한 배우였던 로버트 드니로Robert De Niro였다. 1987년 그의 친구는 그가 LA 베벌리힐스에 '마쓰히사' 라는 레스토랑을 개업할 수 있도록 7만 달러의 사업자금을 대주었다. 또 그의 단골고객이었던 드니로는 뉴욕에 초밥 레스토랑인 '노부' 를 개설해 보라는 권유와 함께 공동투자까지 제안했다. 결국 그는 뉴욕에 자신의 이름을 딴 일식 레스토랑 '노부' 를 개업했다. 그가 맨 처음에 시도한 것은 뉴욕에서 성업 중인 다른 일식 레스토랑과의 차별화였다. 그는 손님 접대방식부터 기본 양념에 이르기까지 전통 일식만을 고집하지 않았다. '노부' 를 찾는 손님들에게 일식과 페루식 조리법을 잘 조화시킨 노부식 일식 요리를 계속 선보였다. 주변에서는 '노부' 의 미래에 대한 우려를 보냈지만 그는 뚝심있게 자기 방식을 고집했다. 시간이 흐를수록 '노부' 를 찾는 사람들이 늘어났고, 주요 언론들과도 인터뷰를 하는 등 그의 인기는 날로 높아져 갔다. 그는 현재 미국 전역은 물론 아프리카 대륙을 제외한 전 세계 주요 도시에 지점을 개설하면서 초밥 왕국을 실현해 나가고 있다. 이미 그의 파워는 일본 소니를 창업했던 모리타 아키오盛田昭夫를 능가했다는 평가를 받았다. 만약 그가 세 번의 사업실패로 다른 직업을 선택했다면 결코 오늘과 같은 성공은 없었을 것이다.

다. 두 경영 거장들이 진짜로 보여준 것은?

고 이병철 삼성그룹 회장과 일식 레스토랑의 CEO 마쓰히사 노보유키의 공통점은 사업으로 자신의 왕국을 건설하는 데 성공했다는 점이다. 다만 그 공략대상과 전략전술이 달랐을 뿐이다. 이 회장은 어떤 일을 하든 그 일의 본질을 철두철미하게 파헤치며 패배하지 않는 전략전술을 구사했던 뛰어난 CEO였다. 초밥만 하더라도 그것이 식사용이냐, 안주용이냐에 따라 밥알 개수까지 달라야 한다는 것을 직시할 정도였다. 그는 고 정주영 회장처럼 자신의 감感에 의존해 투자를 감행했던 배짱형 CEO가 아니었다. 항상 돌다리도 철저하게 두드려보고 신중하게 신규 투자를 결정했던 좁쌀형 CEO였다. 이 회장은 신사업 구상이 필요할 경우 일본의 제국호텔이나 오쿠라호텔에 장기투숙하면서 일본을 비롯한 세계의 경제 및 기술 동향을 분석하고 세계 최고 전문가들의 얘기를 듣는 데 많은 시간과 비용을 기꺼이 지불했다. 그런 다음 신사업에 대한 구체적인 확신이 설 때까지 부하직원들과 머리를 맞대고 온갖 지혜를 총동원했다. 그의 성공요인은 딱 한 가지다. 미래 시장에서 돈 냄새를 정확하게 읽어내는 탁월한 후각능력이다. 만약 그가 소설 속의 로빈슨 크루소처럼 고도孤島에 홀로 남겨진다 해도 그는 생존할 가능성이 무척 높은 인물이었다. 로빈슨 크루소가 했던 것처럼 그도 새똥을 분석하면서 독초나 독이 든 열매를 피해가면서 안전한 먹거리를 선택했을 것이다. 이는 정년이나 명예퇴직 이후 음식점 개업으로 노후 인생을 준비하려는 사람들이 귀담아 들어야 할 얘기가 아닐 수 없다. 다음으로 마쓰히사 노부유키의 성공요인을 통찰의 관점에서 찾아본다면 크게 세 가지다. 첫째, 고객에게 제공되는 초밥을 비롯한 일식 요리는 자신이 먹는다는 생각으로 정성을 다해 만들어야 한다. 거기에다 다른 식당에서는 느낄 수 없는 감성적인 팁을 1～2개쯤 덤으로 제공해줘야 한다. 종업원의 친절, 멋진 실내장식과 매혹적 분위기가 그 한 예다. 둘째, 음식은 입맛만 충족시키는 대상이 아니다. 눈맛까지 즐거워야 한다. 보기 좋은 음식에 손이 먼저 가는 것은 인지상정이다. 마쓰히사 노부유키는 평소에도 "음식은 패션이고 유행이다"라는 말을 자주 했다. 그것은 '세계 최고의 초밥이 되려면 고객의 입맛과 눈맛까지 감동시켜야 한다'는 것을 의미한다. 셋째, 원칙은 고집하되 세계인의 입맛에 맞도록 현지화를 시켜야만 일식 요리의 세계화를 이룰 수 있다는 점이다. 주변에서는 그가 지나친 상업화의 추구로 일식 요리의 정체성을 훼손시켰다고 비난했지만 정작 고객들은 그의 손을 들어주었다. 끝으로 나는 이런 제안을 하고 싶다. '식당을 개업하기 전 단계라면 이병철 회장처럼 대상(한식, 양식, 일식, 중식), 장소, 적정 규모(평수) 등을 신중하게 판단해서 개업하고, 일단 개업했다면 마쓰히사 노부유키처럼 최고 맛있는 음식을 제공해서 장안의 식도락가들로부터 최고의 식당이라는 평가를 받도록 하라.' 그러면 돈은 저절로 굴러들어오게 되어 있다. 요식업의 성패成敗는 주방장의 음식 맛과 식당 주인의 친절함에 의해 결정되는 것이지 불경기 탓이 아님을 분명하게 강조하고 싶다.

10. 이분법의 지혜

2018년 새해를 이틀 앞둔 날 청주에 사는 초등학교 친구가 카톡으로 '2018 송대관 vs 태진아[15] 라이벌 콘서트' 에 대한 홍보 팜플렛을 보내왔다. '함께 가자' 는 취지였다. 그런데 나는 이미 '쏭의 전쟁, 송대관 vs 태진아 라이벌 콘서트' 에 다녀온 적이 있다. 당시 송대관과 태진아의 콘서트를 보면서 두 트로트 거장들의 공연을 기획한 연출가의 안목에 감탄했던 기억이 있다. 평소 우정이 돈독하기로 소문난 두 가수를 적과 아군으로 설정하고 노래를 전쟁에 비유해서 팬들의 경쟁심리를 자극하는 기획사의 연출력이 돋보였다.

출처 : 플레이DB

▲ 쏭의 전쟁

15. 태진아의 본명은 조방헌이다. 태진아란 이름은 1970년대 당시 한국에서 최고의 스타로 활동했던 태현실, 남진, 나훈아처럼 자신도 훌륭한 가수가 되겠다는 생각에서 자신이 롤 모델로 삼은 세 스타들의 이름 첫 자를 따서 지었다고 한다. 결국 태진아는 피나는 노력을 통해 자신이 갈망했던 트로트의 최고 자리에 올랐다고 생각한다. 태진아를 보면서 느낀 것은 누구든 성공하려면 자신만의 꿈을 갖고 최선을 다해 노력해야 한다는 사실이다. 그런 의미에서 '이 세상에 공짜는 없다' 라는 말이 맞는 말이라고 생각한다.

이들 기획사는 콘서트를 전쟁과 같은 라이벌 콘서트와 그렇지 못한 콘서트로 양분시키는 데 성공했다. 전자는 흥미진진한 콘서트로, 후자는 밋밋하고 재미없는 콘서트로 포장하기 위함이었다. 그리고 라이벌 콘서트의 대표주자로 송대관과 태진아를 내세운 것이다. 이는 이분법적 사고에 기초한 것이다.

▲ 라이벌 콘서트

출처 : 피앤씨

앞으로 30～40년이 흐른 뒤에 일반 대중은 2010년대의 트로트계 쌍두마차로 송대관과 태진아 두 사람만 기억할 것이다. 이런 기억의 공간에 트로트를 감칠맛 나게 부르는 설운도와 현철이 끼어들 여지는 없을 것이다. 그것이 내가 송대관과 태진아의 매니저와 소속사의 기획력을 높이 평가하는 이유다.

가. 이분법적 사고의 빛과 그림자

이분법적 사고란 '전체를 두 개의 부류部類로 나누어 생각하는 것' 을 뜻한다. 즉, 보수와 진보, 모 아니면 도, 전문가와 비전문가, 정규직과 비정규직, 남자와 여자, 선과 악, 흑과 백, 천사와 악마, 미녀와 추녀, 군자와 소인배, All or Nothing, 간신과 충신처럼 세상을 둘로만 쪼개 바라보는 인식체계다. 사람들은 이분법적 사고에 대해 혹평을 한다. 거기에 내재된 독선, 오만, 불통이 양자택일을 강요함으로써 민주적인 의사결정을 방해하고 합리적 대안모색을 어렵게 한다는 이유에서다. 하지만 사람들에게 익숙한 것은 이분법적 사고다. 우리는 어릴 적부터 부모님이나 학교에서 이분법적 사고를 강요(?)받았다고 해도 과언이 아니다. 부모님들은 자녀들에게 수시로 "얘야, 너는 엄마가 좋니, 아빠가 좋니?"라는 질문을 던진다. 학교는 한 학생이 대학에 들어갈 때까지 수없이 많은 5지선다형 문항을 제시하며 정답 고르기만 강요(?)한다. 형식상으로는 5지선다형이지만 본질은 정답과 오답이라는 이분법 체계다. 일반인들도 이분법적 사고를 은근히 좋아한다. 복잡한 상황에 직면했을 때 이분법적 사고가 나름대로 확실한 대안을 제시해 주기 때문이다. 가령 어느 중국식 레스토랑에서 3가지 메뉴를 손님에게 제시했다고 하자. 우선 손님은 제일 비싼 요리와 그렇지 않은 2개의 요리로 구분할 것이다. 그리고 주머니 사정이 좋으면 주저 없이 비싼 요리를 선택할 것이고, 그렇지 못하면 상대적으로 저렴한 두 개의 요리 가운데 자신의 또 다른 평가기준에 의해서 하나를 선택할 것이다. 정치인들도 이분법적 사고를 즐겨 활용한다. 그들은 이분법적 사고에 기초해 정치 동료를 적과 아군으로 구분한 후 적이라고 판단되는 집단(당)이나 사람을 가차 없이 공격한다. 이는 자신의 선명성을 강조하고, 자기를 좋아하는 지지층을 하나로 결집시키기 위함이다. 겉으로는 다양한 사고의 스펙트럼이 중요하다고 강조하지만 속으로는 이분법적 사고에 입각해 행동하는 사람들이 바로 정치꾼이다. 조선시대에 수없이 많은 인재들을 죽음에 이르게 했던 각종 사화士禍도 그 기저에는 질 나쁜 이분법적 사고가 똬리를 틀고 있다.

이처럼 이분법적 사고에는 빛과 그림자가 공존한다. 그런 의미에서 나는 "이분법적 사고는 무조건 나쁜 것이다", "아니다. 이분법적 사고는 무조건 좋은 것이다"라고 주장하는 사람의 말에 동의하지 않는다. 왜냐하면 경우에 따라 이분법적 사고에 대한 평가도 달라질 수밖에 없기 때문이다. 이분법적 사고는 인간이 타인과의 선명한 차별성을 강조하고 자신의 생존능력을 높이기 위해 본능적으로 활용하는 인식체계다. 따라서 그로 인해 타인에게 피해를 끼치지 않고 자신의 삶에 긍정적인 방향으로 활용한다면 나는 그것에 대해 비판할 생각이 없다.

나. 정치 9단 JP가 대통령이 되지 못했던 이유

1960년대부터 2000대 초반까지 한국 정치계를 이끈 주역은 박정희를 비롯한 3김씨였다. 특히 3김씨는 경상도, 전라도, 충청도의 맹주로서 자신들의 정치적 결사체인 당黨에서 박정희에 버금가는 절대권력을 구가하며 평생을 호의호식好衣好食했다. 혹자는 박정희가 지역패권주의의 원흉이라고 비판한다. 그러나 3김씨도 이에 대한 책임에서 결코 자유롭지 못하다. 이들 3김씨 가운데 대통령을 역임한 사람은 김영삼YS과 김대중DJ뿐이다. 왜 김종필JP은 대통령을 하지 못했을까? 능력이 부족해서? 아니다. 능력으로 치자면 JP가 YS나 DJ에 비해 한 수 위였다. 그는 30대의 나이에 5.16 군사쿠데타를 설계했고, 중앙정보부장을 역임하며 국정을 이끌었던 인물이다. 또 우리나라의 최고 수재들만 들어가는 서울대학교를 졸업한 사람이다. 만약 박정희가 1972년도에 10월 유신을 선포하지 않고 JP에게 권력을 인계했더라면 그는 3김씨 가운데 제일 먼저 대통령에 취임하고도 남았을 사람이다. 하지만 그런 행운이 그에게 다가오지 않았다. 박정희가 심복 부하였던 김재규 중앙정보부장의 총탄에 사망하면서 유신독재체제는 종식되었고 한국 사회에는 이른바 '서울의 봄'이 찾아왔다. 당시 전두환 신군부가 1980년 12.12 쿠데타를 통해 역사의 전면에 등장하지 않았다면 권력욕에 눈먼 YS와 DJ의 자중지란自中之亂으로 대통령의 자리는 JP의 몫이 되었을 것이다. 그렇지만 운명의 여신은 JP에게 미소를 보내지 않았다. 그것이 그의 얄궂은 운명이었다. 12.12 쿠데타의 주역인 전두환1980~1988과 노태우1988~1993가 최고 권력을 쥐고 있던 내내 우리 사회의 최대 화두는 민주화였다. YS와 DJ의 추종세력, 젊은 대학생, 좌파 계열의 시민단체들은 정치판을 이분법적 사고에 의해 민주세력과 반민주세력으로 구분했다. 그런 과정에서 JP는 반민주세력의 주자로 분류되었고, 그 여파로 그는 결국 대통령이 되지 못했다. 그가 말한 '몽니'에는 자신의 불운했던 처지에 대한 남모를 회한이 담겨져 있다. 그런 점에서 JP는 이분법적 사고의 최대 피해자였다. 하지만 JP는 그런 실패에 굴하지 않고 충청도를 정치적 배경으로 하는 자유민주연합을 창당해 한국 정치판의 제3지대를 유지하며 캐스팅보트 역할을 수행하는 데 성공했다. 또 그것을 정치자산으로 활용해 DJ정부 하에서 국정 2인자인 국무총리직을 오랫동안 역임했다. 그것은 정치 9단으로서의 내공이 있었기에 가능한 일이었다.

다. 고려대와 연세대의 아성이 견고한 이유는?

우리나라에서 가장 좋은 대학은 서울대가 아니라 '하늘대학SKY대' 이라는 우스개 소리가 있다. SKY대는 서울대, 고려대, 연세대의 영문 표기 이니셜을 따서 만든 단어다. 지금도 많은 청소년들이 SKY대의 졸업장을 얻기 위해 적지 않은 비용을 지출해 가며 재수, 삼수를 하고 있다. 이는 대학의 이력으로 인해 평생 동안 얻을 수 있는 이점이 지출비용보다 훨씬 크다고 생각하기 때문이다. 실제로 비SKY대 출신인 내가 경험한 한국 사회는 대학졸업장(學歷)의 위력이 실력(學力)보다 막강했다. 문재인 정부가 공공기관 시험에서 블라인드 방식을 채용하겠다고 선언한 것도 대학졸업장을 중시하는 우리 사회의 고질적인 폐단을 뿌리 뽑겠다는 의도로 보인다. 요즘 대학생들의 취업률을 조사해 보면 SKY대에 비해 성균관대의 약진이 두드러진다. 삼성그룹을 포함한 재벌그룹에 취업하는 학생 수도 고려대나 연세대보다 앞선다는 소문이 들린다. 삼성그룹이 성균관대를 인수한 이후부터 교수진이나 교육내용도 SKY대에 결코 뒤지지 않는다. 게다가 박근혜 정권에서는 성균관대 출신들이 대거 발탁되어 국정운영의 책임을 맡기도 했다. 하지만 고3 수험생이나 재수생들은 성균관대를 SKY대 다음으로 평가한다. 그렇게 된 배경 역시 이분법적 사고와 밀접한 관련이 있다. 한국의 명문대학은 오랫동안 최고 국립대학인 서울대와 최고 사립대학인 고려대와 연세대로 양분되어 왔다. 이것은 교육소비자인 입시생들과 그들 부모님이 만든 인식의 틀이었다. 일종의 교육 카르텔인 셈이다. 이것을 깨트리기 위해 성균관대를 비롯한 서강대, 한양대, 중앙대 등이 각고의 노력을 기울이지만 그 효과는 여전히 미지수다. 게다가 고려대와 연세대는 '고·연전' 같은 멋진 이벤트를 통해 타 대학의 재학생들이 느끼지 못하는 자긍심까지 제공해 준다. 이것이 재학생들의 모교 사랑과 선배들의 후배 사랑으로 이어지면서 두 명문사학인 고려대와 연세대의 카르텔 구조는 난공불락의 요새로 굳어지는 것은 아닌지 자못 걱정스럽다. '생각의 빈곤'에 대한 타파전략으로 SKY대의 아성을 부수기 위해 노력하는 2류 대학들의 멋진 승부수를 기대하며 응원의 박수를 보낸다. 그리하여 멀지 않은 장래에 SKY대학의 거품과 신화가 보기 좋게 깨어지길 간절하게 기도한다.

11. '끼리끼리의 횡포'를 풀어줄 비밀 코드

한국을 좀 안다는 외국인들은 한국인들이 정 많고 의리를 소중히 여기며 예의바른 민족이라고 말한다. 옛날 중국 황제들도 자신에게 조공을 바치며 스스로 알아서 머리를 조아렸던 조선인들에게 '동방예의지국'이란 말을 내려주셨다. 그런데 조선인들은 그 말에 수치심을 느끼기는커녕 오히려 그것을 자랑스럽게 생각했다. 사실 한국인들은 예의범절, 준법의식, 의리, 친절, 타인에 대한 배려, 서비스 정신이 크게 부족한 민족이다. 특히 한국인들의 고질적인 '내로남불' 현상은 도를 넘은 지 이미 오래다. 여기서 '내'는 한통속을 의미한다. 박근혜 대통령이 국정농단으로 구속된 후 이런 현상은 더욱 심해지고 있다. 일례로 문재인 정권의 지지자들은 약 22조원을 투입한 이명박 정권의 4대강 사업을 혹독하게 비판했다. 하지만 보수진영 쪽 사람들은 문재인 정권이 영화 '판도라'에 나오는 괴담 수준의 얘기만 믿고 고리 원자력 발전소 5, 6호기의 건설 중단을 강행했다가 반대여론에 밀려 공사를 개재하는 과정에서 1,000억원의 혈세를 낭비했다고 비난한다. 또 문재인 정권이 의욕적으로 추진하는 100조원 규모의 태양광발전을 비롯한 신재생에너지개발사업도 부실덩어리라고 비난한다. 진실이 무엇이든 간에 한 나라의 경제 및 산업정책이 일관성을 상실하고 냉탕과 온탕을 왔다갔다 하는 것은 국가경제에 별다른 도움이 되지 않는다. 어느 쪽이 정권을 잡든 바람직한 국가정책은 일관성의 정책기조를 유지하는 일이다. 스위스 로잔에 있는 국제경영개발원IMD도 나라별 국가경쟁력 순위를 결정할 때, '국가정책의 연속성' 여부를 중시한다. 인사문제에 있어서도 마찬가지다. 문재인 정권의 지지자들은 전임 정권의 수첩인사와 회전문인사를 통렬하게 비난했다. 그러면 자신들의 장관 인선과정은 합리적이고 훌륭했는가? 그들 역시 전임 정권과 별반 다르지 않았다. 또 문재인 정권의 지지자들은 세월호 참사에 대한 박근혜 대통령의 무능한 대응을 가혹하게 질타했다. 심지어 전임 대통령의 사적인 7시간에 대해서도 집요하게 물고 늘어졌다. 그렇다면 문재인 정권의 위기대응능력은 뛰어났는가? 문재인 대통령의 취임 이후 잇따라 발생한 포항지진, 영흥도 낚싯배 전복, 홍진호 납북, 제천 스포츠센터 화재, 밀양 성심병원 화재, 마리온 헬기 추락 사건 등을 보면 전임 정권보다 나은 게 거의 없다. 더욱이 이해할 수 없는 것은 개인의 과실이나 실수로 발생한 사건까지 국가책임을 운운하며 위기관리센터를 가동시켰다는 사실이다. 어째서 그것이 국가의 책임인가? 개인의 잘못으로 빚어진 사고에 대해 언제까지 국민 혈세로 유가족에 대한 피해보상을 해줄 셈인가? 또 위기관리센터는 북핵문제를 비롯한 국가 차원의 핵심 안보이슈를 다루는 컨트롤타워다. 아무 때나 시도 때도 없이 위기관리센터를 작동시킨다면 나중엔 늑대소년의 우화와 같은 일이 벌어질 수도 있다. 문재인 정권의 지지자들은 이런 문제에 대해 침묵으로 일관하고 있다. 그들 스스로 현 정권이 자기편이라고 생각하기 때문이다. 이런 현상을 잘 설명해 주는 경제개념이 모럴 헤저드moral hazard다. 우리 사회는 그것을 '도덕적 해이'라고 번역한다. 참으로 해괴한 번

역이다. 어떻게 모럴 헤저드가 '도덕적 해이'인가? '해이解弛'의 영문표기는 'relaxation'이다. 'Hazard'의 의미는 위험이지 해이가 아니다. 즉, 모럴 헤저드의 정확한 번역은 '도덕적 위험'인 것이다. 이는 '도덕을 외치는 인간치고 도덕적인 사람이 없다. 그러니 제발 도덕이 아닌 시스템으로 문제를 해결하라'는 뜻이다. 이것이 30-50클럽[16]에 가입했다는 대한민국의 현주소다. 뭐가 진실이고, 뭐가 거짓인지? 냉철하게 체크하고 진실을 향해 다가가는 민의民意가 결집될 때 대한민국은 진정한 선진국으로 발돋움할 수 있다. 유감스럽게도 지금의 한국 사회는 진실과 이성이 결여된 채 끊임없는 편가르기로 국력을 소진하고 있다. 사색당파로 인해 34년 11개월 28일 동안 일제의 식민통치를 받았던 아픈 기억을 망각하고 현대판 사색당파친노, 친문, 친이, 친박에 몰두하는 모습은 뜻있는 민주시민들을 절망하게 한다. 과연 편가르기에 사활을 걸었던 조선인의 후예답다. 한국인들의 뇌리 속에서 이런 불량 유전인자가 사라지지 않는 한 한국의 밝은 미래는 보장받기 힘들다.

16. 국민소득이 3만 달러이면서 인구 5,000만 명 이상인 국가를 말한다. 현대경제연구원과 금융연구원에 따르면 2013년 말 현재 '30-50클럽'에 이름을 올린 국가는 미국, 일본, 독일, 프랑스, 영국, 이탈리아 등 6개국이다. 재미있는 것은 30-50클럽에 속한 국가들은 과거 세계를 주름잡았거나 식민지를 가졌던 초강대국들이라는 사실이다. 한국은 2006년 국민소득 2만 달러를 달성했고 2012년 6월 23일 인구가 5,000만 명을 넘어서게 되면서 세계 7번째로 '20-50클럽'에 진입했다. 그런데 2015년 국민소득 3만 달러를 달성하면서 '30-50클럽'의 7번째 국가가 되었다. 과거 일본 제국주의의 식민통치를 받았던 나라가 '30-50클럽'에 진입한 것은 세계 최초의 일이다.

가. '울타리'에 집착하는 한국 사람들[17]

한국인들의 고질적인 패싸움이나 끼리끼리의 횡포를 이해하려면 무엇보다 '가家'에 대한 깊은 성찰이 필요하다. '우리'라는 표현을 가장 즐겨 사용하는 민족은 한국인일 것이다. 우리 아빠, 우리 엄마, 우리 학교, 우리 선생님, 우리 가족, 우리 회사, 우리 동네, 심지어 우리 마누라 등등. 한국어에서 '우리'라는 표현이 붙지 않으면 말이 되지 않을 정도다. 물론 영어에도 '우리'를 뜻하는 We가 있지만 한국인만큼 사용빈도가 높지 않다. 일본인들도 우리와 다르다. 일본어에도 '우리'를 뜻하는 '와따시다치'가 있지만 우리처럼 즐겨 쓰지 않는다. 그들은 '우리 마누라'라는 말을 들었을 경우 한 여자가 여러 남자를 공유하는 일처다부제를 연상할지도 모른다. 한편, '우리'의 어원은 '울타리' 또는 '집'이다. 수학자 김용운 박사가 쓴 책 『카오스의 날갯짓』을 보면 그에 관한 얘기가 나온다. 설령 그 책이 아니더라도 독자들은 돼지우리가 돼지집이라는 사실만으로도 '우리'가 '가家'와 밀접한 관계를 맺고 있음을 유추할 수 있다. 한국인들이 외국인보다 '우리'라는 용어를 즐겨 쓰는 것은 가족 중심주의 문화가 오랫동안 지배해 왔기 때문이다. 한국인들은 최소 집단인 가정으로부터 광활한 우주에 이르기까지 모든 질서를 '가家'로 파악한다. 일례로 집보다 큰 개념은 나라다. 그런데 한국인들은 나라마저 '거대한 집'으로 이해한다. 나라는 '나라 국國'자만 써도 의미전달이 충분하다. 그런데도 한국인들은 '국國'자에다 '가家'를 붙이고 국가

17. 이 글은 김덕수 저, 『김덕수 교수의 경제 EQ 높이기』, 한국경제신문사, 2003, pp.151~158의 내용을 오늘날의 상황에 맞도록 부분 각색한 것임을 밝힌다.

라고 말한다. 더욱이 한국인들은 나라보다 넓은 개념인 세계를 얘기할 때도 '세계가 하나의 가족이다' 라는 의미로 '세계일가世界一家' 라고 말한다. 어떤 경우에는 '전 세계는 하나의 성씨들이 모여 사는 집성촌이다' 라는 의미로 '지구촌地球村' 이란 표현을 사용하기도 한다. 또 한국인들은 세계보다 더 큰 우주마저 '가家' 의 연장선에서 바라본다. '우주' 라는 한자가 '집 우宇' 와 '집 주宙' 로 이루어졌음이 이를 입증해 준다. 이처럼 집을 떠나서는 하루도 살 수 없는 사람들이 우리 한국인들이다.

나. 한국 사람들의 가족 중심주의 문화가 빚어낸 사회적 문제점

서양인들은 국가를 최상층부 조직인 계약집단으로 인식한다. 서양인들에게 국가는 다양한 부류의 개인들이 법과 제도를 통해 이루어지는 사회질서 내에서 계약을 맺고 사는 인위적 약정집단이다. 따라서 그들에게는 법과 제도에 명시된 계약을 지키면서 신뢰를 구축해 나가는 것이 삶의 중요한 수단이자 성공전략이다. 서양인들이 우리보다 법을 잘 지키고 친절하며 고신뢰高信頼사회를 만들 수 있었던 비결은 국가와 자신이 맺은 사회적 계약을 충실하게 지키려고 노력하기 때문이다. 한편, 한국인들은 국가를 '가家' 가 확대된 개념으로 생각한다. 국가 차원에서 권력의 정점에 있는 임금이나 대통령을 마치 가부장적 질서가 통용되는 가정 내의 아버지와 같은 존재로 착각하는 것이다. 그 때문에 조선시대의 임금이나 왕비에게 국부國父와 국모國母라는 호칭을 부여했던 것이다. 이승만 대통령도 그의 지지자들에 의해 국부國父로 추앙받고 있다. 다만, 요즘에는 민주화 시대의 도래로 그런 강도가 예전에 비해 감소하

긴 했지만, 조선시대나 권위주의 독재정권 시대에는 그 강도가 매우 셌다. 또 한국인들은 처음 보는 낯선 사람에게도 아저씨나 아주머니와 같은 호칭을 즐겨 사용한다. 그런데 아저씨나 아주머니라는 말은 가까운 친척들에게만 사용할 수 있는 호칭이다. 더욱이 이웃 간의 협업을 필요로 하는 농경사회에서 외톨이가 되는 것을 두려워했던 한국인들은 '가家'에서 연유되는 가족주의를 통해 '우리이즘weism'을 만들어냈다. 우리이즘이란 울타리일명 담장를 경계로 울타리 안의 내집단과 울타리 밖의 외집단을 차별대우하는 한국인 특유의 배타주의를 지칭한다. 일반적으로 한국인들은 내집단에게는 따뜻하고 외집단에게는 매우 차갑다.

한국인들에게 있어 내집단은 자기 가족에만 국한된 문제가 아니다. 내집단은 상대가 누구냐에 따라 얼마든지 다른 의미를 지닌다. 예를 들면 다른 가족에 대한 내집단은 우리 가족이고, 다른 학교에 대한 내집단은 우리 학교다. 장애인에 대한 내집단은 비장애인이고, 외국인에 대한 내집단은 한국인이다. 또 시내버스를 탔을 때의 내집단은 시내버스 기사와 승객이며, 택시를 탔을 때의 내집단은 택시기사와 승객이다. 만약 시내버스 기사와 택시 기사가 외나무다리에서 만나 실랑이를 벌이면 시내버스 승객은 시내버스 기사 편을 들고 택시 승객은 택시기사 편을 든다. 한 가지 더

출처 : 에펨코리아

▲ 거짓선동에 속았던 어린 학생들

재미있는 것은 내집단에 속하는 사람이 바깥세상에서 범죄행위를 저지르더라도 내집단 사람들은 그에게 비난을 퍼붓지 않는다는 점이다. 오히려 그 범죄자를 동정하고 감싸주며 심지어는 숨겨주기까지 한다. 2017년 박근혜 정권의 국정농단 사건으로 촛불시위가 한창일 때 박사모 멤버들이 태극기를 휘날리며 지지시위를 했던 모습도 내집단에 대한 일방적인 편들기에 지나지 않는다. 이것은 문재인 정권의 지지자들이 문 정권의 독선과 오만, 그리고 잘못된 정책에 대해 눈을 질끈 감거나 동조해 주는 것과 똑같다. 우리는 이와 같은 비이성적, 비합리적인 태도가 국가와 사회를 좀먹고 결국 국민들의 미래 삶까지 참담하게 만든다는 사실을 직시해야 한다.

출처 : OTN뉴스

▲ 박근혜 지지자들의 탄핵반대시위

다. 한국 사람들의 또 다른 고질적인 울타리들

집이 담장이란 울타리에 둘러싸여 있듯이 한국 사람들은 5가지의 보이지 않는 울타리, 즉 학연, 혈연, 지연, 종교연, 군대연으로부터 자유롭지 않다. 즉, 어느 학교를 졸업했냐, 본本이 어디냐, 어느 지역 출신이냐, 어떤 종교를 갖고 있냐?, 어떤 군대를 갔다 왔냐?가 한국인의 운명에 매우 큰 영향을 미친다. 한국인들은 낯선 사람을 만나면 우선 상대방의 학연, 혈연, 지연地緣, 종교연, 군대연부터 열심히 캐묻는다. 나와 얼마만큼 동질적인가를 확인하지 않으면 불안하기 때문이다. 그런 마음속의 울타리가 많이 겹치면 겹칠수록 두 사람의 관계는 돈독해지고 친밀해질 가능성이 높다. 국가 운명을 좌우할 대통령이나 국회의원을 뽑을 때에도, 자신이 일할 회사를 선택할 때도, 자신의 배우자나 사윗감을 고를 때에도, 이 5가지 울타리는 여지없이 활발하게 작동한다. 하지만 개인과 국가 발전에 진짜로 중요한 것은 기존의 학연, 혈연, 지연, 종교연, 군대연이 아니다. 한국인들에게 보약이 될 수 있는 2개의 연緣은 지연知緣과 사연事緣이다. 지연은 '당신은 어떤 분야의 전문가냐?' 이고, 사연은 '당신은 어떤 일을 가장 잘하느냐' 와 관련된 개념이다. 국가나 조직이 승승장구하려면 무엇보다 일 잘하는 최고 전문가들이 자신의 능력을 마음껏 발휘할 수 있도록 뒤에서 적극 지원해 주는 국민과 조직구성원들이 많아야 한다. 그러면 그들도 국민과 조직구성원들에게 최상의 멋진 서비스를 제공해줄 것이다.

한국인들은 술잔만 들면 언제 어디서든 "우리가 남이가!" 를 외쳐댄다. 학연, 혈연, 지연, 종교연, 군대연이 동질적인 내집단은 확실하게 챙겨주고 외집단에 대해서는 대충대충 해줘도 무방하다고 생각한다. 그런 사람들에게 친절한 서비스 정신이 태동할 리 만무다. 한국 상인들에게 있어서 소비자는 영원한 외집단에 불과하다. 따라서 소비자를 자신의 피붙이인 내집단으로 생각하고 그들을 위해 최고의 제품과 서비스를 제공하는 상인들을 만나기 힘들다. 시도 때도 없이 불량상품을 팔고, 제품에 큰 하자가 발생했는데도 불구하고 리콜을 거부하고, 바가지를 씌

우고도 양심의 가책을 느끼지 않는 상인들이 많은 것도 이 때문이다. 하지만 시장개방과 무한경쟁이 가일층 강화되는 세계화 시대에 내집단과 외집단을 구분해서 차별하는 사람들은 더 이상 생존하기 어렵다. 이제는 소비자들에게 일방적으로 '국산품 애용'과 같은 얘기를 꺼낼 수 없다. 이미 그들은 편협한 민족우선주의를 포기한 지 이미 오래되었기 때문이다. 지금부터라도 세계의 모든 인종과 다양한 문화를 광의의 내집단으로 받아들이는 지구촌민 의식을 통해 편협한 '우리이즘'을 해체시켜야 한다. 그래야만 한국 사회의 진정한 세계화를 가로막았던 끼리끼리의 횡포, 배타주의, 차별의식, 연줄 찾기, 질서의식과 준법정신의 부재, 서비스정신의 실종과 같은 사회적 문제를 슬기롭게 극복할 수 있다. 오늘 새벽 한양대 정병석 교수가 쓴 『조선은 왜 무너졌는가?』를 읽다가 느낀 바가 있어서 몇 자를 적어보았다.

12. 대박을 터트린 시골 식당의 경쟁력

요즘 먹방 프로가 인기리에 방영되면서 그동안 이목을 끌지 못했던 셰프chef들이 주목을 받고 있다. 그들의 인기가 치솟고 그들 식당까지 덩달아 각광받고 있다. 셰프는 식당 주방장을 일컫는 말로 얼마 전까지만 해도 3D업종의 하나였다. 4계절 내내 뜨거운 화력과 탁한 공기 속에서 일해야 하는 그들의 근무특성상 어쩔 수 없는 일이었다. 하지만 먹방 프로가 뜨고 말끔하게 차려입은 셰프들이 등장하면서 세인들의 생각이 확 달라졌다. 이런 긍정적인 분위기를 만든 주인공은 백종원 씨다. 나도 그 덕분에 주변의 맛집에 대해 관심을 갖게 되었다. 맛집을 결정짓는 핵심 요인은 셰프의 음식 솜씨다. 오늘은 통찰의 관점에서 공주의 외곽에 위치한 어느 시골 식당이 문전성시를 이루는 이유를 살펴보고자 한다.

가. 나의 20년 단골식당 : 산장가든

내가 20년째 애용하는 시골 식당이 하나 있다. 행정구역상으로는 세종시 연서면 고복리에 위치해 있다. 내가 근무하는 학교로부터 35분, 대전 집에서는 40여 분이 소요되기에 큰맘을 먹지 않으면 선뜻 나서기가 망설여지는 곳이다. 그런데도 지난 20년째 그 식당을 즐겨 찾곤 했다. 특히 입맛이 없거나 고기가 먹고 싶을 때면 만사 제쳐두고 그곳에 가서 참나무 숯불로 구워낸 돼지갈비와 동치미국수를 먹고 온다. 나만 좋아하는 게 아니라 가족들, 친구들도 좋아하기에 늘 그들과 동행하곤 한다. 그 식당 이름은 '산장가든' 이다. 예전엔 인근지역 사람들만 주로 왔는데 지금은 블로거들의 홍보 덕분인지 먼 타지他地사람들의 발길도 잦다. 옆 테이블에서 들려오는 사투리가 전국적이기 때문이다. 충청도, 전라도, 경상도 사투리뿐만 아니라 어느 때는 제주도 방언까지 들을 수 있다. 더욱이 인근에 세종시가 조성되면서 식당 영업이 예전보다 더 잘 된다. 내가 '산장가든' 의 20년 고객이 될 수 있었던 이유는 딱 한 가지다. 긴 세월 동안 그 식당의 음식 맛이 일정하기 때문이다. 요즘처럼 변화무쌍한 시대에 돼지갈비, 동치미국수, 소면, 1000원짜리 시래기국밥만으로 구성된 단순메뉴로 입맛이 까다로운 사람을 20년째 단골손님으로 묶어둔다는 건 쉬운 일이 아니다. 하지만 '산장가든' 은 그것에 성공한 식당이다. 그 주변에 수많은 음식점들이 포진해 영업하고 있지만 다른 식당은 파리만 날리고 그곳만 대박을 터트리고 있다. 그곳의 영업 비밀을 캐내기 위해 수많은 식당 사장과 셰프들이 손님으로 위장해서 돼지갈비 맛을 보고 갔지만, 아직까지 성공했다는 얘기를 듣지 못했다. 그 탓인지는 몰라도 이전에는 손님들에게 참나무 숯불로 돼지갈비를 굽는 모습을 보여주었지만 지금은 철저히 차단하고 있다. 통찰의 관점에서 '산장가든' 의 대박 비결을 도출하면 크게 5가지다.

나. '산장가든'의 숨겨진 영업 비밀

첫째, 식당의 생명은 맛이다. 맛이 없으면 그 식당은 문을 닫을 수밖에 없다. 또 맛이 자주 바뀌는 것도 위험한 징조다. 메뉴판이 바뀌는 것도 맛이 보장될 때에 한해서 정당하다. 맛도 없으면서 메뉴판이 자주 바뀌면 그 집은 빠른 속도로 문을 닫는다. 그것은 음식업계 사람들의 공통된 얘기다. 따라서 식당 사장들은 좋은 주방장을 고용해야 하고, 그가 다른 곳으로 떠나지 않도록 인간적으로 좋은 관계를 유지해야 한다. '산장가든'은 20년 전이나 지금이나 돼지갈비 맛이 그대로다. 아직까지 주방장이 바뀌었다는 얘기도 듣지 못했다. 맛이 불변이기에 그것을 믿고 오늘도 많은 사람들이 그곳을 찾는 것이다. 둘째, 그 식당의 메인-메뉴와 보조-메뉴가 찰떡궁합이다. 보조-메뉴에는 반찬도 포함된다. '산장가든'의 메인-메뉴는 참나무 숯불로 갓 구워낸 돼지갈비다. 갈비를 먹은 후에 먹는 동치미국수나 소면은 뒤끝을 개운하게 해주는데 그 맛도 일품이다. 1,000원만 추가하면 무한 리필이 가능한 시래기국밥도 그 집의 경쟁력이다. 나는 주로 시래기국밥을 즐겨 먹는데 그것은 식대를 절약하기 위함이 아니다. 돼지갈비와 시래기국밥의 궁합이 잘 맞기 때문이다. 산장가든의 밑반찬은 철마다 약간씩 다르지만 그래도 공통적인 밑반찬은 파

▲ 산장가든의 숯불갈비

채, 총각김치, 묵은지볶음, 양파장아찌, 오이무침, 야채샐러드, 배추겉절이, 미역무침, 동치미, 상추, 마늘과 쌈장 등이다. 일단 밑반찬이 정갈하고 손님이 먹고 남은 것은 재사용되지 않고 음식물 쓰레기통으로 넘겨진다. 밑반찬의 양 또한 적게 제공되는데, 이는 남겨질 것을 걱정한 식당 측의 배려다. 언제든지 손님이 원하면 서비스요원들이 추가적으로 제공해 준다. 셋째, 넓은 주차장이다. 제 아무리 유명한 맛집이라고 해도 주차시설이 협소하면 방문하기가 꺼려진다. '산장가든' 은 시골의 외진 곳에 있기 때문에 자동차 없이는 접근이 쉽지 않다. 그곳은 주차장을 대운동장처럼 크게 만들어놓았다. 아마도 그곳이 자기 땅이기 때문에 그럴 것이다. 주차부담에 대한 손님들의 심리적 비용이 제로이기에 그곳을 더 많이 찾는 것인지도 모른다. 넷째, 종업원들의 친절도다. 사실 식당에서 종업원들의 친절도를 크게 기대하는 것은 무리다. 종업원들의 업무로드가 적지 않기 때문이다. 그러나 '산장가든' 의 종업원들은 밑반찬에 대한 리필을 요구해도 싫은 내색을 하지 않는다. 그리고 재빠르게 행동해서 손님으로 하여금 오래 기다리게 하지 않는다. 그 이유는 가족경영 때문일 것이다. 몇 명의 아르바이트 대학생을 제외하면 대부분의 종업원들은 형제자매나 가까운 인척지간으로 구성되어 있다. 얼굴이 비슷비슷하고 종업원 역시 거의 바뀌지 않기 때문이다. 그들의 얼굴에는 피고용인이라는 생각보다 내 직장, 내 일터라는 의식이 강해 보인다. 또 월급도 다른 곳보다 많이 주는 것 같다. 다섯째, 내가 최근에 안 일이지만 '산장가든' 의 사장 부부가 주위에 선행을 많이 한다. 최근에 그 얘기를 내게 전해 준 사람들이 여럿 있다. 지금까지는 쉬쉬하며 남몰래 선행을 베풀어 온 모양이다. 힘들게 식당 영업을 해서 번 돈을 주위의 어려운 이

웃을 위해 선뜻 기부한다는 게 쉬운 일은 아니다. 따라서 그들의 선행은 나로 하여금 '산장가든'을 더욱더 좋아하게 했다. 외식을 할 상황이면 거리가 좀 멀더라도 그곳에 가서 팔아주려고 노력한다. 그러면 내가 지불한 식사비용의 일부가 주변의 정신지체장애인들을 돕는 돈으로 쓰일 것 같다는 생각에서다. 옛말에 '개처럼 벌어서 정승처럼 쓴다'는 말이 있다. 이는 '어렵고 힘들게 번 돈을 가치 있게 쓰라'는 의미일 것이다. 적어도 '산장가든'의 사장 부부는 따뜻한 마음씨를 지닌 분이다. 며칠 전에는 그들 부부가 국세청으로부터 모범 납세자로 표창장을 받았다는 얘기도 전해 들었다. 그런 아름다운 사람들이 정성껏 만든 음식이라면 우리들이 기꺼이 믿고 먹어도 좋지 않을까 싶다.

출처 : 충청투데이

▲ 착한 식당 산장가든

다. 국내 굴지의 백화점이 모셔간 동네의 유명 맛집들

요즘엔 재미있는 현상이 또 하나 있다. 콧대 높고 지체 높은 백화점들이 동네 맛집을 선별해서 모셔간다는 사실이다. 평양면옥, 삼진어묵, 삼송빵집, 카페 진정성, 이흥용 과자점 등이 대표적인 사례다.[18] 예전

18. 평양면옥은 신세계백화점 하남점에, 삼진어묵은 롯데백화점, 신세계백화점, 현대 갤러리아 백화점에, 삼송빵집은 현대백화점, 신세계백화점, 롯데백화점, 현대시티아울렛 동대문

같으면 동네 골목길의 맛집은 백화점의 관심대상이 아니었다. 그런데 얼마 전부터 백화점들이 경쟁적으로 동네의 유명 맛집을 찾아 나서기 시작했다. 그 이유는 단 하나다. 자신들의 영업이윤 창출에 커다란 보탬이 되기 때문이다. 이제는 고객들의 선호도 크게 변모한 모양이다. 과거에는 쇼핑이 주主고 식사가 부副였다면, 지금은 그 반대가 대세라고 한다. 즉, 맛집에서 식도락을 즐긴 후 쇼핑하는 패턴으로 변했다고 한다. '금강산도 식후경' 이라는 말이 이제 제자리를 찾아가는 모양이다. 상황이 이러니까 백화점 담당자들이 전국을 누비면서 유명한 동네 맛집을 유치하기 위해 안간힘을 쓰는 것이다. 신세계백화점 정용진 부회장이 의정부지역의 동네 맛집인 평양면옥을 자신의 백화점에 유치하기 위해 삼고초려를 했다는 것은 널리 알려진 얘기다. 우연히 평양면옥의 냉면 맛에 홀딱 반한 그가 무려 6개월 동안 식당 주인을 찾아가서 설득한 끝에 신세계백화점 스타필드 하남점에 입점을 시켰다고 한다. 물론 자세한 사항은 알려지지 않았지만 아마도 신세계백화점 측이 평양면옥에게 파격적인 조건[19]을 제시했을 가능성이 크다. 참으로 세상 많이 달라졌다. 이제는 무엇을 하더라도 완벽하게 만들고 최고라는 소리를 들으면 재벌회장도 을乙로 만들 수 있는 사회다. 그러니까 남 탓하거나 핑계 대지 말고, 자신과의 싸움에서 진검승부를 벌여서 승리할 수 있어야 한다. 과거에는 돈 많은 사람, 권력을 가진 사람이 갑이었다. 하지만 지금

점에, 카페 진정성은 롯데백화점과 현대백화점 무역센터점에 매장을 개설했다.

19. 입주업체가 백화점 측에 지불하는 매출수수료 대폭 할인, 영업에 유리한 위치 우선 제공, 백화점 측이 동네 맛집의 백화점 입점과 관련한 비용(인테리어 공사비를 비롯한 제반 비용)을 공동으로 부담하는 경우를 들 수 있다.

은 그런 시대가 아니다. 남과 확실하게 차별되는 지적 능력, 장기長技, 끼, 열정, 장인정신으로 무장한 사람이 진짜 갑인 세상으로 바뀌고 있다. '헬조선hell chosun'을 외치면서 자신들에겐 비상출구가 없다고 절망하는 20~30대 젊은이들에게 말해 주고 싶다. "비상출구는 언제든지, 얼마든지 존재한다. 그것을 제대로 찾느냐, 찾지 못하느냐는 전적으로 오늘과 내일을 바라보는 그대들의 마음가짐에 달려 있다"라고 말이다. 빵을 굽더라도, 음식을 만들더라도, 머리를 매만지고 손질하는 일을 하더라도, 칼날을 갈아주는 허드렛일을 하더라도, 구두를 닦더라도, 서류 관리를 맡더라도 그 길에서 최고의 전문가가 되도록 무실역행하길 바란다. 반드시 가까운 미래에 '헬조선'이 아닌 '아름다운 대한민국'을 만나게 될 것이다. 우리 사회의 전형적인 갑을 을로 변화시킨 우리 동네의 유명 맛집 사장님들이 그 진실을 수많은 젊은이들에게 역설해 주고 있지 않은가! 통찰력으로 '생각의 빈곤'을 타파하고 오늘의 고통을 슬기롭게 참아내며 미래의 꿈을 키워나가는 청춘들이 많아지길 기대한다. 이제 60대의 문턱에 들어서니 눈물겨운 노력을 하며 젊음을 불태웠던 지난날이 아련하게 떠오른다. 그래도 그 시절이 제일 좋았던 것 같다. 오늘의 청춘들에겐 내 과거 얘기가 쉽게 이해되지 않겠지만.

13. 왜 붕어빵 속엔 붕어가 없을까?

최근 가까운 친지 한 분께서 아들의 혼사문제로 크게 고민하는 모습을 보았다. 그분의 아들이 며느릿감으로 소개한 처자가 집안, 학력, 외모, 직업 등의 조건은 다 좋은데 동성동본이 문제라는 것이었다. "이미 2005년에 민법 개정으로 가까운 인척지간이 아니면 동성동본도 결혼할 수 있게 되었는데 무엇 때문에 걱정을 하느냐?" 고 물었다. 그는 뜻밖의 대답을 했다. "법이 다는 아니잖아요. 그래도 내가 양반가문의 종갓집을 지키는 종손인데, 나중에 저 세상에서 조상님들을 무슨 면목으로 대할 수 있을지 모르겠어요?" 라는 것이었다. 또 "그렇다고 저 애들의 결혼을 반대하자니 마음이 아프네요" 라고 말하는 것이었다. 그래서 내가 그분에게 훈수를 했다. "동성동본 결혼금지는 중국인들도 지키지 않는 황당한 룰rule입니다. 아드님과 며느릿감이 8촌이 아니라면 아무런 걱정하지 말고 기분 좋게 가족구성원으로 맞이하십시오." 내 말에 그분은 "자식 이기는 부모가 어디 있겠어요. 내가 죄인이 될 수밖에요" 라며 헤어졌다.

그 일이 있고 나서 나는 과거 시골 본가에서 부모님이 애지중지하게 길렀던 진돗개를 떠올려 보았다. 부모님은 그 녀석을 잡견雜犬과 교배시키지 않으셨다. 발정의 기미를 보이면 주위에서 위엄 있고 잘생긴 수놈 진돗개를 찾아내서 시집을 보내곤 했다. 왜 그랬을까? 이유는 간단하다. 어미보다 우수한 품질의 자식(F1)을 얻고 싶었기 때문이다. 만약 그 자식과 또 다른 잡견을 교배시켜 2세대 자식(F2)을 얻을 경우 그 녀석은 이미 우수한 진돗개가 될 수 없다. 무더운 복날 허약한 남성들의 기력을 보충해 주기 위해 식탁에 올려질 비극적 운명의 잡견이 될 가능성이 크다. 내가 동성동본 문제를 거론하면서 진돗개 얘기를 꺼낸 이유는 좋은 혈통의 진돗개 새끼를 얻으려면 근친교배는 피하되 동종同種인 우량 진돗개와의 교배를 권장해야 한다는 점을 강조하기 위함이다. 견犬의 세계에서 동종은 인간사회에서의 동성동본과 일맥상통한다.

출처 : 진도군청

▲ 진도견의 모습

가. 조선시대 양반들의 무지無智가 빚어낸 촌극

동성동본 결혼금지 논리에 감춰져 있는 구조적 모순과 문제점을 알기 쉽게 풀어보자. 먼저 성姓씨에 대한 명예훼손 논란을 불식시키기 위해 존재하지 않는 '대전 김씨'의 시조始祖를 한 예로 들어보자. 또 계산의 편의를 위해 대전 김씨 시조의 혈통은 100%이며, 각 세대별 자녀수는 공히 2명(아들 1, 딸 1)이라고 가정하자. 이제 대전 김씨의 20대 종손이 존재한다고 가정할 때, 과연 그의 핏속에는 대전 김씨 시조의 피가 몇 %나 섞여 있을까? 제로%에 가깝다. 그 이유는 무엇인가? 대전 김씨 시조가 동성동본을 피해야만 한다는 양반사회의 관습 때문에 다른 성씨의 할머니, 가령 혈통 100%의 '공주 갑씨' 할머니와 결혼해서 제1세대(F1) 할아버지와 할머니를 낳았다고 하자. F1 할아버지와 할머니의 핏속에는 평균적으로 대전 김씨의 피 50%, 공주 갑씨의 피 50%가 흐를 것이다. F1 할아버지가 또다시 다른 성씨인 '청주 을씨' 할머니와 혼인해서 제2세대(F2) 할아버지와 할머니를 낳았을 경우, F2 할아버지와 할머니의 핏속에는 대전 김씨의 피가 $1/2^2$인 25% 수준으로 줄어들게 된다. 이러한 과정을 반복해서 20대까지 내려가면 F20 할아버지와 할머니의 핏속에는 대전 김씨 시조의 피가 $1/2^{20} = 0.00000000$……만큼 흐를 것이다. 혈통상으로 F20 할아버지와 할머니는 이미 대전 김씨의 시조와 전혀 다른 혈통과 유전인자를 갖게 된다. 이는 마치 붕어빵 속에 붕어가 들어 있지 않은 것과 똑같다. 이처럼 대전 김씨 시조 피가 거의 들어 있지도 않고 유전인자도 완전히 다른 사람들이 '대전 김씨'라는 허깨비 팻말을 들고 다니면서 "종친회를 하자"고 외치고 족보나 시제時祭를 통해 가문 자랑을 해대고 있으니 이 얼마나 우스운 일인가! 만약 대전 김씨 시조의 유전인자가 우량인자였다면 멘델의 유전법칙을 참조해서 열성 유전자

출처 : 문화예술의 전당

▲ 붕어빵의 모습

가 나타나지 않는 범위에서 동성동본인 대전 김씨 할머니들과의 혼인을 적극 권장했어야 옳다. 그런데도 치밀하고 정교한 과학적 검증은 외면한 채 소중화 사상에서 비롯된 유교문화의 관습을 좇아 동성동본 결혼금지를 강요했으니 조선이란 나라가 근본적으로 발전할 수 없었던 것이다.

혈통에 대한 한국 사회의 무지는 '단일민족 예찬론'에서 절정을 이룬다. 그동안 우리는 '한민족이야말로 전 세계에서 유일한 단일민족이다'라는 주장을 서슴없이 해왔다. 정말로 겁 없는 한국인들이다. 이제 냉정하게 생각해 보자. 우리 한민족이 정말로 단일민족인가? 오천 년의 역사 속에서 약 500여 회에 이르는 이민족들의 숱한 침략과 그들의 발말굽 아래에 놓여 있었던 현실에서 우리 여성들의 정조가 온전하게 지켜졌다고 보는가? 우리 여성들을 제대로 보호해 주지 못한 1차적인 원인은 무엇보다도 부국강병책은 뒷전에 미뤄두고 허망한 명분싸움과 상대파相對派죽이기에 광분했던 남성들의 무능력과 무책임에 있다. 우리 여성들을 조공의 객체가 되도록 수수방관했던 고려와 조선의 나약한 정권들, 몽골의 지배와 신생아의 엉덩이에 선명하게 남아 있는 '몽고반점', 청나라의 침략과 환양녀의 비극, 일제 전범들로부터 성 피해를 당했던 할머니들의 피맺힌 인생들 …… 이처럼 암울했던 우리 역사를 되돌아보지 않더라도 문명의 발달을 좇아 자연스럽게 이루어지는 문화의 전파와 융합이 인류 보편의 진리라는 사실 앞에서 단일민족 운운은 쑥스러운 가설에 불과할 뿐이다. 좀 더 솔직히 말한다면 지구상에서 100% 순수혈통을 보존한 민족은 어느 곳에도 존재하지 않는다. 그런데도 한국인들은 단일민족이라고 우긴다. 그만큼 한국인들은 혈통에 대한 집착이 매우 강하다. 하지만 정작 자기 가문의 혈통이 시조始祖의 그것과 얼마나 달라졌으며, 시조의 우수한 유전인자가 어떻게 진화했는지 깊이 있게 성찰하는 사람은 찾아보기 힘들다. 본질은 망각한 채 종주국 중국에서조차 폐기처분된 동성동본 결혼금지가 수백 년 동안 조선과 대한민국 청춘남녀들의 애정행위까지 규제했다는 것은 실로 안타까운 일이다. 그래서 관습이 무서운 것이다.

나. 천안 호두과자가 시사해 주는 것

지금부터라도 열성 유전인자가 기승을 부릴 근친의 영역을 객관적으로 규명할 필요가 있다. 민법에서 얘기하는 8촌이 어떤 근거에서 나왔는지 냉철하게 따져볼 필요가 있다. 그런 일련의 과정을 거친 후 문제가 나타날 수 있는 근친 내의 결혼은 법적으로 엄격하게 금지시키되 그 범위를 벗어나는 동성동본의 혼인은 자유롭게 허용하는 게 옳다. 붕어빵에는 붕어가 없지만 천안 호두과자에는 호두가 들어 있다. 호두가 많이 들어 있으면 있을수록 소비자들은 그 호두과자를 더 선호한다. 왜냐하면 맛이 있는 데다 영양가까지 높기 때문이다. 가문의 혈통도 마찬가지다. 만일 자기 가문의 혈통이 우수한 것이라서 오랫동안 후손들의 피와 DNA에 남아 있기를 희망한다면 무엇보다도 '동성동본 결혼금지'라는 케케묵은 관습으로부터 자유로워야 한다. 그리고 근친 밖 동성동본 간의 결혼을 적극 장려할 필요가 있다. 그런 의미에서 2005년 우리나라 입법부가 동성동본 남녀들도 합법적으로 결혼할 수 있는 길을 터놓은 것은 정말로 잘한 일이다. 천안 호두과자와 우리 시골집에서 부모님의 사랑을 독차지했던 진돗개 '성군이'가 그 이유를 명쾌하게 설명해 주고 있다.

다. 더 이상 단일민족을 주장하지 말자!

이제 우리도 단일민족이란 말에 더 이상 집착하지 말자. 단일민족은 그 속성상 유유상종類類相從과 동조성同調性의 논리로 다른 민족과의 열린 교류나 상호협력을 배척할 개연성이 높다. 또 단일민족을 강조하는 사람들은 대부분 단일한 발상, 단일한 스케일, 단일한 스타일을 고집하는 경향이 강하다. 나는 한국인들이 학술부문에서 노벨상을 타지 못하는 이유도 거기서 비롯되었다고 본다. 특히 그런 부류의 사람들은 왜곡되고 편협한 민족적 우월주의나 자만감에 사로잡혀 시시각각으로 변화하는 국제적 질서에 탄력적으로 대응하지 못함으로써 국가발전의 기회를 상실하고 어떤 경우에는 국가와 민족의 생존권마저 위협받게 만들기도 한다. 비근한 예로 YS, DJ, 노무현 전 대통령을 들 수 있다. YS는 '민족이 동맹보다 우선한다'는 논리로 미 클린턴 행정부의 북한 영변핵시설의 폭격 계획을 단호하게 저지했다. 또 DJ와 노무현 전 대통령은 햇볕정책에 기초해 북한의 핵무기 개발에 소요되는 막대한 자금을 지원했다는 의혹을 받고 있다. 이들 역시 '민족'이라는 프레임에 갇혀 있었던 사람이다. 이런 정치 리더들 때문에 호미로 막을 수 있었던 북핵문제를 이제는 가래로도 막을 수 없는 위기국면을 맞게 되었다. 그럼에도 불구하고 문재인 정권은 김정은이 2018년도 신년사를 통해 던진 남북 화해의 미끼를 덥석 물었다. 그것은 평창동계올림픽 참가를 통해 UN의 가혹한 대북제재를 완화하고 핵보유국의 지위를 확보하겠다는 의도가 내재된 것이었다. 그의 선택이 멍청한 독배毒杯로 끝날지, 아니면 국가 백년대계와 통일 한국을 위한 지혜로운 결단일지는 머지않아 판가름 날 것이다. 분명한 것은 '민족'을 지나치게 강조한 정치 리더치고 성공한 사람이 없다는 사실이다. 정말로 우리 민족이 세계사에 족적을 남길 수 있는 위대한 민족으로 재도약을 하기 위해서는 '우리 민족끼리!'라는 퇴행적인 자세를 버리고 다른 민족들과 열린 마음으로 기꺼이 융합하며 코피티션을 해나가야 한다. 독자들이 손에 끼고 있는 반지가 그것을 말해 준다. 왜 18K 반지가 24K 반지보다 강할까. 지금 권력을 쥐고 정국을 운영하는 사람들이 냉정하게 고민해야 할 과제다. 진실의 순간 moment of truth은 곧 들이닥치게 되어 있다. 그때 그들이 무슨 변명이나 궤변을 늘어놓을지? 한번 지켜보고자 한다.

14. '깎아주기 코너'의 매력 포인트

요즘 낚시를 좋아하는 사람들의 행태를 살펴보면 하나의 공통점이 있다. 미끼인 떡밥이나 지렁이, 채비에 필요한 소품들은 대개 가까운 낚시점을 방문해서 구입한다. 하지만 낚싯대를 비롯한 고가 장비는 인터넷 쇼핑몰에서 구입하는 사람들이 많다는 사실이다. 왜 그럴까? 인터넷 쇼핑몰이 자기 주변의 낚시점보다 상대적으로 저렴하게 팔기 때문이다. 오늘은 우리나라의 대형 인터넷 낚시쇼핑몰들이 차용하고 있는 '깎아주기 코너'에 얽힌 비밀을 살펴보고자 한다.

가. 가격차별의 원리

경제학에서는 가격차별을 중시한다. 가격차별은 고객마다 가격을 달리 받는 것을 말한다. '어떻게 동일한 제품이나 서비스 가격을 고객마다 달리해서 받을 수 있지?'라며 고개를 갸우뚱할 분이 꽤 많을 것이다. 그러나 가격차별은 엄연한 경제현실이다. 그것은 경제학자 아서 C. 피구Arthur C. Pigou에 의해 제1, 2, 3차 가격차별로 구분되어 설명된 바 있다. 제1차 가격차별은 판매되는 상품의 각기 다른 단위에 대해 별도의 가격을 설정하는 것이다. 이는 기업에게 가장 유리한 가격설정 방법이다. 기업은 상품 단위별로 고객이 기꺼이 지불하려는 최대 가격을 모두 다 받아낼 수 있기 때문이다. 당연히 기업은 제2, 3차 가격차별보다 많은 이윤을 얻을 수 있다. 제2차 가격차별은 상품의 구입량에 따라 고객을 그룹별로 나눈 후, 그것에 따라 다른 가격을 책정하는 것을 의미한다. 제3차 가격차별은 백화점의 바겐세일, 영화관의 조조할인, 가정용 전력과 산업용 전력처럼 고객마다 수요의 가격탄력도가 다르다는 점에 착안해서 가격을 달리 설정하는 방식이다. 이때 수요의 가격탄력도가 큰 그룹에 대해서는 낮은 가격을 책정하고 그 반대에는 높은 가격을 책정해서 이윤극대화를 도모하는 제도이다.

▲ 가격차별화 전략

나. '깎아주기 코너'의 기본 구조

현재 성업 중인 대형 인터넷 낚시쇼핑몰들을 보면 모든 쇼핑몰들이 '깎아주기 코너'를 운영한다. 그들마다 형식은 약간 차이가 있지만 그것의 운영 목적, 내용, 방법은 똑같다. 내가 아는 한, 대형 인터넷 낚시쇼핑몰에서 깎아주기 코너를 최초로 개설한 업체는 S쇼핑몰이다. 나도 오래전 전층낚시에 입문하면서 S쇼핑몰과 인연을 맺었다. 그때만 해도 국내 인터넷 낚시쇼핑몰에는 '깎아주기 코너' 가 없었다. 당시 나는 내림낚싯대와 다른 낚시장비를 구입하면서 수차례 전화로 S쇼핑몰 관계자와 지루하게 협상했던 기억이 있다. 그때 나는 "내림낚싯대와 낚시장비를 계속해서 구입할테니 가격을 깎아달라" 는 읍소를 많이 했다. 그때마다 S쇼핑몰 관계자는 인터넷 판매가에서 10~15%를 깎아주곤 했다. 지금 내가 보유한 고가의 낚싯대와 낚시장비는 그렇게 해서 구입한 것들이다. 한 번은 내가 S쇼핑몰 관계자에게 '깎아주기 코너' 를 신설해 보라고 조언했던 적이 있다. 그리고 얼마 후 S쇼핑몰은 전국 최초로 '깎아주기 코너' 를 신설했다. 당시 내가 그런 제안을 했던 배경은 다음과 같다.

▲ 낚시명인 성제현 사장

출처 : 군계일학

10여 년 전에 서울 삼성동 무역회관에서 중소기업 CEO들을 대상으로 특강했던 적이 있다. 당시 나는 그 자리에 참석했던 한 조구업체 CEO와 통성명을 하고 친구의 인연을 맺었다. 내가 낚시꾼임을 알게 된 그는 아주 중요한 정보와 함께 자기 회사가 생산한 전층낚시용 낚싯대를 1대 선물해 주었다. 지금은 어떤지 잘 모르겠지만 당시 국내 조구업체가 전국의 낚시대리점에 공급하는 낚싯대와 낚시장비의 가격은 대략 정가의 65~70% 수준이라는 것이었다. 자기 회사도 그렇게 한다고 귀띔해 주었다. 이것은 내가 S쇼핑몰 관계자와 가격흥정을 하는 데 요긴하게 써먹었다. 나는 S쇼핑몰 관계자에게 정가의 20%만큼 할인해달라고 떼를 썼다. 물론 내 요구가 그대로 통하진 않았다. 그렇지만 나는 늘 인테넷 판매가의 10% 정도는 싸게 구입했고, 그는 나에게 소소한 낚시 소품들을 덤으로 보내주었다. 내가 다른 낚시쇼핑몰로 빠져나가는 것을 막기 위함이었을 것이다. 적어도 우리 둘 사이에는 그런 정도의 신뢰가 쌓였기에 내가 그에게 '깎아주기 코너'를 제안했던 것이다. 이후 S쇼핑몰 관계자는 이따금씩 소소한 낚시소품들과 떡밥을 동봉해 줌으로써 내게 고마움을 표하곤 했다. 사실 '깎아주기 코너'의 구상은 통찰의 관점에서 출발한 것이다. 그것은 몇 단계로 구성된다. 첫 단계는 인터넷 낚시쇼핑몰의 메인화면에 '깎아주기 코너'를 개설하는 것이다. 그러면 낚시꾼들이 그곳에 접속해서 내가 했던 것과 비슷한 협상을 시도할 것이다. 이때 S쇼핑몰은 손해 볼 일이 전혀 없다. 그는 낚싯대나 낚시장비를 팔아야만 돈을 벌 수 있는 사람이다. 항상 금전상의 제약을 받는 낚시인들은 낚싯대와 낚시장비를 조금이라도 저렴하게 구입하고 싶어 한다. 그들에게 할인 혜택을 주면 낚싯대와 낚시장비는 더 많이 팔릴 것이고 S쇼핑몰은 박리다매薄利多賣로 많은 이윤을 챙길 수 있다. 만약 인터넷 판매가에서 10%만 할인해서 판다해도 S쇼핑몰은 20～25%의 이윤을 얻을 수 있다. 매罵가 진정한 매로 거듭나는 순간은 꿩을 잡을 때다. 두 번째 단계는 S쇼핑몰과 낚시인들 사이에 온라인 협상창구를 본격적으로 구축하는 것이다. 여기서는 낚시인이 기꺼이 지불할 수 있는 최고한도액을 제시하고, S쇼핑몰은 그 제안의 수용 여부가 결정되는 비밀 공간이다.[20] 가령, 15척의 내림중층대 정가가 60만원이라고 가정하

20. 이런 이유로 '깎아주기 코너' 전략은 제1, 2, 3차 가격차별 가운데 제1차 가격차별과 매우 유사한 형태로 볼 수 있다.

자. 조구업체가 낚시대리점에 공급하는 가격이 정가의 65~70% 수준임을 아는 낚시인인 S쇼핑몰 관계자에게 가급적 많은 할인폭을 요구할 것이다. 하지만 그런 정보가 없는 낚시인은 기껏해야 5만원 안팎의 할인을 요구할 가능성도 있다. 만약 후자와 같은 요구를 하는 낚시인에게 5만원을 깎아주더라도 S쇼핑몰은 앉은 자리에서 13~16만원의 이윤을 얻을 수 있다. '아는 것이 힘이다' 라는 속담도 이런 경우를 두고 하는 말이다. 한편, '깎아주기 코너' 에서 가장 중요한 것은 3단계다. 즉, 낚시인들과 S쇼핑몰 사이에 진행되는 일체의 협상내용을 다른 낚시인들이 모르도록 해야 한다. 왜냐하면 다른 낚시인이 최저가로 판매된 협상내용을 인지하는 순간, 그 가격이 S쇼핑몰의 공식 판매가격으로 인식되기 때문이다. 그러면 S쇼핑몰의 영업이윤은 크게 감소할 수밖에 없다. 따라서 S쇼핑몰은 다른 낚시꾼들이 협상내용을 볼 수 없도록 인터넷상에서 자물쇠를 채우는 보안 관리에 만전을 기해야 한다.

다. 베끼기 전략은 공멸의 지름길

S쇼핑몰의 '깎아주기 코너' 가 개설된 후 낚시인들의 반응이 좋자 다른 낚시 쇼핑몰들이 그것을 카피해서 사용하기 시작했다. 낚시용품 시장을 놓고 여러 개의 대형 인터넷 낚시쇼핑몰들이 '깎아주기 코너' 를 운영하자 S쇼핑몰의 영업이윤이 감소하기 시작했다. 당연한 얘기다. 어떤 사람이 통찰의 관점에서 기발한 사업아이템을 개발하면 '생산의 빈곤' 에서 허우적거리던 동종 업계 사람들이 그것을 마구 베껴대기 시작한다. 한때 비락식혜가 전통식혜를 출시해서 소비자들의 폭발적인

반응을 불러일으켰던 적이 있다. 그러자 다른 식품업체들이 온갖 이름을 붙인 식혜들을 양산했다.[21] 그 결과 소비자들은 식혜에 식상함을 느꼈고 다른 음료로 눈길을 돌렸다. 현재는 비락식혜를 비롯한 1~2품목의 식혜만이 생산 · 시판되고 있는 실정이다. 이는 '생각의 빈곤'에서 벗어나지 못한 우리 기업들의 씁쓸한 자화상이다. 앞으로 기업들이 망하지 않으려면 발상의 전환으로 자신의 강점에 선택과 집중을 하는 특화경영을 시도해야 한다. 어느 기업이 식혜로 대박을 터트리면 그것을 베끼면서 공멸共滅의 길로 나갈 게 아니라 매실 엑기스나 다슬기 제품과 같은 건강보조식품의 개발로 새로운 시장수요를 창출하면서 신시장의 선점에 적극 나서야 한다. 그것이 기업가정신이다. 그러면 소비자들도 선택의 폭이 넓어지고 행복해진다. 우리 기업들이 통찰의 지혜로 무장해 많은 영업이윤을 거두길 기대한다.

21. 식혜 시장이 갑자기 커지자 경쟁업체들이 하나둘씩 식혜 시장에 뛰어들었다. 1994년에만 10개 기업이 식혜 시장에 뛰어들었으며 1995년 연말에는 약 60개 기업이 식혜 시장에 진입해서 불꽃튀는 각축전을 벌였다. 당시 주요 경쟁기업과 해당 상품을 소개하면 다음과 같다. 해태음료의 큰집식혜, LG화학의 맛그린식혜, 산가리아의 산가리아식혜, 롯데칠성음료의 잔치집식혜, 롯데삼강의 삼강동동식혜, 화남산업의 화남동동식혜가 그것이다.

15. B우유와 화장실

통찰은 많은 열정과 수고로움을 필요로 한다. 또 통찰이 언제나 대박이나 성공을 보장하는 것도 아니다. 오히려 성공보다는 실패할 확률이 높은 게 통찰의 속성이다. 특히 숙성이 덜 된 통찰이나 사전준비가 부족한 통찰, 몰입과 정진이 2% 모자란 통찰은 대부분 실패로 끝난다. 그런데 통찰자가 실패한 통찰을 성공한 것으로 착각하고 그것을 사회나 조직에 잘못 적용할 경우에는 막대한 사회적 비용이 발생한다. 우리는 이러한 사례를 종종 목도하곤 한다. 안타까운 것은 잘못 적용된 통찰의 결과가 많은 문제를 야기시키는데도 그것을 수정하지 않고 방치하는 경우다. 그 주된 이유는 국민들의 관찰력 부족 때문이다. 이제 우리는 실패학의 관점에서 잘못된 통찰의 사례를 철저히 분석해 보고 그것을 토대로 올바른 통찰방안을 모색해 나갈 필요가 있다. 정부든, 기업이든, 개별 국민이든 통찰을 잘해야만 남들보다 더 행복하게 살 수 있다.

가. B우유가 우유업계 1위 자리를 차지하려면……

사람마다 특정 상품에 대한 평가는 다를 수 있다. 우유도 마찬가지다. 나는 개인적으로 B회사가 생산해서 시판하는 B우유를 제일 좋아한

출처 : 위메프

▲ B우유와 커피

다. 바나나 우유를 비롯한 B회사가 만든 달달한 유제품이 피로에 지친 몸에 신선한 에너지와 청량감을 제공해 주기 때문이다. 어쩌면 내가 충청도 사람이기에 충청도 대표기업인 B회사에 대한 일종의 향토애鄕土愛도 영향을 미쳤는지도 모른다. 그렇지만 모든 소비자가 B우유를 좋아하는 것은 아닌 것 같다. 최근 리얼미터가 실시한 '우유 브랜드 선호도 조사'[22]에 따르면 B우유는 10위권에도 들지 못했다. 나는 이 점을 안타깝게 여긴다. 오래전에 우스운 생각을 가져본 적이 있다. "시중에 유통되는 여러 우유 제품의 명칭을 보면 국내 대학들이 연상된다. 서울우유는 서울대, 연세우유는 연세대, 건국우유는 건국대, 삼육두유는 삼육대…… 그렇다면 B우유는?" 사실 우유를 많이 먹는 최대 고객은 어린이를 비롯한 성장기의 청소년들과 노년기의 어르신[23]이다. 그런데 우리나라에서 어린이나 청소년들의 가장 큰 관심사항은 대학 진학이다. 부모들은 자기 자식이 좋은 대학에 진학할 수만 있다

22. 우유 브랜드 선호도 조사결과를 보면 서울우유가 47%로 1위를 차지했고 그 뒤로 매일우유(11.2%), 남양유업(10.8%), 부산우유(6.8%), 파스퇴르우유(4.8%), 덴마크우유(3.6%), 건국우유(3.3%), 연세우유(2.6%), 제주우유(0.7%), 푸르밀우유(0.3%) 순이었다.

23. 나이든 어르신들이 우유를 즐겨 마셔야 할 이유는 그것의 영양분이 두뇌의 영양결핍에서 유발되는 노인성 치매 예방에 도움을 주기 때문이다. 어르신들은 대학입시와는 무관한 계층이다. 그분들은 주로 광고에 많이 등장하는 우유나 주변 사람들의 평판이 좋은 우유를 선택할 가능성이 높다.

면 뭐든지 해줄 수 있는 나라가 우리 대한민국이다. 나는 B회사가 그런 점에 깊은 통찰을 해주길 학수고대했지만 아직까지 멋진 전략이 나오지 않고 있다. 브랜드 측면에서 B회사는 매우 좋은 이미지를 갖는 기업이다. '웃는 자에게 복이 있나니!' 또는 '웃는 얼굴에 침 뱉을 수 있으랴!', '고사상에 오르는 돼지도 웃는 모습의 녀석이 비싸게 팔린다' 라는 말이 있듯이 웃음은 행운을 부르는 키워드다. 특히 웃을 일이 많지 않은 요즘 B회사는 고객들에게 늘 웃음을 선사하는 기업이미지를 갖는다. 하지만 우유 제품의 명칭으로는 별로라고 본다. 우유 제품의 절대 고객인 젊은 엄마들에게 있어 B우유는 대학 진학에 실패하고서도 무기력한 모습으로 비시시 웃고 있는 자녀를 연상시킬 수도 있기 때문이다. 만약 젊은 엄마들 가운데 나와 같이 생각하는 분이 있다면 맛좋은 B우유에 손이 가지 않을 것이다.

나는 지금도 B우유가 국내 우유시장 점유율 1위를 달렸으면 하고 바라는 사람이다. 그럴만한 능력도 충분히 갖춘 기업이라고 판단되기에. 다만 그런 위치에 오르기 위해선 B우유가 지금보다 2% 정도의 통찰력을 더 발휘해야 한다고 본다. 해결의 실마리는 아주 쉬운 곳에 숨어있다. 그것을 찾는 게 곧 통찰이고 '생각의 빈곤' 에서 벗어나는 길이다. 즉, 세계 최고의 유명 대학 이름을 과감하게 차용하는 통찰을 시도하라고 조언하고 싶다. 만약 B회사가 서울대 진학을 꿈꾸는 학생들이 먹는 우유가 서울우유이고, 자신들이 시판할 하버드우유(가칭)는 세계 최고의 명문대학을 가고자 하는 극소수 인재들이 먹는 명품 우유라는 이미지 홍보 전략에 성공하면 그것으로 모든 게 끝이다. 문제는 거짓으로 이미지 홍보를 해서는 안 된다는 점이다. 확실한 근거를 갖고 경쟁자를 이길 수 있는 비법을 찾아내야 한다. 일례로 B회사가 시판하는 우유에다 수험생들의 두뇌 촉진에 필요한 특수영양분을 가미시킨 새로운 우유를 개발해야 한다. 그런 다음 매년 하버드대학으로 유학 가는 국내 인재들 가운데 1명을 선발한 후, 그를 홍보도우미로 활용해서 자신들이 생산한 하버드우유를 널리 선전하는 방안이다. 특히 하버드우유의 홍보도우미로 선정된 세계적 인재가 홍보동영상 유튜브에 등장해서 다음과 같은 발언을 했다고 가정해 보자. "제가 처음부터 공부를 잘한 게 아닙니다. 그런데 어느 날 어머니께서 사다 주신 B회사의 하버드우유를 먹으면서 학교성적이 쑥쑥 올라갔고 마침내 세계 최고의 명문대학인 하버드대학에 당당히 진학하게 되었습니다." 이런 유튜브 동영상이 시중에 널리 퍼지게 되면 슈퍼에서, 백화점에서, 고속도로 휴게소에서 우유를 만지작거리는 젊은 엄마들의 손길이 B회사가 만든 하버드우유로 확 쏠릴 것이 분명하다. 그렇게 되면 B회사가 생산한 하버드우유가 저절로 우유시장을 제패할 수 있지 않을까? 싶다. 또 노년기 어르신들께 초점을 맞춘 새로운 우유도 개발해서 시장 선점에 나설 필요도 있다. 그 중에서 제일 좋은 우유 이름은 장수長壽우유다. 그것도 그냥 장수가 아니라 건강과 활력이 함께 하는 장수우유다.

출처 : 군계일학

▲ 하버드대학의 도서관에서 공부하는 인재들

다만, B회사가 만든 장수우유는 다른 회사의 우유와는 분명하게 차별되는 치매 예방과 노인 건강에 도움이 되는 특수영양분을 가미시킴으로써 경쟁자들로부터 거짓 또는 과장광고라는 비판에서 자유로워야 한다. 그러면 B회사의 우유는 국내를 넘어 세계 제일의 우유로 발돋움할 것이 분명하다. 내가 제일 좋아하는 B우유 회사의 선전을 기대해 본다.

나. 빗나간 통찰 : 화장실 문門의 개폐방식

통찰은 완전한 혁신을 목표로 해야 한다. 통찰에 성공했다는 얘기를 들으려면 최소한 '개선改善했다' 는 것보다 높은 평가를 받아야 한다. 그러나 우리 주위를 둘러보면 개선은커녕 개악改惡에 그친 통찰도 적지 않다. 대표적 사례가 국내 화장실의 문이다. 언제부터인가 우리 사회의 화장실 문은 밖에서 안으로 밀고 들어가도록 바뀌었다. 그렇게 한 이유는 용무를 마친 사람이 화장실 문을 열고 나오다가 다른 사람들과 많이 부딪쳤기 때문이라고 한다. 그런데 나는 60평생 동안 화장실 문을 열고 나오면서 다른 사람들과 부딪친 적이 한 번도 없다. 혹시나 해서 주변 지기들에게도 "그런 경우가 있었느냐?" 고 물어봤지만 모두 다 고개를 가로저었다. 그러면 무슨 근거로 화장실 문을 지금처럼 변경시켰을까? 도무지 이해가 되지 않는다. 현행 화장실 문의 개폐방식은 화장실 이용자에게 큰 불편을 겪게 한다. 화장실 평수가 넓은 경우에는 현행 방식도 그런대로 괜찮다. 화장실 문을 밀고 들어가서 용무를 본 후 문을 안으로 끌어당기면서 나와도 크게 불편하지 않기 때문이다. 그러나 화장실이 비좁은 경우 몸집이 거대한 사람은 엄청난 고통을 감내해야 한다. 좁은 공간에서 화장실 문을 자신의 쪽으로 잡아당겨야 하기 때문이다. 그러면 나올 때 틈이 없어 여간 불편한 게 아니다. 공공기관이나 민간기업의 화장실은 대부분 비좁다. 건물주 입장에서는 비싼 땅에 건립한 건물의 화장실 평수를 늘리는 것이 비효율적일 뿐만 아니라 임대료 소득 창출에도 마이너스이기 때문이다. 화장실은 근심을 풀러 가는 장소다. 그곳을 해우소解憂所라고 부르는 이유도 그 때문이다. 하지만 몸집이 큰 사람들에게 비좁은 화장실은 해우소가 아니라 근심을 키우는 적우소積憂所가 된다. 현행 화장실 문의 개폐방식은 화장실 이용자의 인권을 무시하고, 타인에게 불필요한 과잉친절을 베푸는 방식이다. 이와 같은 통찰은 아주 잘못된 통찰로서 하루빨리 시정되어야 옳다. 그런데도 어느 누구도 이에 대해 이의를 제기하지 않는다. 많은 분들이 아직도 '생각의 빈곤' 터널에서 탈출하지 못하고 있기 때문이다.

다. 올바른 통찰을 위해 꼭 필요한 것 : 정직한 통계자료!

20년도 더 된 오래전 얘기다. 한 번은 아내와 함께 일본의 한 고속도로를 달릴 때였다. 어느 휴게소에 들러 용변을 보고 휴식을 취했는데 여성 화장실 앞에서 기다리는 행렬이 거의 보이지 않았다. 반면 그와 비슷한 시기에 우리나라 고속도로 휴게소에선 화장실 앞에서 길게 줄서서 기다리는 여성들의 모습이 자주 목격되곤 했다. 궁금했다. 그래서 아내에게 일본 고속도로 휴게소의 남녀 화장실의 개수가 몇 개인지 각자 흩어져서 조사해 보자고 제안했다. 약 5분간 남녀 화장실 개수를 세어보았다. 남성 화장실은 소변용 20개, 대변용 20개였는 데 반해 대소변 구변이 없는 여성용 화장실 개수는 60개였던 것으로 기억한다. 안내사무소에 들어가서 여성용 화장실이 남성들의 대변용 화장실보다 3배만큼 많은 이유가 무엇인지 물어봤다. 담당여직원은 내 질문에 당황해 하면서 건설담당 남자직원을 소개해줬다. 그가 나에게 이런 말을 했다. "어느 전문가분이 일본 남성들과 여성들의 평균 화장실 이용시간을 측정한 적이 있습니다. 그런데 여성들이 남성들보다 평균적으로 1.5배 더 시간이 걸린다는 결과가 나왔습니다. 일본의 고속도로 휴게소는 그 결과를 참조해서 대변용 화장실 개수를 최종 확정한 것으로 압니다." 그때 나는 작은 일조차도 통계자료에 의지해서 일처리를 하는 일본인들의 치밀성을 깨닫게 되었다. 사실 국민과 고객을 위한 각종 편의시설도 일본인처럼 객관적인 통계자료에 근거해서 합리적으로 설계해야 옳다. 그런 사회가 바로 우리들이 소망하는 건강한 사회다. 그러려면 국정운영을 맡고 있는 정치 리더들과 기업 CEO들이 통계자료를 근거로 세련된 통찰을 실천해야 한다. 그렇지 않는 한 현행 화장실 문과 같은 질 낮은 통찰이 국민들의 삶을 불편하게 만들 것이기 때문이다. '생각의 빈곤'에서 탈출하기 위한 통찰에도 급이 있는 법이다. 저급低級의 통찰은 차라리 하지 않는 것만 못하다는 게 나의 생각이다.

통찰의 지혜

초판 1쇄 발행 2019년 2월 7일
초판 2쇄 발행 2019년 12월 5일

지은이 김덕수 · 송만섭
펴낸이 박기남
펴낸곳 **율곡출판사**
08590 서울시 금천구 가산디지털1로 84(에이스하이엔드 8차), 803호
전화 (代) 02) 718-9872/3
팩스 02) 718-9874
홈페이지 www.yulgokbooks.co.kr
이메일 yulgokbook@naver.com
등록 1989.11.10. 제2014-000031호
ISBN 979-11-87897-55-2 03320

※ 책값은 뒤표지에 있습니다.